# PLAY! SOLID WORKS 2026
## ASSEM & DRAW BASIC

플레이!솔리드웍스2026 어셈&도면 베이직 _원동현 저

# PLAY! SOLIDWORKS 2026
## ASSEM & DRAW BASIC

**초판 1쇄 인쇄**　2025년 10월 20일
**초판 1쇄 발행**　2025년 10월 25일

| | |
|---|---|
| **저 자** | 원동현 |
| **발행인** | 유미정 |
| **발행처** | 도서출판 청담북스 |
| **주 소** | (우)10909 경기도 파주시 하우3길 100-15(야당동) |
| **전 화** | (031) 943-0424 |
| **팩 스** | (031) 600-0424 |
| **등 록** | 제406-2009-000086호 |
| **정 가** | 20,000원 |
| **ISBN** | 979-11-91218-39-8　　13000 |

※이 책은 저작권법에 따라 보호를 받는 저작물이므로 무단 전재나 복제를 금지하며,
　이 책 내용의 전부 또는 일부를 이용하려면 반드시 저작권자나 발행인의 서면동의를 받아야 합니다.

※잘못된 책은 구입하신 서점에서 교환하여 드립니다.

# 머리말

플레이! 솔리드웍스 2023 베이직 이후로 2년여 만에 선보이는 베이직 교재의 신간입니다. 2010년 첫 번째 교재를 집필할 때는 워드 파일에 입력한 초본을 출판사에 전달하고, 여러 차례 편집본과 교정본을 주고받으며 여러 단계를 거쳐가며 책을 완성했지만, 15년이 지난 열 다섯번째 교재는 초본 작업과 내용 편집 작업, 내부 디자인과 표지 디자인 작업까지 전문 프로그램을 사용하여 제가 직접 작업하는 경지(?)에 이르렀습니다. 특히 플레이! 솔리드웍스 교재 역사상 처음으로 파트 베이직과 어셈&도면 베이직 두 권으로 나누어 출간하게 되어 여러가지 의미가 더해지며 특별한 교재가 되었습니다.

기존 교재로 학습해 온 독자 여러분들의 피드백, 유튜브 강의에 댓글로 전달해 주시는 피드백, 그리고 전국의 재직자 교육생 여러분들, 대학생들과 수업하면서 교육자의 입장에서 체크한 개선 사항들을 하나씩 정리하여 교재에 반영했습니다. 본 교재가 솔리드웍스를 처음 접하는 독자 여러분들에게 가장 좋은 교재이자, 프로그램에 대한 부담감과 어색함을 친근함으로 바꾸어 주는 교재이자, 배우는 즐거움과 성취감을 느끼는 교재가 되기를 바라는 마음으로 이 교재를 집필했습니다.

15년 동안 좋은 책을 쓸 수 있도록 즐겁게 작업할 수 있도록 변함없이 기다려 주시고 배려해 주신 청담북스 김규철 대표님께 감사드립니다. 전국의 학교에서 강의할 수 있는 기회를 만들어주시는 큐빅시스템즈 박민형 부장님께 감사드립니다. 매해 잊지않고 특강으로 불러주시는 전국의 대학교 교육담당자님과 선생님들께 감사드립니다. 남인천 폴리텍 산학 협력단, 대전 한밭대학교 산학협력단, 현대로템 기술교육원 담당자님들께도 깊이 감사드립니다.

운영중인 SWUGN KOREA 커뮤니티 회원들과 스태프 여러분들께 감사드립니다. 다쏘시스템 솔리드웍스 관계자님들께도 감사드립니다.

기도로 중보해 주시는 부모님과 새로운교회 청년부 친구들, 고등부 선생님들과 우리 반 아이들, 그리고 먼곳에서도 기도해 주시는 세 분 집사님, 그리고 저를 위해 기도해 주시고 응원해 주시는 모든 독자 여러분들께 깊이 감사드립니다.

제가 누리고 있는 모든 것들이 어디로부터 왔는지, 누구에게로부터 왔는지 잊지 않는 하나님의 자녀가 되겠습니다. 처음 마음을 잊지 않고 하나님이 허락하시는 자리에서 최선을 다하겠습니다. 모든 것을 주신 하나님께 감사드립니다.

2025. 10.

저자 원 동 현

# 목차

## Chapter 1. 어셈블리 준비하기　　　　　　　　　　09

　　1. 어셈블리 개념정리 ---------------------------- 10
　　2. 문서 속성 저장하기 - 어셈블리 템플릿 --------------- 13
　　　　1) 메이트 옵션　　　　　　　　　　　　　14
　　　　2) 시스템 옵션　　　　　　　　　　　　　15
　　　　3) 어셈블리 문서 속성　　　　　　　　　　16
　　　　4) 어셈블리 템플릿 저장하기　　　　　　　　16
　　3. 어셈블리를 시작해 볼까요? --------------------- 18
　　　　1) 어셈블리의 시작 - 첫 번째 부품을 삽입하는 방법　18
　　　　2) 어셈블리에서 마우스 사용하기　　　　　　　20
　　4. 메이트 도구 - 부품을 결합하는 접착제 -------------- 21
　　　　1) 메이트 도구의 종류　　　　　　　　　　21
　　　　2) 메이트 도구의 사용 방법　　　　　　　　23

## Chapter 2. 어셈블리 1단계 - 기본 어셈블리　　　　　27

　　1. 어셈블리 기본 예제 1 ------------------------- 28
　　2. 어셈블리 기본 예제 2 ------------------------- 39
　　3. 어셈블리 기본 연습문제 1 ---------------------- 49
　　4. 어셈블리 기본 연습문제 2 ---------------------- 50

## Chapter 3. 어셈블리 2단계 - 응용 어셈블리      51

   1. 어셈블리 응용 예제 --------------------------- 52
   2. 어셈블리 설계 변경 --------------------------- 65
        1) 풀이과정 1 - 다양한 메이트 도구            66
        2) 풀이과정 2 - 부품 대치                    70
   3. 어셈블리 검사 도구 --------------------------- 77
        1) 부품 간섭 검사                             77
        2) 부품 대칭 검사                             78
   4. 툴박스 ToolBox 도구 -------------------------- 83
   5. 분해도 작성하기 ------------------------------ 88


## Chapter 4. 2D도면 시작하기      93

   1. 2D도면 개념 정리 ----------------------------- 94
   2. 2D 도면 옵션 설정 ---------------------------- 96
        1) 레이어와 선 형식                           97
        2) 도구 추가 - 주석 숨기기/보이기             98
        3) 시스템 옵션                               98
        4) 2D 도면 문서 속성                         99
   3. 2D 도면 시트 작성하기 ------------------------ 106
   4. 2D 도면 작업 환경 저장하기 ------------------- 111
        1) 도면 시트 형식 저장하기 = 도면 시트만 저장    111
        2) 도면 템플릿 저장하기 = 도면 시트와 문서 속성을   112
           묶어서 저장

# Chapter 5. 2D도면 1단계 - 파트 도면 작성하기    115

## 1. 기본적인 3각법 도면뷰 작성하기 ----------------- 116

## 2. 응용 도면뷰 작성하기 ------------------------- 122
   1) 보조 투상도                                122
   2) 단면도                                    123
   3) 상세도                                    126
   4) 부분 단면도                                127
   5) 파단도                                    128
   6) 부분도                                    129

## 3. 치수 입력하기 ------------------------------ 131
   1) 지능형 치수                                133
   2) 모델 항목                                  135
   3) 구멍 속성 표시                              138
   4) 치수 공차                                  139
   5) 데이텀 피처                                140
   6) 기하 공차                                  140
   7) 치수 입력하기 연습 도면                      142

## 4. 주석 입력하기 ------------------------------ 143
   1) 중심선                                    143
   2) 중심 표시                                  144
   3) 영역 해칭                                  146
   4) 표면 거칠기                                147
   5) 노트                                      148

## 5. 도면 인쇄 및 저장하기 ------------------------ 149
   1) 인쇄하기                                  149
   2) PDF 저장하기                              150
   3) DWG 저장하기                              150
   4) 전자도면 E-drawing 저장하기                151

# Chapter 6. 2D도면 2단계 - 어셈블리 도면 작성하기    153

    1. 어셈블리 도면뷰 작성하기 -------------------- 154
    2. 분해도와 보조위치도 ---------------------- 156
          1) 분해도 작성하기                               156
          2) 보조 위치도                                   158
    3. 주석 입력하기 - 부품 번호와 마그네틱 라인 ---------- 160
          1) 부품 번호                                     160
          2) 마그네틱 라인                                 161
    4. BOM 테이블 작성하기 --------------------- 162
          1) BOM 테이블 작성하기                          162
          2) BOM 테이블을 외부 파일로 저장하기              165
    5. 멀티 시트 추가하기 ----------------------- 167

# Chapter 7. 부록    169

    1. 플레이! 솔리드웍스 공식 유튜브 채널 -------------- 170
    2. 솔리드웍스 한국 공식 사용자그룹 SWUGN KOREA ------ 171
    3. 원동현 저자 직강 온/오프라인 교육 신청안내 --------- 172

# chapter 01
# 어셈블리 준비하기

01 어셈블리 개념정리
02 문서 속성 저장하기 -
　 어셈블리 템플릿
03 어셈블리를 시작해 볼까요?
04 메이트 도구 -
　 부품을 결합하는 접착제

# 01 어셈블리 개념정리

플레이! 솔리드웍스 2026 파트 베이직 교재로 단품 파트 설계 작업에 대해 열심히 학습하고 오신 여러분 환영합니다. 이번 교재를 통해서 단품 파트를 사용하여 조립하는 **어셈블리 ASSEMBLY 작업**과 **2D DRAW 도면화 작업**을 학습해 보도록 하겠습니다.

가장 먼저, **어셈블리 ASSEMBLY 작업**에 대해 알아볼까요? 본격적인 어셈블리 작업에 앞서, 어셈블리의 구조를 살펴 봅시다. 다음과 같이 두 가지 형태로 나누어 볼 수 있습니다.

1️⃣ **기본형 어셈블리** ➡ 파트와 파트간 결합
2️⃣ **멀티형 어셈블리** ➡ 어셈블리와 어셈블리, 어셈블리와 파트로 결합

플레이! 솔리드웍스 2026 어셈&도면 베이직 교재에서는 기본형 어셈블리를 중심으로 설명하며, 마스터 교재 시리즈에서는 멀티형 어셈블리를 중심으로 설명합니다.

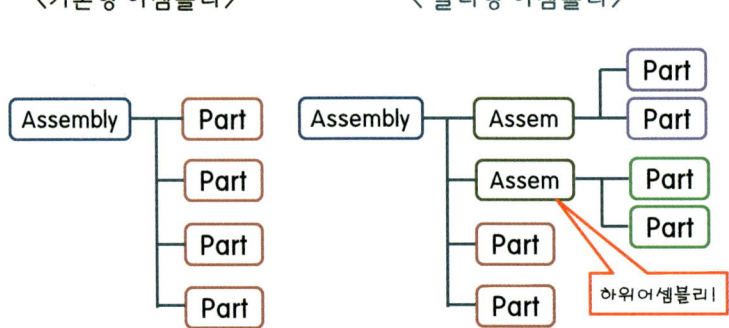

〈기본형 어셈블리〉 〈 멀티형 어셈블리〉

어셈블리의 인터페이스는 파트 작업의 인터페이스와 비슷합니다. 디자인트리에는 피처 단계 대신 부품 목록이 표시되며, 도구 모음 역시 부품 단위의 작업 도구들로 구성되어 있습니다.

그리고 **가장 먼저 삽입한 첫 번째 부품을 베이스 파트** 라고 부릅니다.

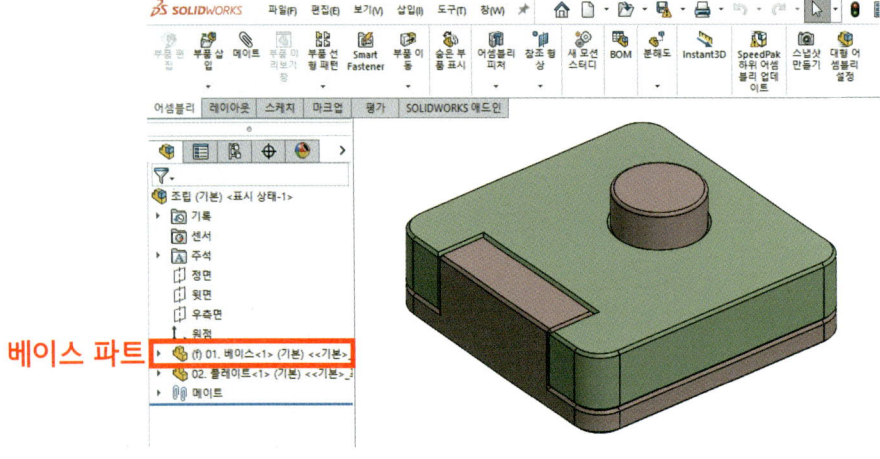

그렇다면 다음 그림을 살펴 볼까요? 이전 그림에서 보여드린 어셈블리의 디자인트리를 단순화된 그림으로 표현해 보았습니다.

어셈블리는 다음과 같이 세 가지 필수 규칙이 있습니다.

①  베이스 파트는 어셈블리의 기준 부품으로 사용됩니다.

②  베이스 파트- 기준 부품은 자유롭게 움직이지 못하는 고정된 상태로 삽입됩니다. 부품의 이름 앞에 (f) 표시가 있다는 뜻은 고정 상태로 움직이지 못한다는 뜻입니다.

③  기준 부품으로 사용하는 첫 번째 부품은 움직임이 필요없는 정적 부품을 사용하는 것이 좋습니다.

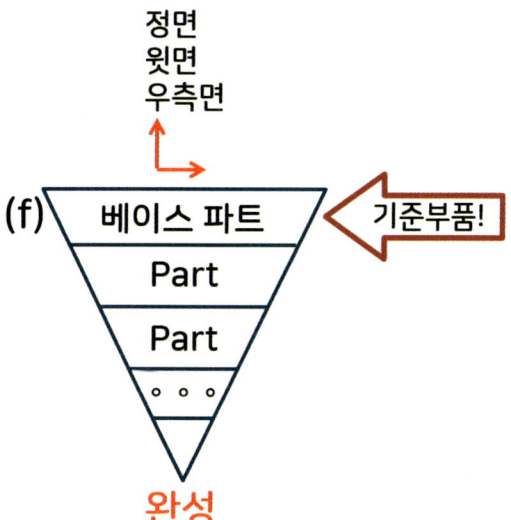

이러한 필수 규칙들을 참고해서 어셈블리 모델링을 완성해 봅시다. 그 전에, **어셈블리 실습에 필요한 예제 파일은 여러분을 위해서 제가 미리 준비해 놓았습니다.**

다음 링크에 접속하셔서 예제파일을 다운로드 받으신 다음, 압축을 풀어서 준비해 주세요.

첨부파일에는 **2017 버전**과 **2026 버전** 두 가지의 예제파일이 담겨 있습니다. 현재 사용중인 버전에 맞추어 어셈블리 및 2D 도면 실습에 사용합니다.

**참고) 솔리드웍스는 하위 버전으로 저장할 수 없으며, 하위 버전에서는 상위 버전의 파일을 실행할 수 없습니다. 그러므로 사용중인 버전과 동일하거나, 그보다 하위 버전의 예제파일을 사용해야 정상적으로 실습할 수 있습니다.**

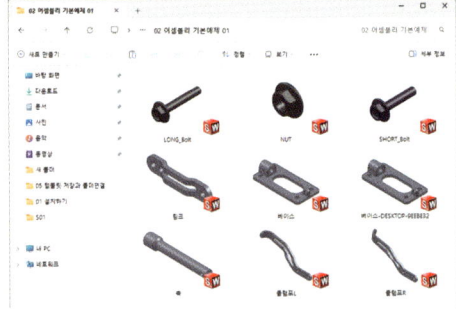

다운로드 받은 예제 파일의 최상위 폴더를 설계 라이브러리에 연결해 줍니다. 폴더 내 하위 폴더와 예제파일들이 썸네일로 표시됩니다.

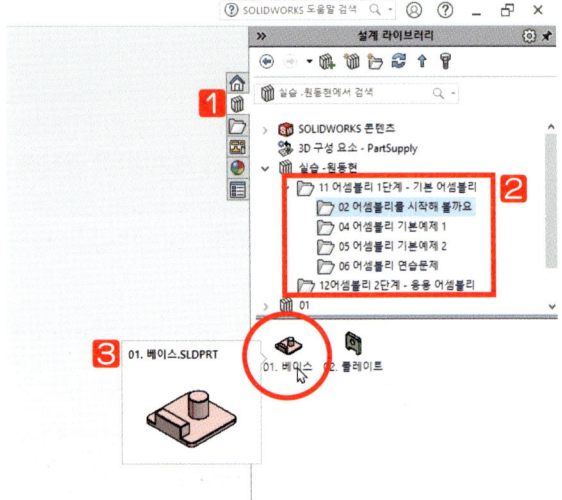

솔리드웍스의 버전에 따라 위의 방식으로 폴더를 연결해도 표시되지 않는 경우가 발생할 수 있습니다.

이런 경우에는 **시스템 옵션 - 파일 위치 - 설계 라이브러리** 항목을 선택하고 이곳에서 폴더를 연결하면 정상적으로 표시됩니다.

## 02 문서 속성 저장하기 - 어셈블리 템플릿

어셈블리 문서 역시 작업 환경을 구축해서 템플릿으로 저장해 놓으면 항상 동일한 환경에서 작업할 수 있습니다. 몇가지 옵션과 함께 템플릿을 만들어 봅시다. **새 어셈블리 문서**를 실행합니다.

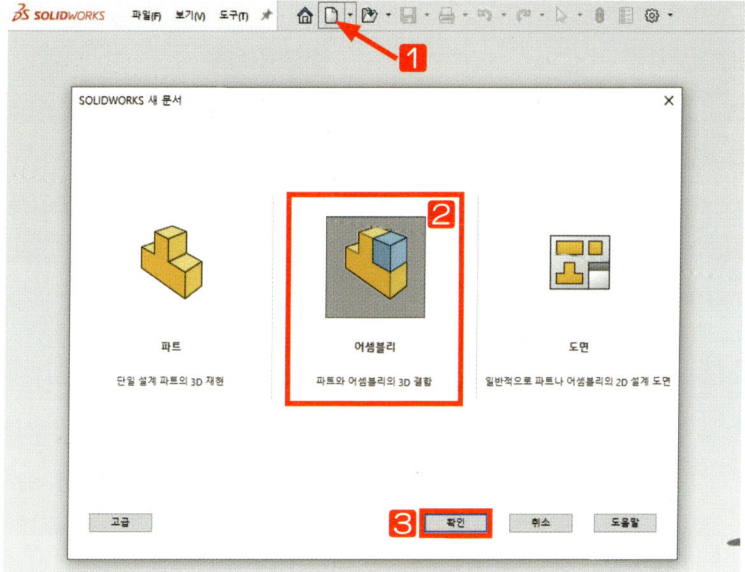

어셈블리 문서를 실행하는 즉시 왼쪽 옵션창과 함께 첫 번째 부품을 불러올 팝업창이 표시됩니다. 이곳에서 미리 다운로드 받아서 준비한 예제파일 중에 어셈블리 개념정리 - **01. 베이스** 부품을 선택합니다.

**참고) 옵션을 활성화 하기 위한 부품 삽입이므로 임의의 파트 파일을 선택해도 좋습니다.**

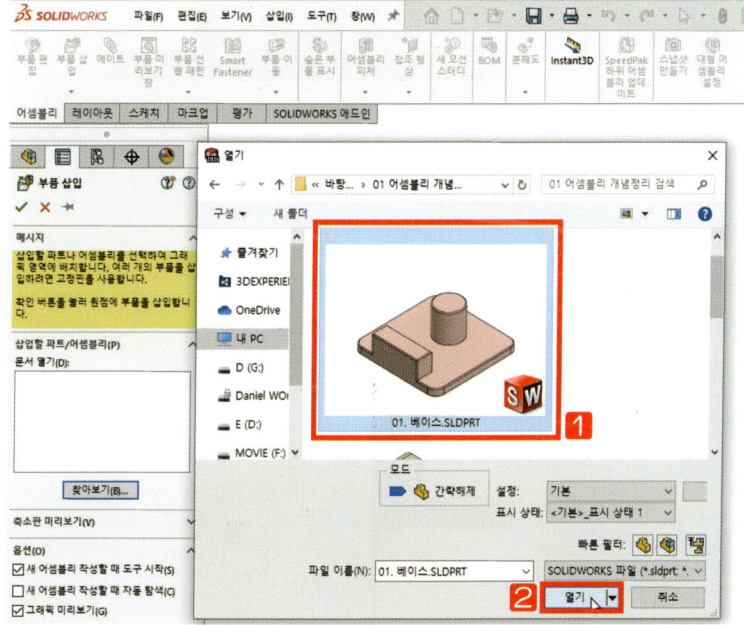

다음과 같이 화면의 중심에 부품이 삽입되면 왼쪽 옵션창에서 **자동 탐색 옵션을 체크 해제**합니다. 그리고 **확인** 아이콘을 선택합니다.

## 1) 메이트 옵션

부품이 삽입되었기 때문에 **어셈블리 도구모음에 메이트 도구가 활성화** 됩니다. **메이트** 도구를 실행해서 내부 옵션을 변경해 봅시다.

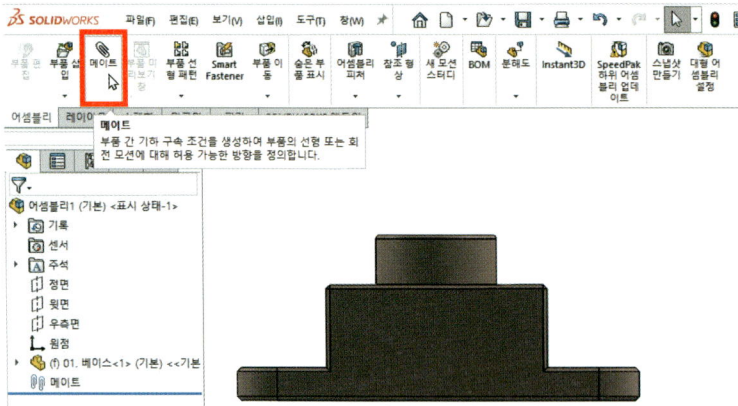

메이트 옵션창의 하단부를 살펴봅시다. **첫 번째 선택 부품을 투명하게 하기** 옵션이 있는데, 어셈블리를 처음 작업하는 사용자들에게는 다소 불편한 옵션이므로 **체크 해제** 합니다.[1] 그리고 메이트 도구를 종료한 후, **삽입한 부품은 우클릭하여 삭제** 처리해 줍니다.[2]

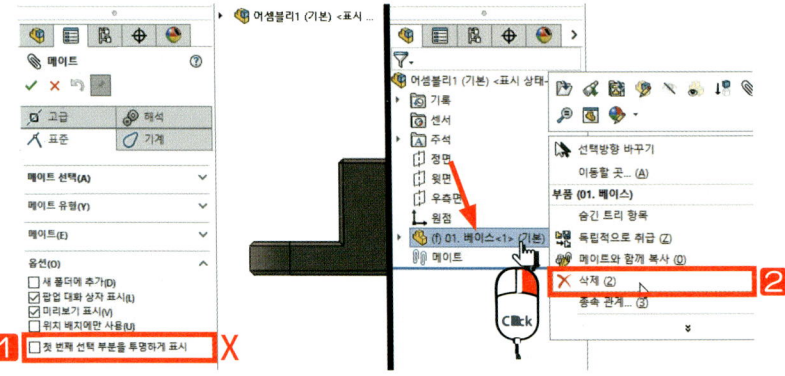

## 2) 시스템 옵션

이번에는 **시스템 옵션**을 설정해 볼까요?

**메뉴바 - 옵션 - 시스템 옵션 - 표시** 항목을 살펴 봅시다. 파트 편집 모드에서 주변 부품을 반투명으로 변경해주는 **어셈블리 투명도**를 다음과 같이 변경해 줍니다.

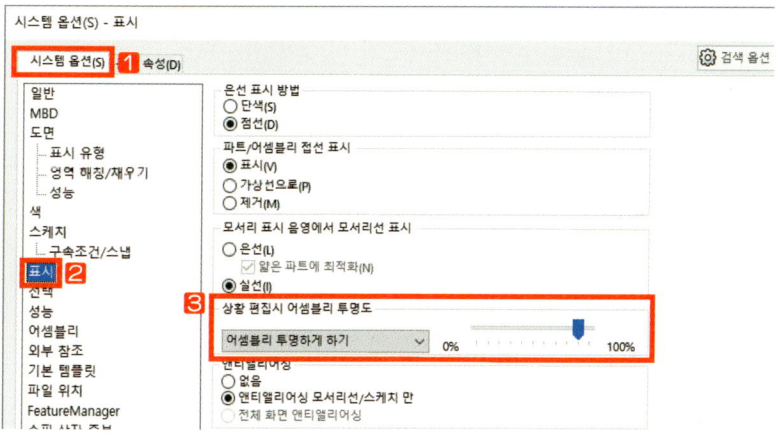

**어셈블리** 항목에서는 다음과 같이 **필수 옵션 4가지 항목에 체크**해 줍니다.

특히, **오정렬 메이트**는 두 개의 핀을 조립할 때 중심이 맞지 않더라도 여유값 안에서 약간의 오차를 허용하며 조립을 허용하는 옵션이므로 사용하는 것을 권장합니다.

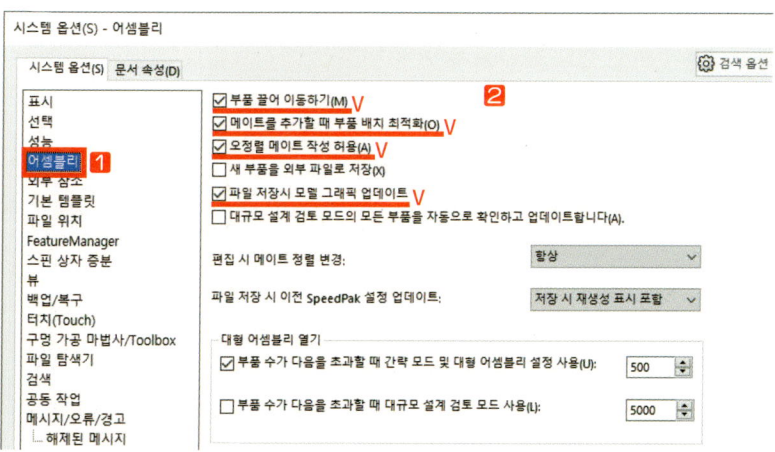

## 3) 어셈블리 문서 속성

**단위** 옵션에서는 **MMGS** 로 설정해 줍니다.

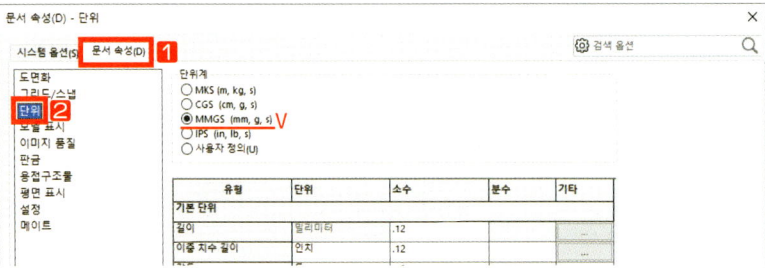

**메이트** 옵션에서는 **오정렬 메이트의 하위 옵션**을 변경해 봅시다. 어긋난 동심을 한쪽으로 배치하는 대신, 양쪽이 균일하게 조립되도록 **대칭 모드**로 변경해 줍니다. **그리고 옵션창은 종료합니다.**

## 4) 어셈블리 템플릿 저장하기

어셈블리 작업을 위한 옵션 설정이 완료되었습니다. 현재 상태를 **어셈블리 템플릿**으로 저장해 봅시다. 다음과 같이 확장자를 **어셈블리 템플릿 ( .ASMDOT )** 로 변경한 후[1], 이름을 변경합니다.[2] 그리고 **파트 템플릿이 저장된 폴더를 지정하여 저장**합니다.[3]

**템플릿 파일로 저장한 후에는 현재 문서는 별도의 저장 없이 종료합니다.**

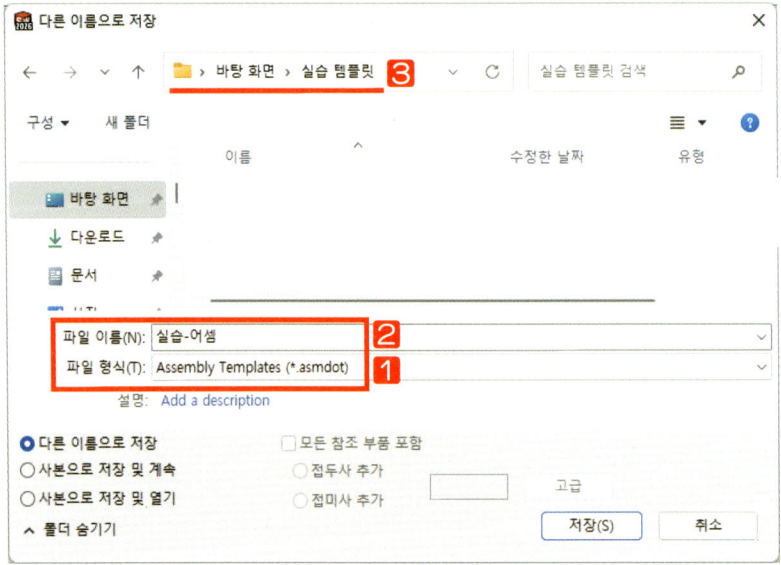

모든 문서를 종료한 후에 다시 한번 새 문서를 실행해 봅시다. 실습 템플릿 폴더 안에 새로 저장한 **어셈블리 템플릿 문서**가 표시되면 성공입니다.

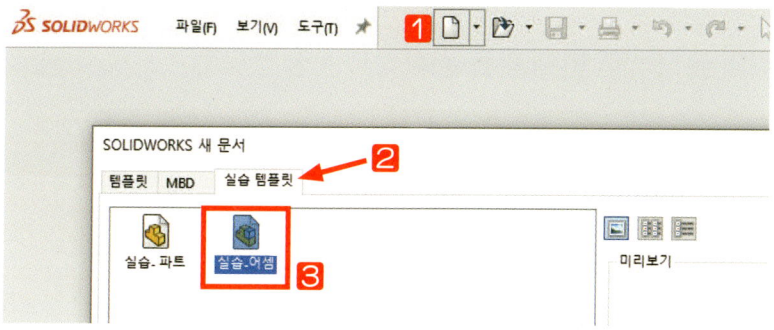

## [TIP] 템플릿을 저장했는데 표시되지 않아요

교재의 친절한 설명을 따라서 템플릿 파일을 저장했는데도 정상적으로 표시되지 않는다면, 여러분은 두 가지를 체크해 보아야 합니다.

① **확장자를 템플릿 확장자로 변경했나요? (.PRTDOT / .ASMDOT / .DRWDOT)**
② **템플릿이 저장된 폴더를 솔리드웍스에 연결했나요?**

확장자를 정확하게 변경해서 저장했음에도 템플릿이 표시되지 않는다면, **다음 경로에 템플릿 폴더가 연결되어 있는지 다시 한번 점검해 봅시다.**

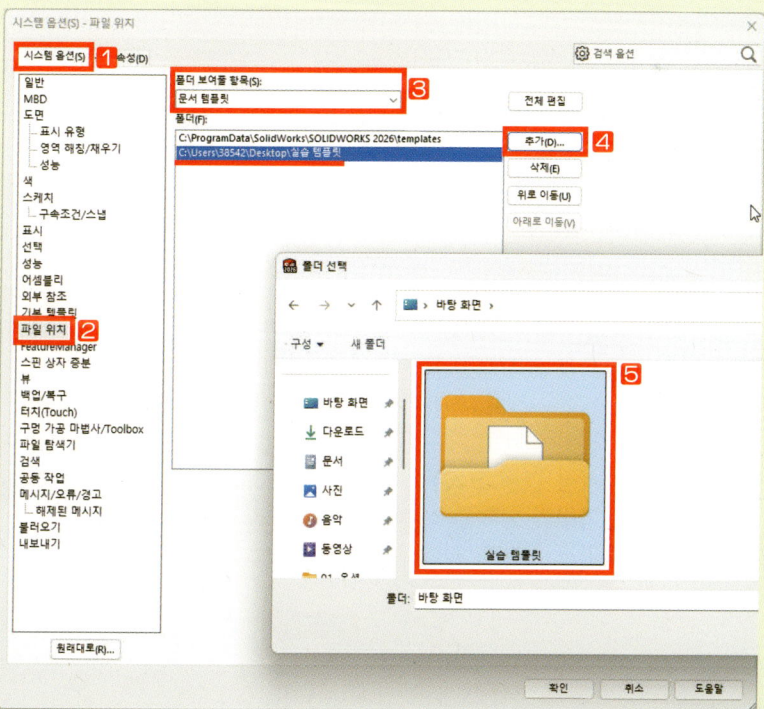

# 03 어셈블리를 시작해 볼까요?

## 1) 어셈블리의 시작 - 첫 번째 부품을 삽입하는 방법

어셈블리 작업을 위한 모든 작업 환경이 준비되었습니다. 이전 단원에서 **어셈블리의 첫 번째 부품이 갖는 다양한 의미**에 대해서 설명해 드렸습니다. 그 만큼, 첫번째 부품을 삽입하는 **방법도 상당히 중요한데요,**

이전 단원에서 다운로드하여 준비한 실습 파일을 확인해 봅시다. 그 중에서도, **기준으로 사용할 첫 번째 부품을 미리 체크해 줍니다.**

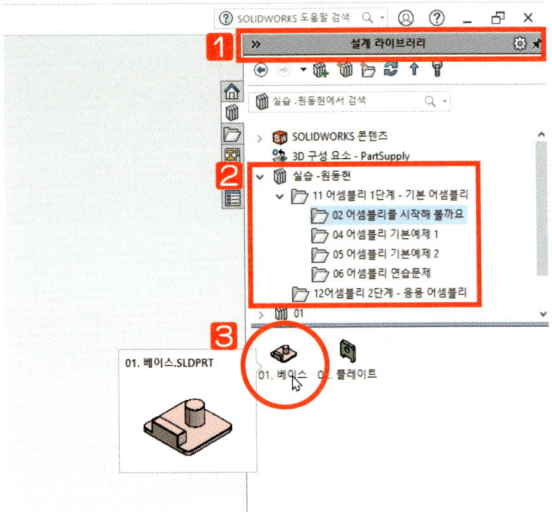

새 문서 - **어셈블리 템플릿** 문서를 실행합니다.

첫 번째 부품을 삽입하는 방법은 두 가지가 있습니다. **첫 번째 방법**은 자동으로 표시되는 옵션을 사용하는 방법입니다.

어셈블리 문서를 실행한 후 가장 먼저 표시되는 **부품 삽입** 옵션창에서 **찾아보기** 항목을 선택하고 첫 번째 부품 01. 베이스 부품을 선택합니다.

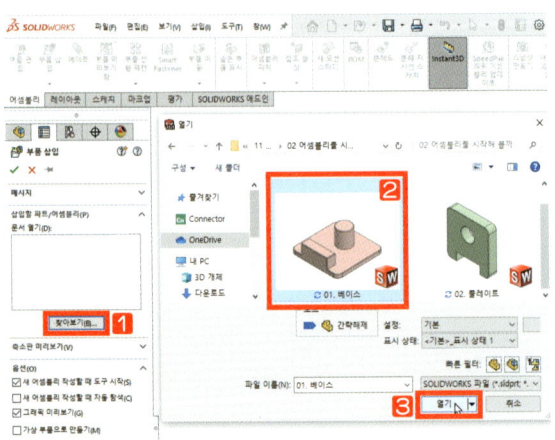

부품을 삽입하는 두 번째 방법은 설계 라이브러리에서 드래그 하는 방법입니다.

디자인트리에서 원점을 클릭한 상태[1]에서 베이스 파트 부품을 클릭해서 드래그합니다. 이 때, 화살표의 커서를 원점에 접촉[2]하면 베이스 부품의 원점과 어셈블리의 원점이 일치하며 부품이 삽입됩니다.

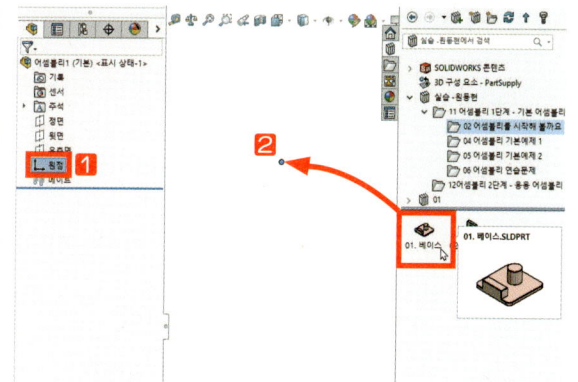

첫 번째 부품이 추가되있습니다. 디자인트리를 살펴 봅시다. 부품의 이름 앞에 고정 상태 (f) 마크가 표시되어 있습니다. 두 번째 이후의 부품들은 원점을 클릭하지 않고 자유롭게 빈 화면으로 드래그 해서 추가해도 좋습니다.

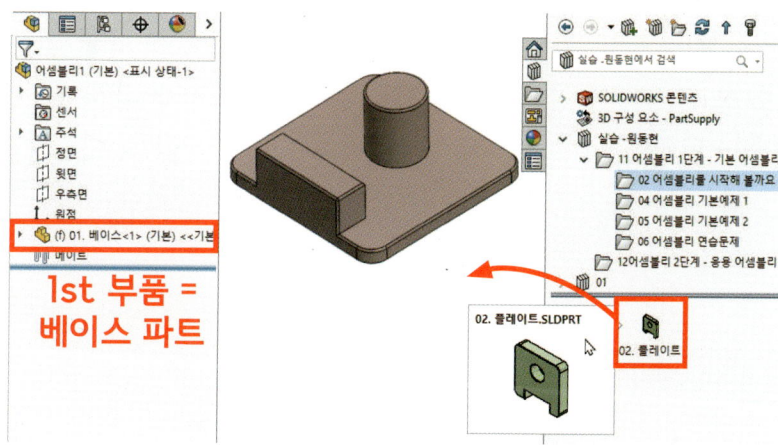

다음과 같이 부품이 추가되었습니다. 그런데 이 상태로 부품을 조립하게 되면 원치 않는 방향으로 부품이 틀어지거나 반전되어 조립되는 문제들이 발생할 수 있습니다.

그렇다면 조립하기 전에 부품의 방향과 위치를 미리 조정해 볼까요?

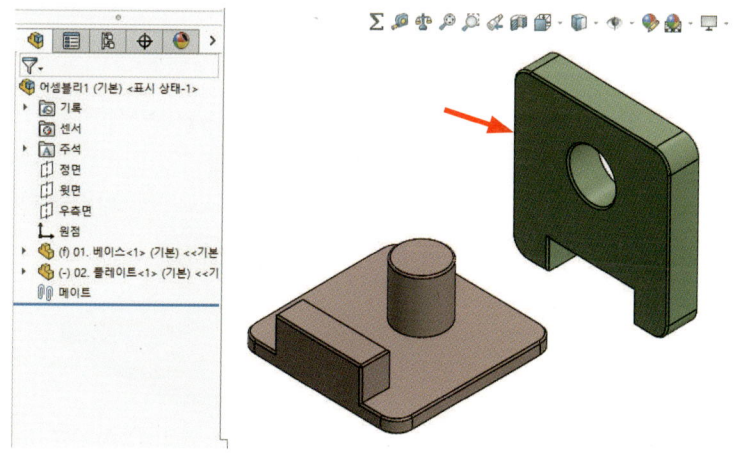

## 2) 어셈블리에서 마우스 사용하기

어셈블리에서 마우스를 사용하는 방법은 조금 다릅니다. 왼쪽 버튼으로 클릭할 때와 오른쪽 버튼을 클릭할 때가 다르므로, **조립하기 전에 부품을 드래그해서 이동과 회전을 충분히 연습해 주는 것이 좋습니다.** 다음과 같이 부품의 방향과 위치를 조립하기 편하도록 조정해 줍니다.

참고 ) 휠 버튼 클릭 - 드래그 = 전체 뷰를 3D 로 회전합니다.

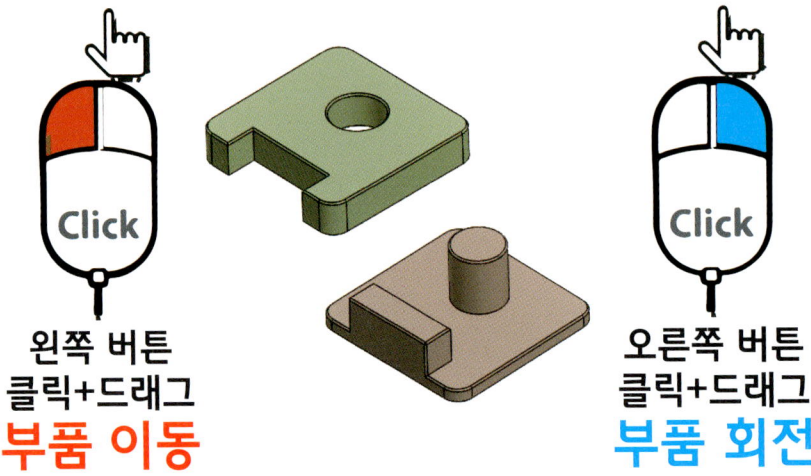

이렇게, 어셈블리 작업의 시작은 다음과 같이 순서로 정리할 수 있습니다.

① 가장 먼저 불러올 기준 부품을 체크하고, 원점에 접촉하여 삽입합니다.
② 두 번째 이후 나머지 부품들은 자유롭게 드래그해서 추가 삽입합니다.
③ 조립하기 유리한 방향과 위치에 따라 추가 부품들을 재배치/ 재정렬 합니다.

이로써 메이트 작업을 위한 모든 준비가 끝났습니다.

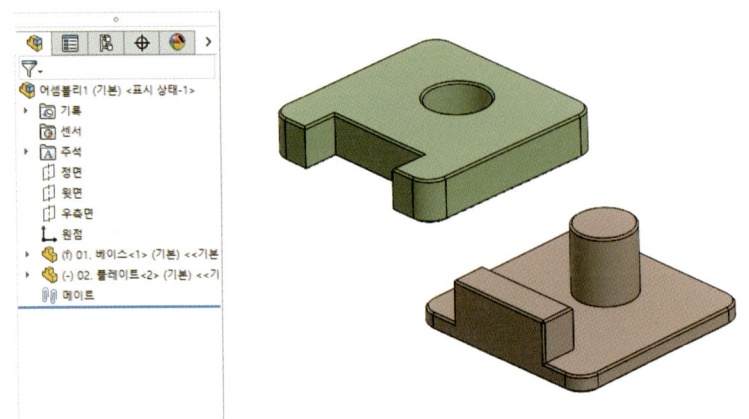

# 04 메이트 도구 - 부품을 결합하는 접착제

## 1) 메이트 도구의 종류

어셈블리 작업에 있어서 핵심이 되는 도구가 바로 **메이트** 도구입니다. 메이트 도구는 **부품과 부품을 결합하는 일종의 접착제 같은 역할**을 합니다. 살짝 들어도 매우 중요한 도구인 것 같은 느낌이 드시나요? 이 메이트 도구에 대해서 더욱 자세하게 알아봅시다.

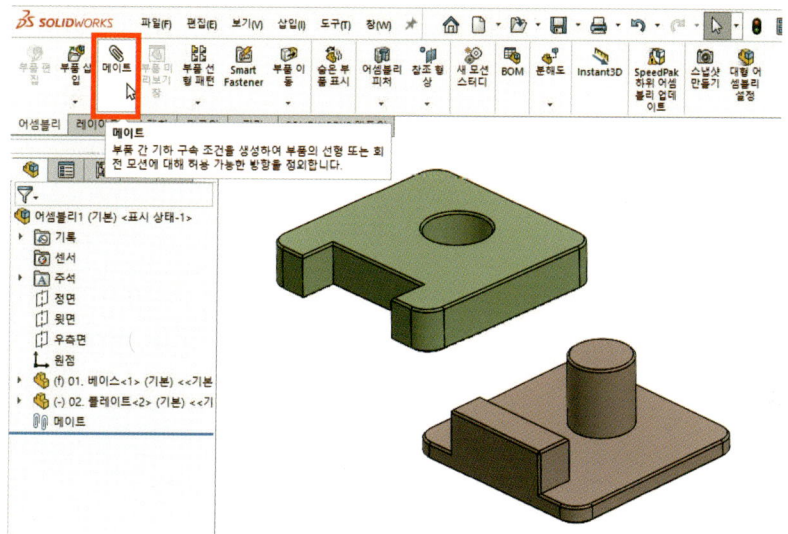

메이트 도구를 실행하면 왼쪽 옵션창을 살펴 봅시다. 총 4개의 옵션창으로 구성되어 있으며, 역할은 다음과 같습니다.

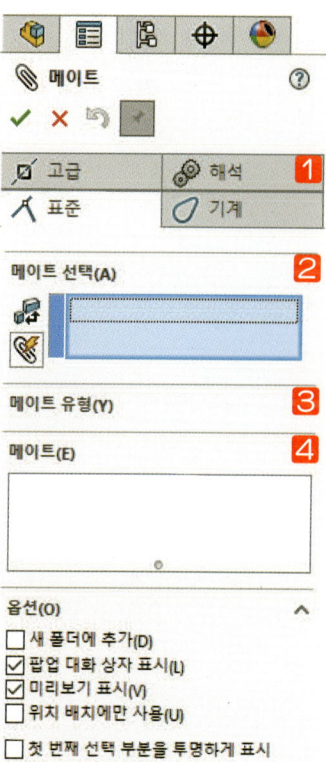

① 메이트 도구는 다음 **4개의 카테고리**로 구성되어 있으며, 메이트 작업 시 카테고리 전환은 작업자가 수동으로 변경해야 합니다.

② 조립할 부품의 요소를 선택합니다. 기본적으로 부품과 부품 간 서로 닿는 면과 면을 선택합니다.

③ 메이트 카테고리 내부의 하위 도구들을 선택합니다. 대부분 지능형으로 자동 선택되지만 작업자가 변경할 수도 있습니다.

④ 적용한 메이트 작업이 누적 기록되어 표시됩니다. 이 곳에서 메이트 항목을 선택하여 수정하거나 삭제할 수 있습니다.

메이트의 카테고리를 확장하는 순간 여러분들은 매우 낯익은 아이콘을 만나게 됩니다. **솔리드웍스의 메이트 도구는 스케치의 구속조건과 같은 모양의 아이콘을 사용합니다.** 심지어, 역할도 서로 비슷하게 닮았습니다. 즉, **어셈블리에서 사용하는 부품 간의 구속조건**이라고 생각하면 더 쉽게 이해할 수 있습니다.

**첫번째 카테고리인 표준 메이트**는 일치, 평행, 각도 등 가장 기본적인 메이트 요소로 구성되어 있습니다. 표준 메이트의 특징을 한 문장으로 정리하면, **부품과 부품을 단순 결합하는 [ 고정형 ] 메이트** 라고 정리할 수 있겠습니다.

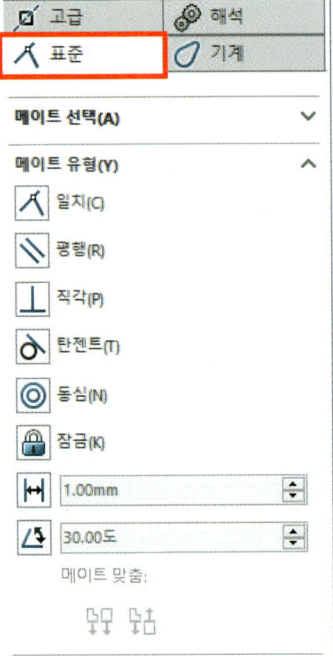

**두 번째 카테고리인 고급 메이트**는 부품을 움직이는 데 사용하는 메이트 도구들로 구성되어 있습니다. 특히 경로, 대칭 등 이름에서부터 짐작할 수 있는 작업 뿐 아니라, 거리한도, 각도한도 등 작동 범위를 사용하여 부품을 움직이도록 조립할 수 있습니다.

이러한 하위 도구들로 미루어 볼 때, 고급 메이트는 **부품을 작동시키는 [ 작동형 ] 메이트** 라고 정리할 수 있습니다.

세 번째 카테고리인 **기계 메이트**는 실제적인 접촉에 의한 구동이 아닌, 계산식에 의한 기계 작동 원리를 표현하는 메이트입니다. 다소 복잡한 구동 계산이 이루어지기 때문에 여러 가지의 기계 메이트가 적용된 부품에서는 종종 메이트 충돌 오류가 발생할 수도 있으므로, 기계메이트가 적용된 부품을 드래그할 때 주의가 필요합니다.

기계 메이트는 **실제 기계 구동을 표현하는 [ 기계 ] 메이트** 라고 정리할 수 있습니다.

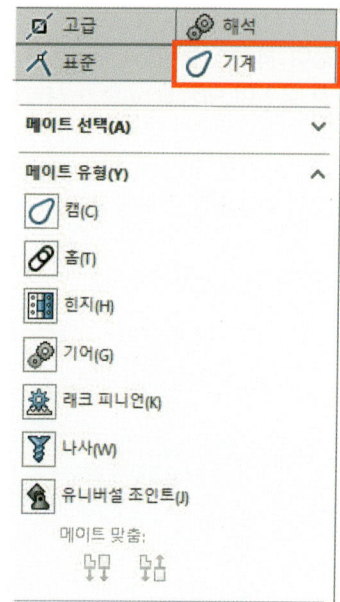

### 2) 메이트 도구의 사용 방법

그렇다면 메이트 도구를 어떻게 사용해야 할까요? 메이트 도구를 사용하기 전에 가장 먼저 고민해야 할 두 가지 질문을 여러분에게 드리겠습니다.

**Q1. 조립할 어셈블리는 고정형인가, 작동형인가?**
**Q2. 결합할 두 부품이 서로 만나는 면은 어디인가?**

위의 두 가지 질문을 생각해 볼때, 다음 예제를 보고 답을 생각해 봅시다.

A1. 예제의 형태를 살펴 볼 때, 작동하지 않는 고정형 어셈블리입니다.
   표준 메이트를 중심으로 메이트하는 것이 좋겠습니다.
A2. 서로 만나는 면은  **A1 - a1   B1 - b1** 입니다.

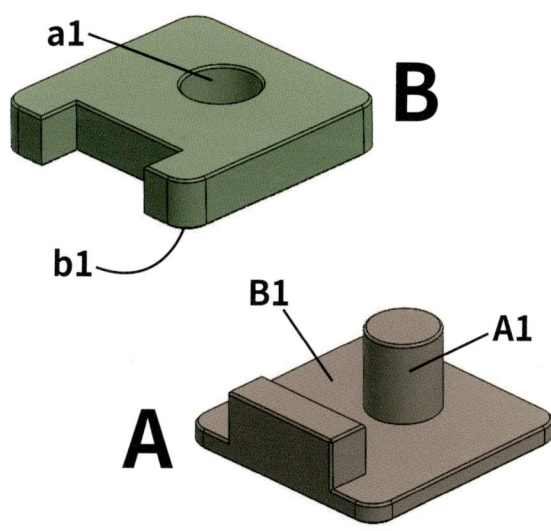

23

그럼 메이트 도구를 사용해서 계획대로 조립해 볼까요? 다음과 같이 **메이트** 도구를 실행하고, **각 부품이 서로 닿는 면과 면을 선택해 봅시다.** 다음과 같이 실시간으로 부품이 이동하면서 **선택한 요소에 맞추어 메이트 요소가 지능형으로 자동 선택됩니다.**

미리보기를 통해서 작업자의 의도대로 조립되었는지 체크한 후, **확인** 아이콘을 선택해서 메이트 작업의 마침표를 찍어줍니다.

**참고) 회전 잠금 옵션을 체크하면 움직이지 않는 고정 상태로 변경되므로 필요할 때만 사용합니다.**

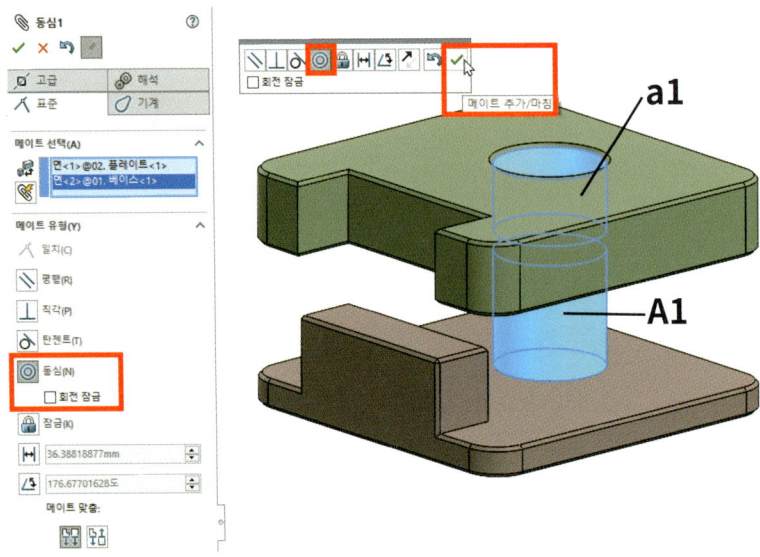

확인 아이콘을 선택한 후 두 번째 메이트를 추가해 봅시다. **서로 닿는 면 - 부품의 바닥면과 윗면**을 선택하면 **지능형으로 일치 메이트가 적용**됩니다. **확인** 아이콘을 선택해서 메이트 작업의 마침표를 찍어 줍니다.

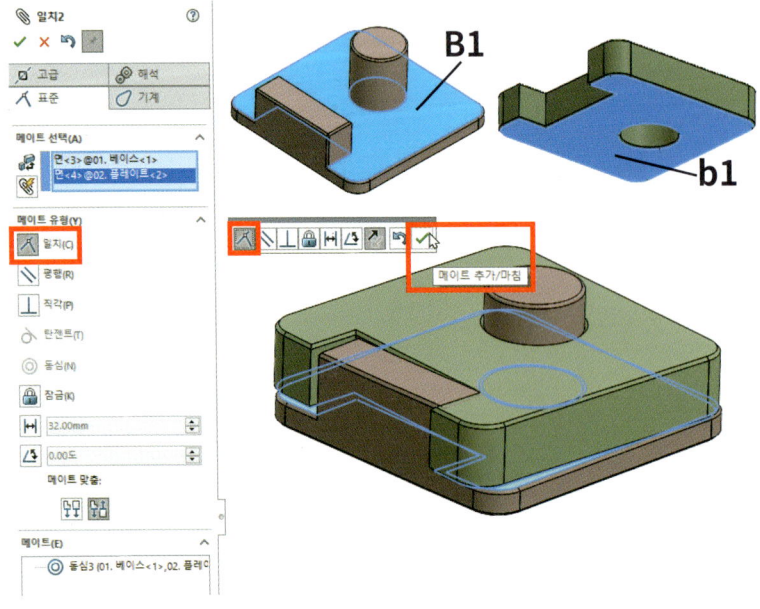

그러나 두 가지 메이트 작업으로는 부품이 완전정의 상태로 조립되지 않으므로, 다음과 같이 **부품의 양쪽 측면**을 선택해서 **일치 또는 평행 메이트**를 추가 적용해 줍니다. 그리고 **모든 메이트 작업을 종료합니다.**

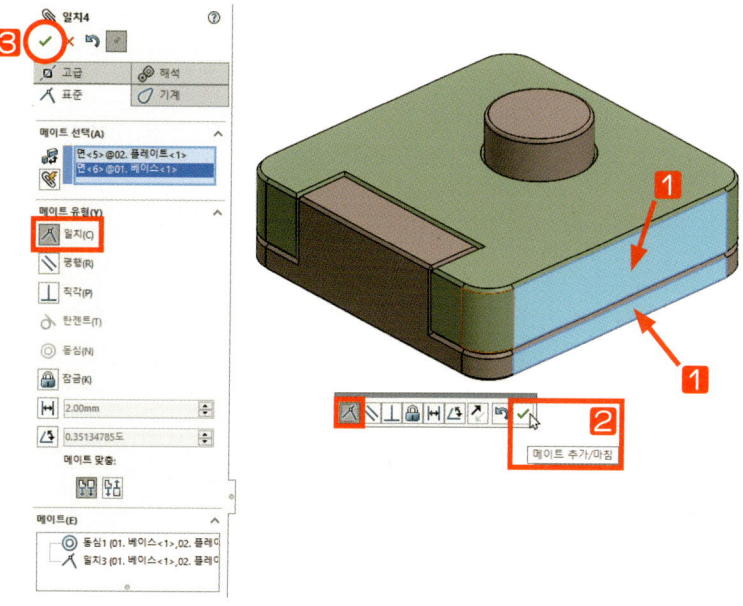

디자인트리의 메이트 항목을 확장해 봅시다. 지금까지 추가한 메이트 항목이 기록되어 있고, 모든 부품은 완전정의 상태가 되었으므로 **(-) 마크가 사라져 있습니다.**

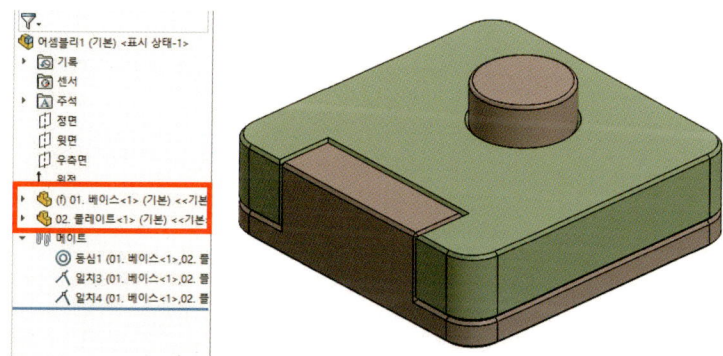

완성된 어셈블리 문서를 저장해 볼까요? 파트를 저장하는 방법과 동일하게 **디자인트리에서 어셈블리 이름을 설계 라이브러리 탭으로 드래그해서 저장**해 봅시다.

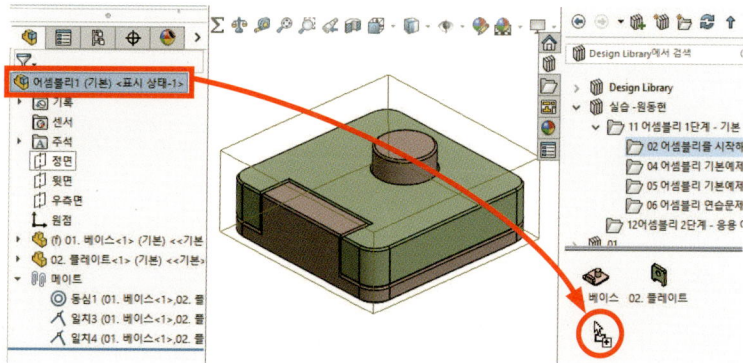

다른 이름으로 저장 팝업창이 표시되면 이름을 입력해서 문서를 저장해 봅시다. [ 어셈블리 조립 ]

주의) 어셈블리 문서를 드래그 - 드롭 저장 방식으로 저장하면 하위 버전의 경우 확장자가 임의로 바뀌는 문제가 발생합니다. 반드시 확장자를 어셈블리 전용 확장자 .SLDASM 으로 설정되어 있는지 확인해 주어야 합니다. (필수)

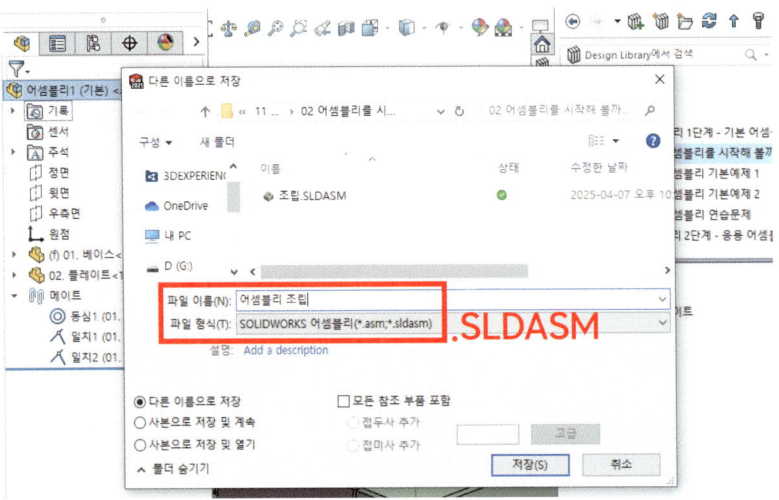

설계 라이브러리 탭의 썸네일을 확인해 봅시다. 저장된 어셈블리 문서가 표시됩니다.

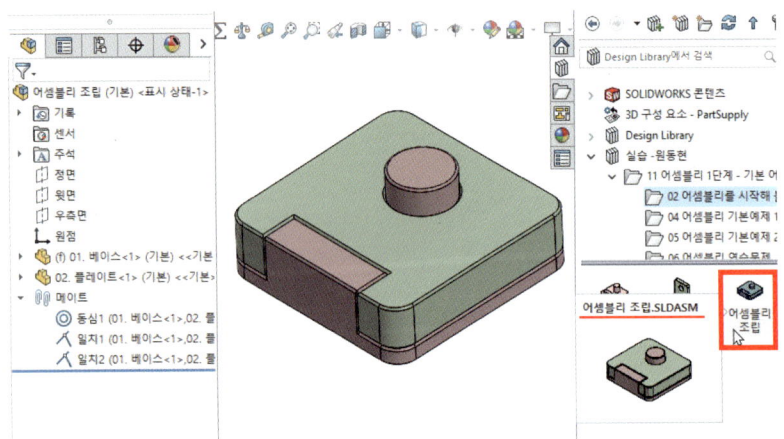

이렇게, 어셈블리의 전반적인 과정을 살펴 보았습니다. 다음 단원에서 다양한 난이도의 예제와 연습문제를 사용해서 단계별로 어셈블리 도구들을 익혀 봅시다.

# chapter 02

# 어셈블리 1단계
# 기본 어셈블리

01 어셈블리 기본 예제 1
02 어셈블리 기본 예제 2
03 어셈블리 기본 연습문제 1
04 어셈블리 기본 연습문제 2

# 01 어셈블리 기본 예제 1

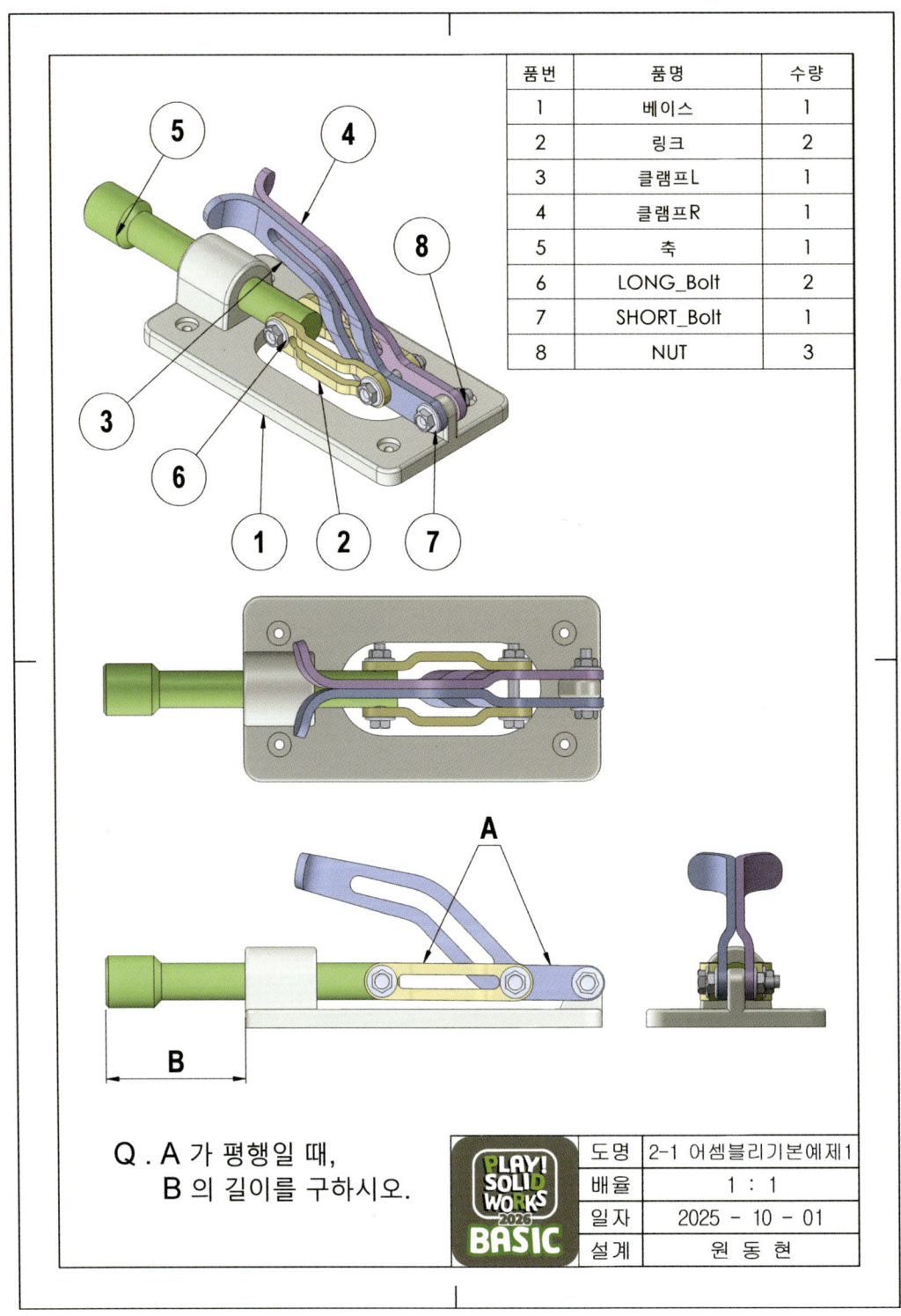

| 품번 | 품명 | 수량 |
|---|---|---|
| 1 | 베이스 | 1 |
| 2 | 링크 | 2 |
| 3 | 클램프L | 1 |
| 4 | 클램프R | 1 |
| 5 | 축 | 1 |
| 6 | LONG_Bolt | 2 |
| 7 | SHORT_Bolt | 1 |
| 8 | NUT | 3 |

Q. A 가 평행일 때, B 의 길이를 구하시오.

| 도명 | 2-1 어셈블리기본예제1 |
|---|---|
| 배율 | 1 : 1 |
| 일자 | 2025 - 10 - 01 |
| 설계 | 원 동 현 |

## 풀이과정

1️⃣ 어셈블리 작업에 앞서, 도면을 관찰해 봅시다. 그리고 다음 질문에 맞추어 작업 계획을 세워 볼까요?

**① 조립할 어셈블리는 고정형인가 작동형인가?   [ 작동형 ]**
**② 가장 먼저 삽입해야 할 첫 번째 부품은 무엇인가?   [ 베이스 ]**

어셈블리의 시작 - **가장 먼저 삽입해야 할 기준 부품**을 결정한 후, **새 어셈블리 문서**를 실행합니다.

2️⃣ 부품 삽입에 대한 왼쪽 옵션창은 종료하고, 오른쪽 설계 라이브러리 탭에 조립할 부품들이 정상적으로 표시되는지 확인해 줍니다.

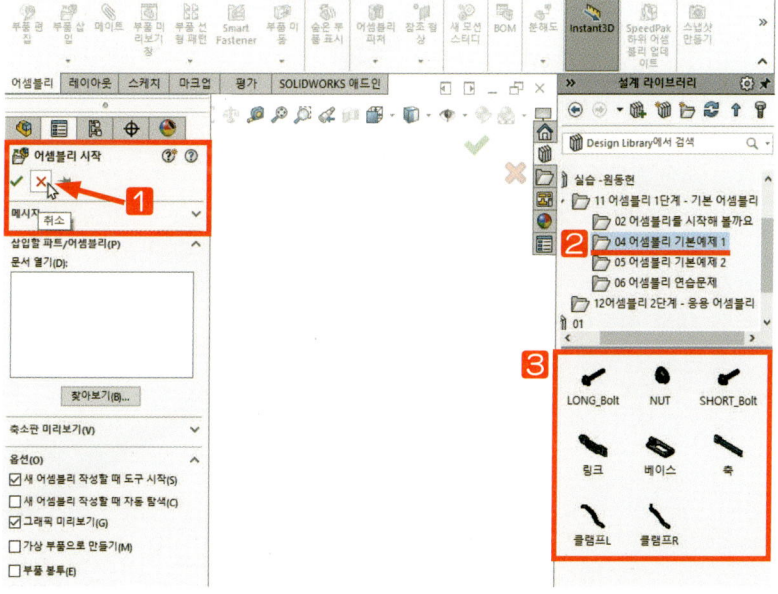

3  첫 번째 부품 - 베이스 부품을 삽입해 봅시다. 원점을 클릭한 상태에서 베이스 부품을 드래그하여 접촉해서 삽입해 봅시다.

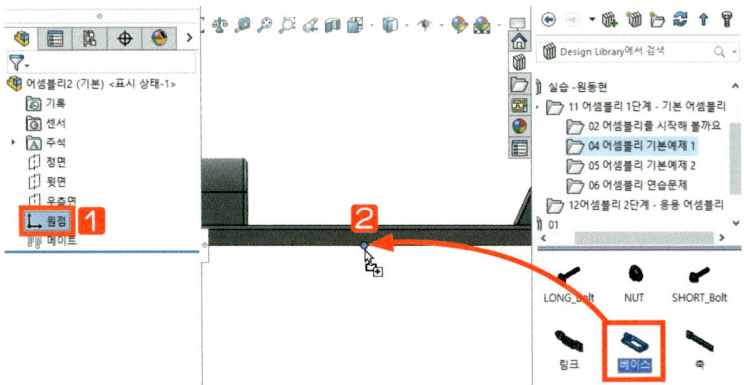

4  베이스 부품을 삽입한 후, 다음 그림에 표시된 부품들만 자유롭게 드래그해서 배치합니다. 그리고 부품의 위치와 방향을 조립하기 편하도록 다음과 같이 조정해 준 다음, 메이트 도구를 실행합니다.

5  베이스 파트를 기준으로 가장 먼저 축 부품을 조립해 봅시다.

결합할 부품의 서로 닿는 면과 면 - 베이스 파트의 내부 원통면과 축 부품의 바깥쪽 원통면을 선택해서 동심 메이트를 적용하고 확인 아이콘을 선택해 줍니다.

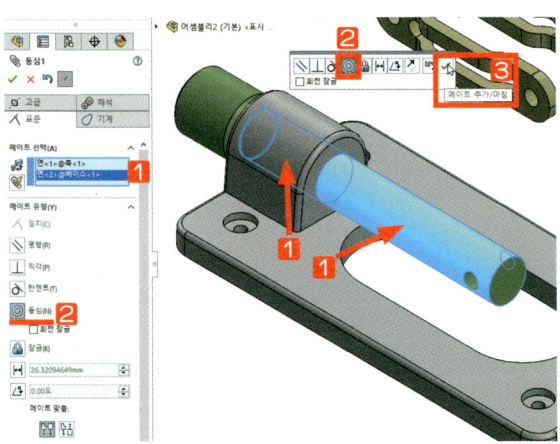

6  역시 베이스 파트를 기준으로 **클램프** 부품들을 조립해 봅시다.

같은 방식으로 **클램프의 원통면과 베이스의 체결부 원통면**을 선택해서 **동심** 메이트를 적용하고 **확인** 아이콘을 선택해 줍니다.

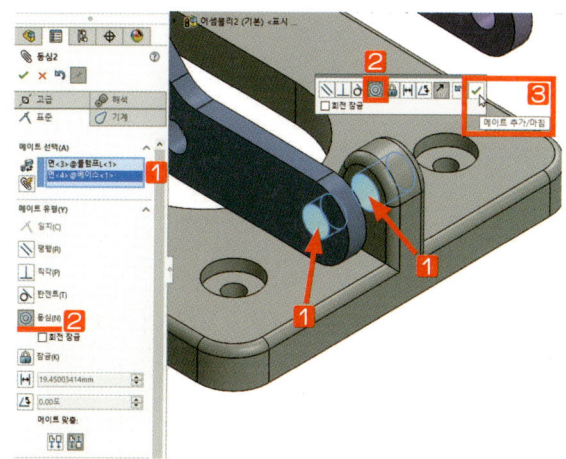

7  반대편 클램프도 대칭 형태가 되도록 동일한 원통면을 선택해서 **동심** 메이트를 추가해 줍니다.

참고) 메이트를 잘못 작성한 경우에는 당황하지 말고 현재 메이트 작업을 모두 종료합니다.

그리고 디자인트리의 메이트 리스트를 확장하고 잘못 작성한 메이트를 Delete 버튼으로 삭제해 줍니다.

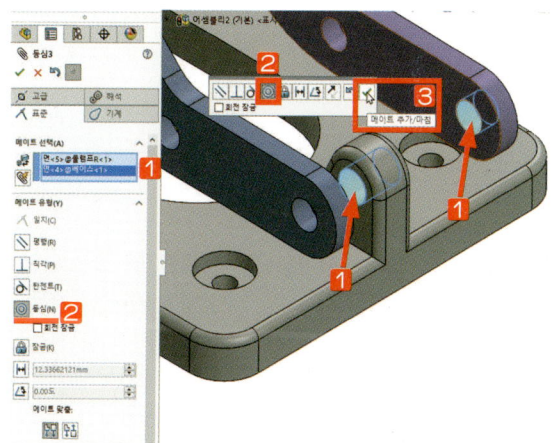

8  클램프 부품이 동일하게 작동하도록 다음 원통면을 선택해서 **동심** 메이트를 추가해 줍니다.

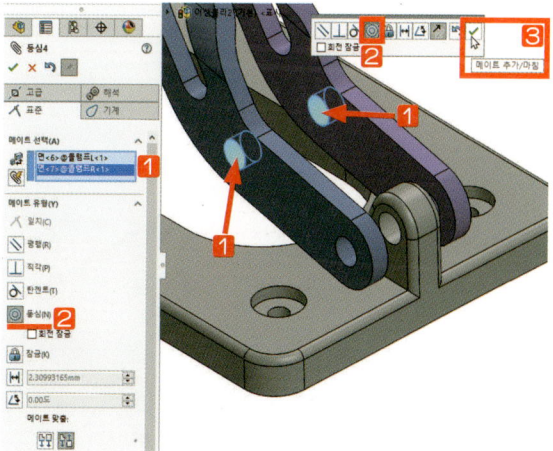

9️⃣ 같은 스타일로 양쪽 방향의 링크 부품들을 결합해 봅시다. **동심** 메이트를 사용해서 원통의 중심을 먼저 맞추어 줍니다.

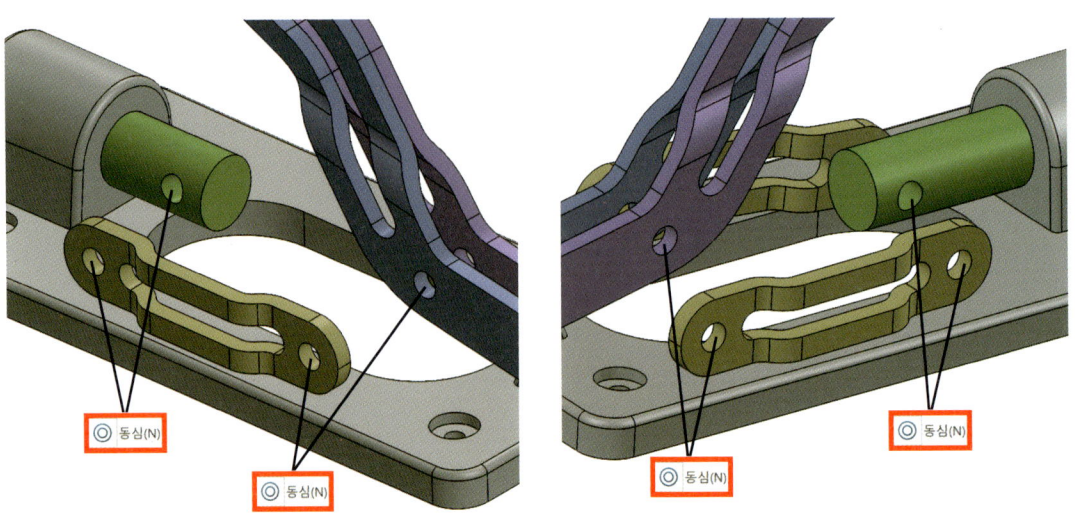

## [TIP] 어셈블리의 환상의 짝꿍 - 선택 필터

솔리드웍스의 메이트 작업은 조립할 요소에 대해 점, 선, 면 모든 요소를 선택할 수 있습니다. 그렇기에 **메이트할 요소를 선택할 때 작업자의 주의가 필요합니다.** 자칫 잘못된 요소를 선택해서 메이트를 잘못 작성하는 문제가 생기거든요.

이런 경우 메이트와 함께 페어링하여 사용하는 도구가 바로 **선택 필터** 입니다. 선택 필터는 작업자가 원하는 요소만 선택하도록 모드를 지정하는 도구로, 다음과 같이 **도구모음 탭을 우클릭하여 활성화**하여 사용합니다.

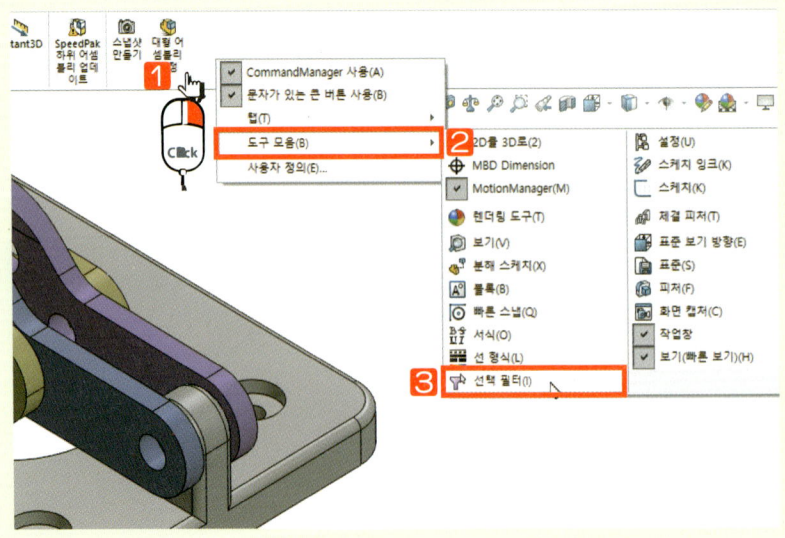

예를 들어, 면 선택 필터의 유무를 비교해 봅시다. 미적용 상태에서는 부품이 투영되어 모서리 선이 잡히지만, 필터 모드에서는 정확하게 표면이 잡히는 것을 확인할 수 있습니다. **선택 필터 모드를 실행하면 다음과 같이 마우스에 분홍색 깔때기 아이콘이 표시됩니다.**

규모가 큰 대형 장비의 어셈블리나 복잡한 형상의 부품을 조립할 때는 선택 필터를 꼭 사용해 보세요. 여러분의 작업이 한결 수월해 질 겁니다.

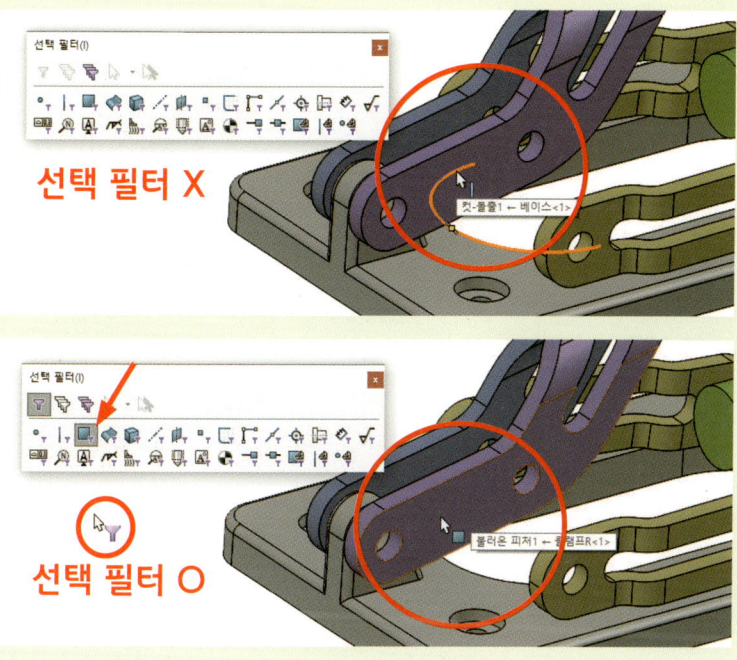

**10** 선택 필터 모드를 활용해서 다음과 같이 부품과 부품을 결합해 봅시다. 모두 **표준 메이트** 도구들을 사용해서 조립합니다.

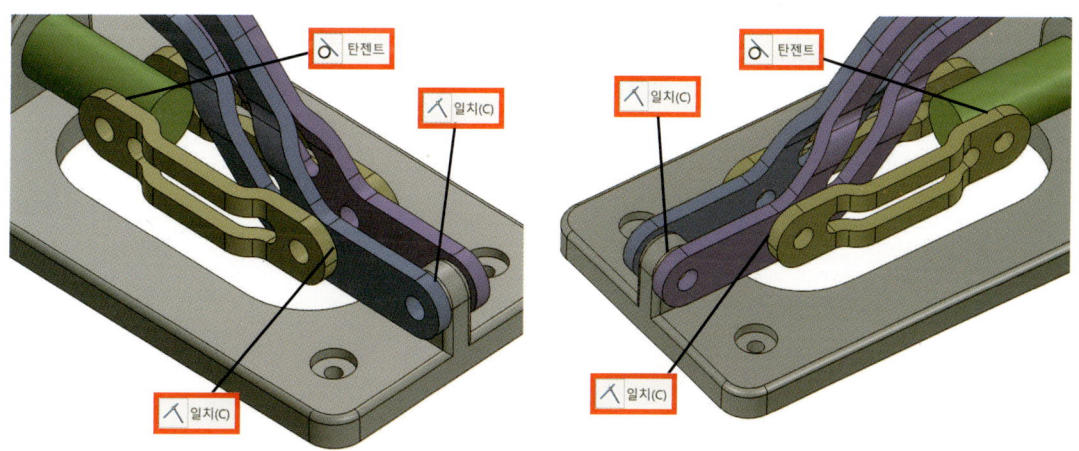

**11** 베이스 부품을 기준으로 모든 부품이 조립되었습니다. 디자인트리를 살펴보면 부품 앞에 **(-)** 표시를 확인할 수 있는데, **부품의 불완전정의 - 부품이 움직이는 상태**이기도 합니다. **클램프 부품을 클릭해서 드래그해 보면 부품이 작동하는 것을 확인할 수 있습니다.**

그리고 디자인트리에서 **메이트 리스트**를 살펴봅시다. 지금까지 작성한 메이트가 정렬되어 있습니다.

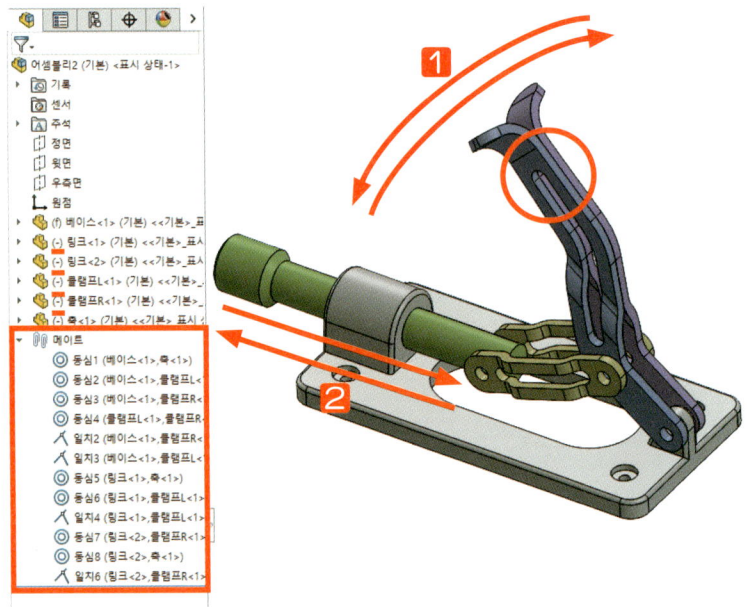

**12** 두 번째 메이트 작업을 시작해 봅시다. 도면을 확인해 보면, **부품과 부품의 연결 부품으로 볼트와 너트 부품**이 있습니다. 왼쪽 설계 라이브러리 탭의 예제 파일 폴더에서 **삽입하지 않은 나머지 부품들을 삽입**합니다. 그리고 **메이트** 도구를 다시 실행해 봅시다.

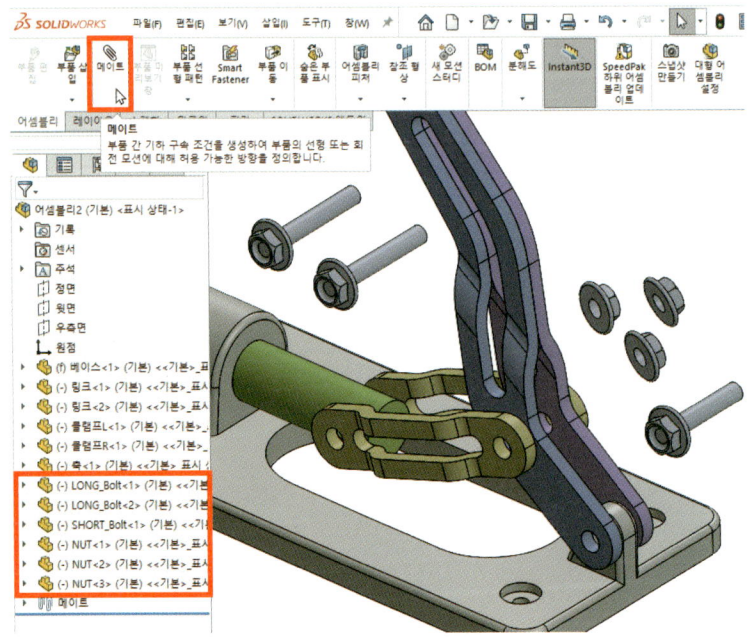

13 먼저, 다음의 **볼트 부품**을 조립해 줍니다. **선택 필터 - 면 필터**를 사용하면 오타 없이 메이트 할 요소를 정확하게 선택할 수 있습니다.

**주의) 긴 볼트와 짧은 볼트가 있으므로 헷갈리지 않도록 주의하여 조립합니다.**

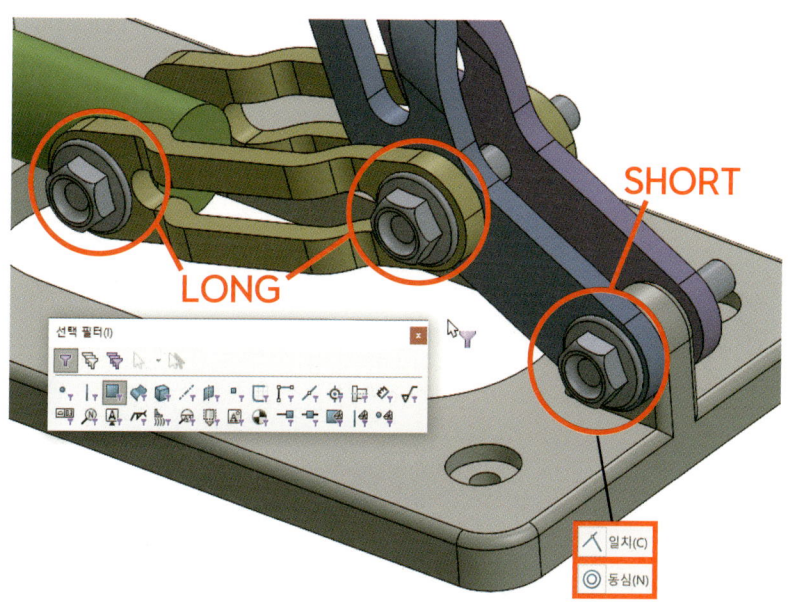

14 볼트 부품의 반대편에는 **너트 부품**을 조립해 봅시다. 삽입하는 볼트와 너트 부품은 제자리에서 공회전하는 상태로 조립합니다.

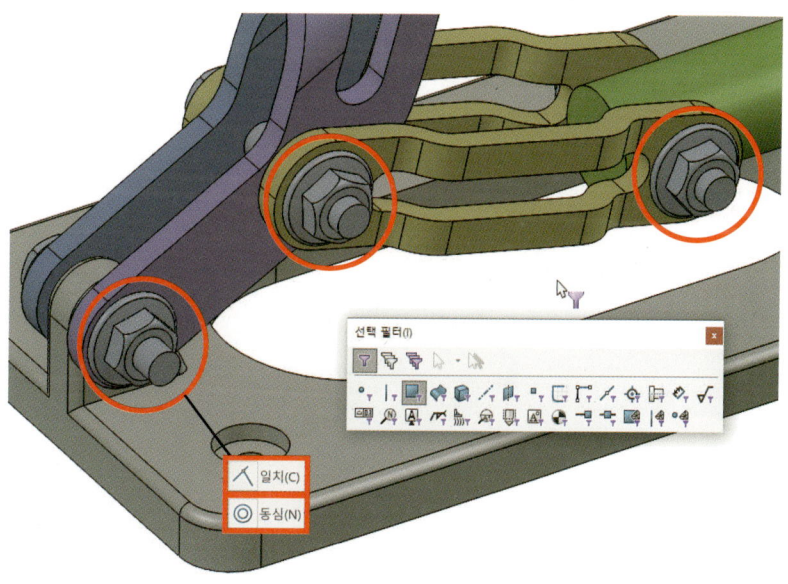

15 도면을 확인해 봅시다. 작동하지 않는 상태로 만들기 위해서 **다음 부품의 평면과 평면**을 선택해서 **평행** 메이트를 추가해 줍니다.

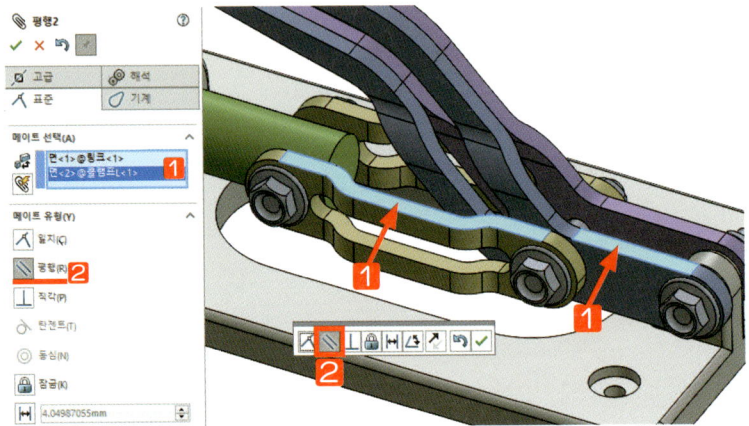

16 도면의 문제를 따라 정답을 맞추어 볼까요? **측정** 도구를 사용해서 다음의 **면과 면 사이의 거리값**을 측정해 봅시다. ( 50mm ) 여러분도 같은 값이 나오셨나요?

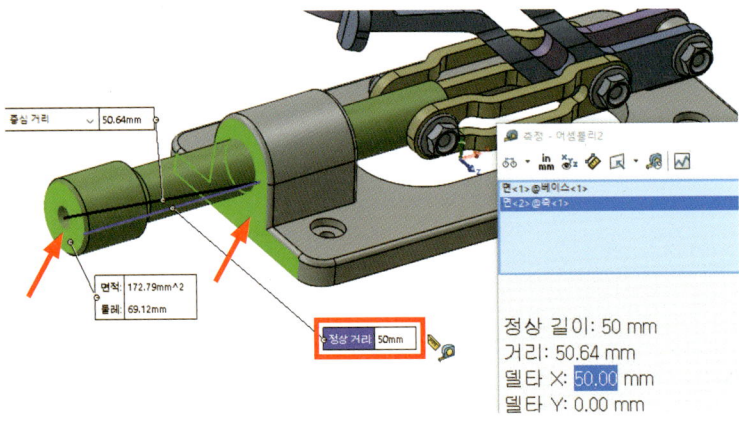

17 완성된 어셈블리 문서를 저장해 봅시다. 저장 방법은 파트 문서의 저장 방법과 동일하게 **디자인트리에서 문서 이름을 설계 라이브러리 탭으로 드래그해서 저장합니다.**

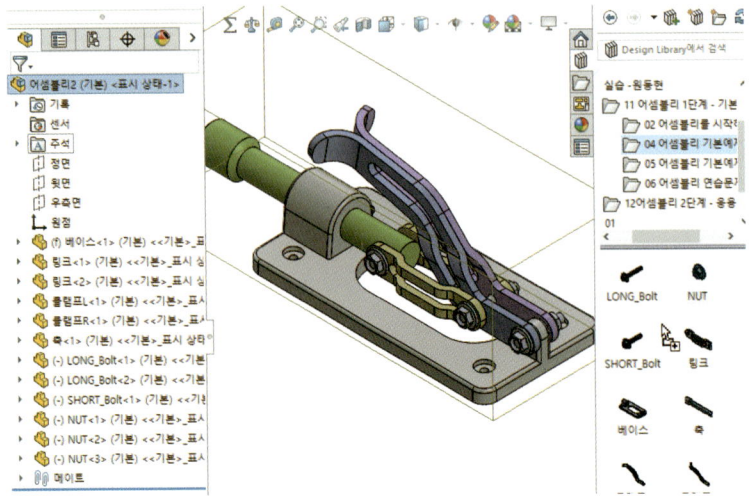

**18** 이 때, 확장자를 어셈블리 확장자 ( .SLDASM ) 로 설정되어 있는지 확인하고 저장할 이름을 입력합니다. [ 기본 예제 2 조립 ]

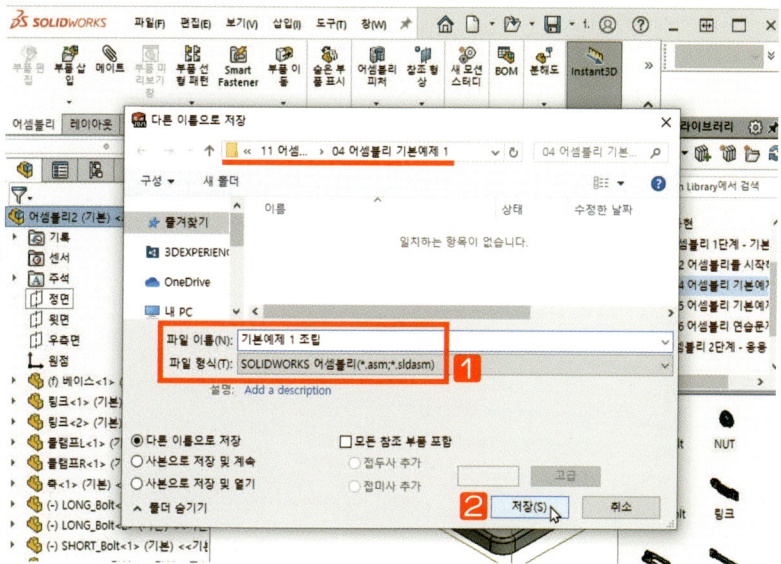

**19** 어셈블리 기본 예제 1 이 완성되었습니다. 저장된 어셈블리 문서가 설계 라이브러리 탭의 썸네일로 표시되는지, 어셈블리 확장자로 표시되는지 다시 한번 확인해 줍니다.

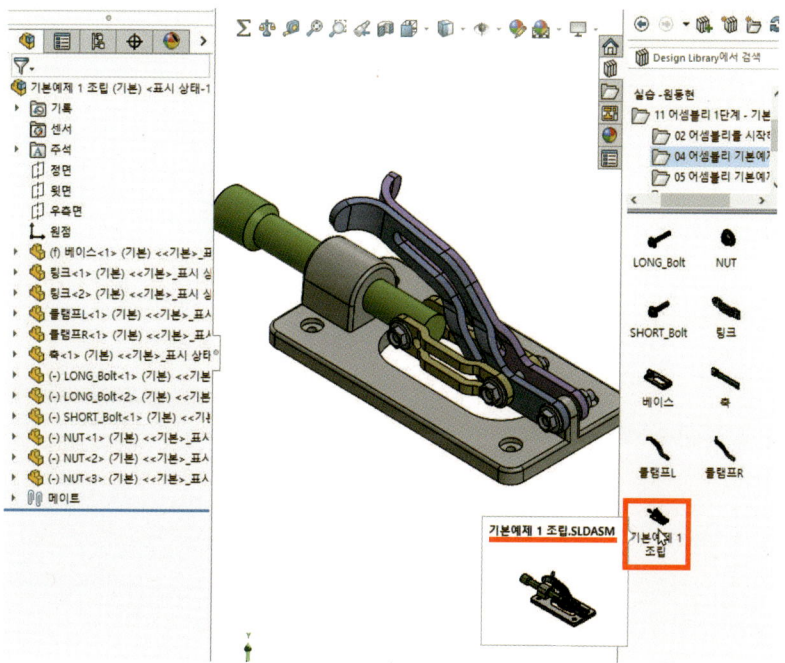

# MEMO ✓

## 02 어셈블리 기본 예제 2

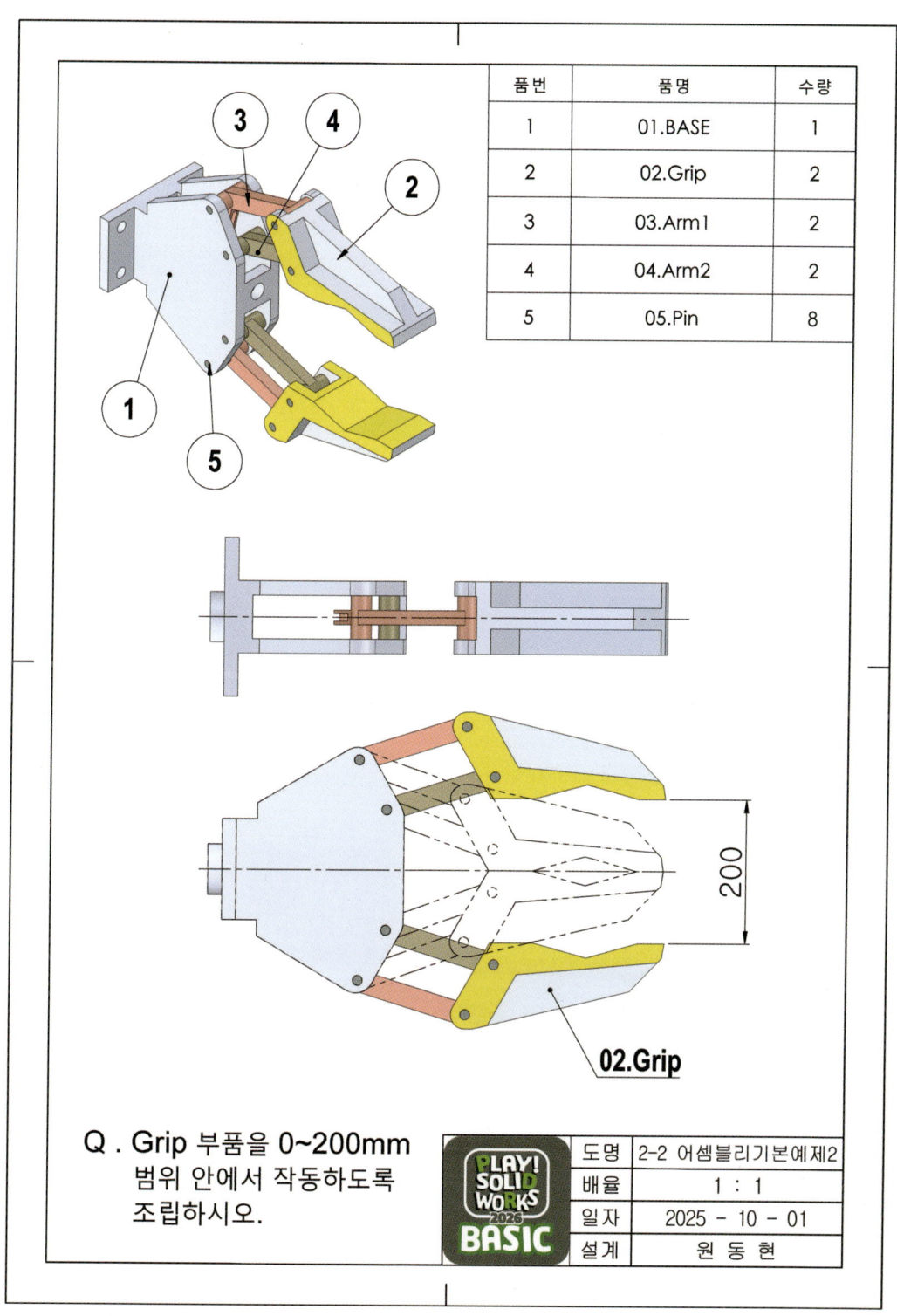

| 품번 | 품명 | 수량 |
|---|---|---|
| 1 | 01.BASE | 1 |
| 2 | 02.Grip | 2 |
| 3 | 03.Arm1 | 2 |
| 4 | 04.Arm2 | 2 |
| 5 | 05.Pin | 8 |

Q . Grip 부품을 0~200mm 범위 안에서 작동하도록 조립하시오.

| 도명 | 2-2 어셈블리기본예제2 |
|---|---|
| 배율 | 1 : 1 |
| 일자 | 2025 - 10 - 01 |
| 설계 | 원 동 현 |

## 풀이과정

1. 두 번째 어셈블리 예제를 완성해 볼까요? 도면을 관찰하면서, 이제는 익숙해지고 있는 필수 질문 두 가지에 맞추어 작업 계획을 세워 봅시다.

   ① 조립할 어셈블리는 고정형인가 작동형인가? [ 작동형 ]
   ② 가장 먼저 삽입해야 할 첫 번째 부품은 무엇인가? [ 01.BASE ]

   어셈블리의 시작 - **가장 먼저 삽입해야 할 기준 부품**으로 01. BASE 부품을 기준 부품으로 결정했으면, 다음과 같이 **새 어셈블리 문서**를 실행합니다.

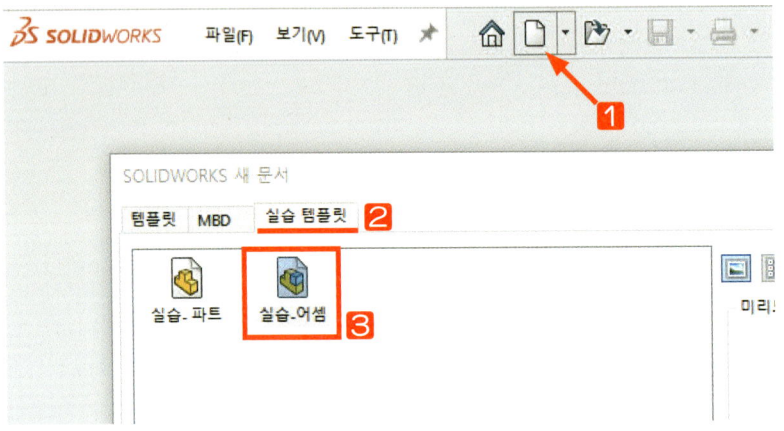

2. 가장 먼저 BASE 부품을 기준 부품으로 삽입해 봅시다. 원점에 접촉하여 기준 부품을 삽입한 후, 나머지 **Arm 1/ Arm 2** 부품을 2개씩 추가합니다.

   다음 그림에 표시된 부품만 삽입한 후, 어셈블리 도구모음에서 **메이트** 도구를 실행합니다.

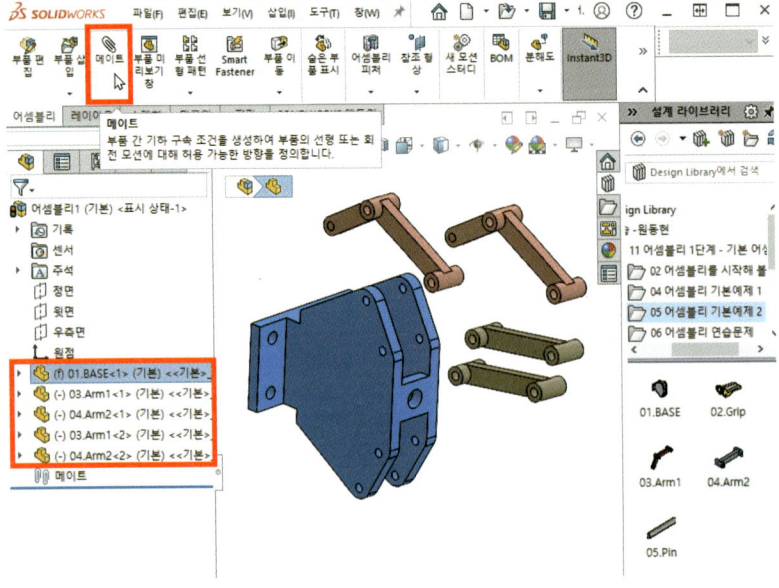

## [TIP] 어셈블리 - 부품 반투명도 변경하기

어셈블리 작업을 하다 보면 부품의 내부를 보면서 조립해야 하는 경우가 있습니다. 그렇다고 아예 부품을 숨김 처리하면 선택을 할 수 없으므로, 다음과 같이 반투명 상태로 부품을 변경하고 어셈블리 작업을 진행하면 여러분의 조립 편의성을 높일 수 있습니다.

① **방법 1** : 디자인트리의 맨 끝단 탭을 확장하고 아이콘을 클릭해서 변경하는 방법
반투명 뿐 아니라 숨김/ 표시 상태도 변경할 수 있습니다.

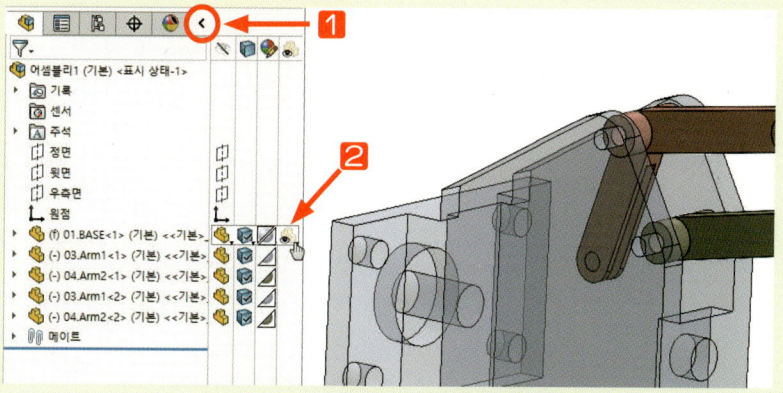

② **방법 2** : 화면에서 부품 자체를 선택한 후 팝업 아이콘 중에서 선택하는 방법

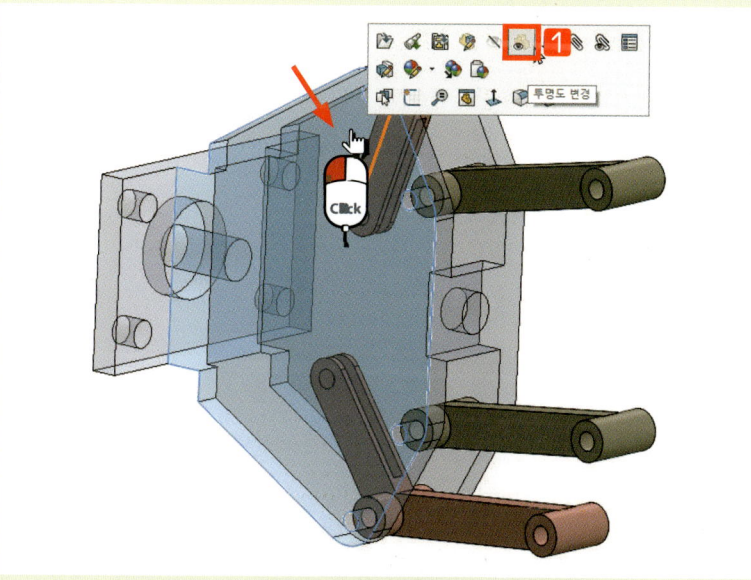

그리고 모든 어셈블리 작업을 완료한 후에는 **반투명 상태의 부품을 다시 원상복구 - 불투명 상태로 변경하여 저장**하는 것이 좋습니다.

3️⃣ 메이트 도구를 사용해서 다음과 같이 부품을 조립해 봅시다. 상하로 대칭되는 형상이 되도록 **표준메이트의 동심/ 일치** 메이트 도구들로 조립해 줍니다.

**삽입한 부품을 모두 조립한 후에는 메이트 작업을 종료합니다.**

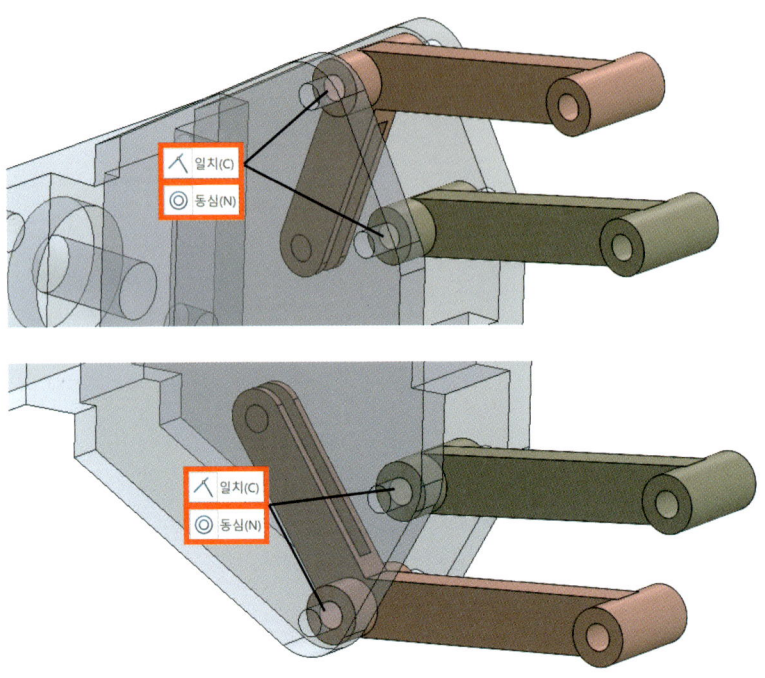

4️⃣ 메이트 도구를 종료한 후, 다음의 **Grip 부품 두 개**를 추가 삽입합니다. 서로 마주보는 형태로 부품의 방향과 위치를 조정해 놓은 상태에서 다시 **메이트** 도구를 실행해 봅시다.

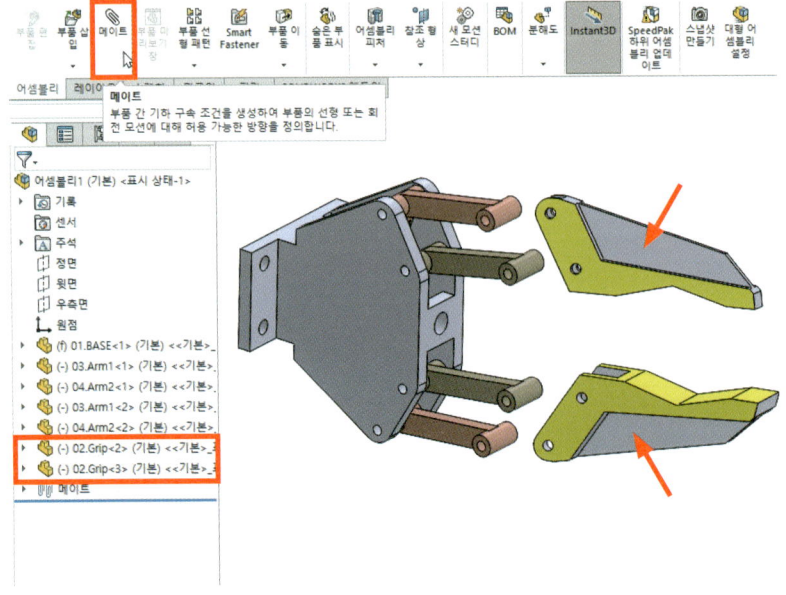

5️⃣ **Grip 부품의 안쪽으로 Arm 부품들이 위치하도록 조립해 봅시다.** 동심/ 일치 메이트 중에서 순서에 관계없이 자유롭게 추가하며, 다음의 반투명 표시된 부분을 참고하여 조립해 봅시다.

**참고) 하단부의 Grip 부품도 상하 대칭의 형상이 되도록 조립해 줍니다.**

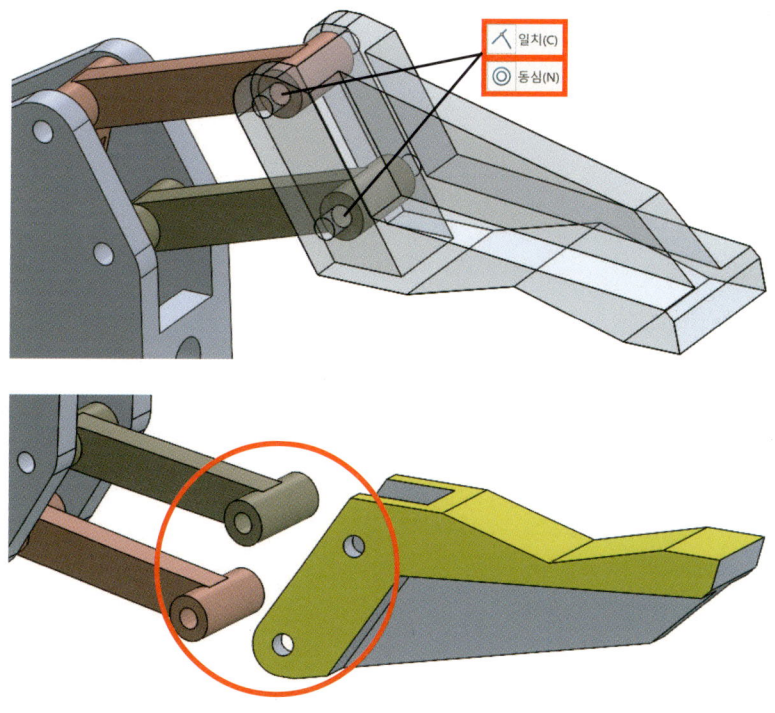

6️⃣ 조립한 Grip 부품이 대칭으로 작동하도록 만들어 볼까요? **디자인트리의 윗면**을 대칭의 기준으로 사용하여 **대칭** 메이트를 추가해 봅시다.

**주의) 첫 번째 부품 - 베이스 부품의 원점이 어셈블리의 원점과 일치하도록 조립해야 윗면을 대칭의 기준으로 사용할 수 있습니다.**

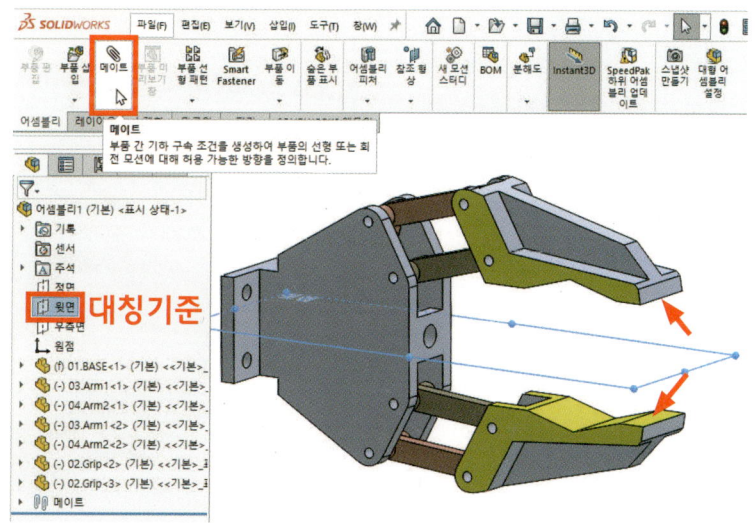

7️⃣ 다음과 같이 **고급메이트 - 대칭** 메이트를 실행한 상태에서 대칭의 기준으로 **윗면**을 선택합니다. 그리고 대칭할 요소로 **마주보는 부품의 면**을 선택해 줍니다. **메이트할 요소로 선택하는 면**은 대칭 기준면과 평행하는 방향의 마주보는 면을 선택하는 것이 일반적입니다.

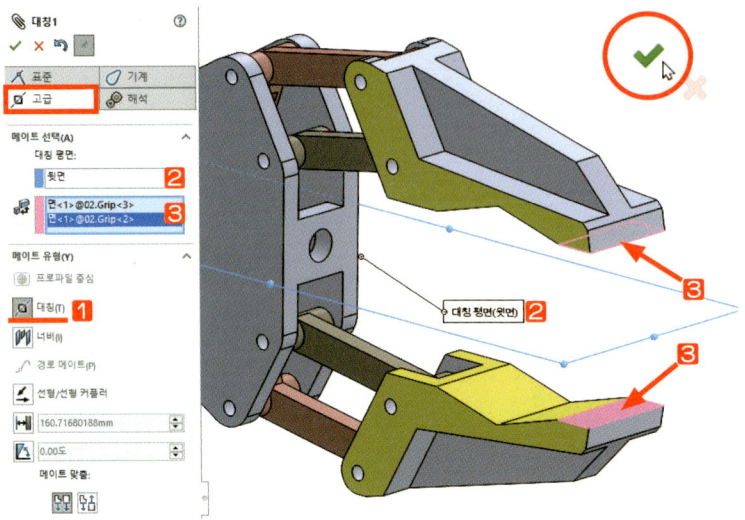

8️⃣ 대칭 메이트를 적용한 후, Grip 부품을 마우스로 움직여 보세요. 다음과 같이 화살표 방향으로 대칭 작동합니다.

그러나 **베이스 부품을 제외한 나머지 부품들은 작동 범위가 지정되지 않은 자유도 상태**이므로 현재 어셈블리는 부품들이 엉키는 형상으로 움직이는 상태입니다.

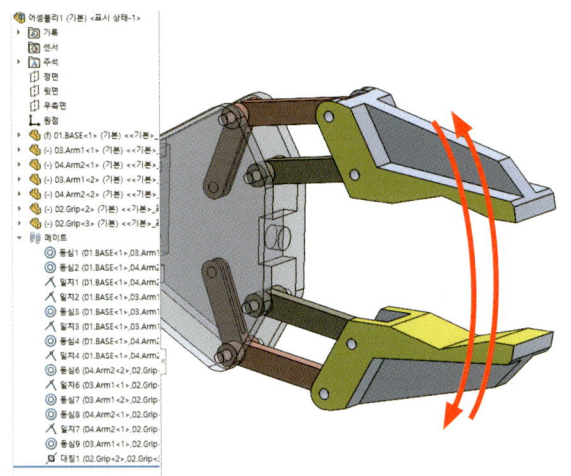

9️⃣ 마지막으로 Arm 부품에 끼워넣어야 할 Pin 부품들을 추가 조립하여 두 번째 어셈블리 예제를 완성해 봅시다.

먼저 **4개의 Pin 부품**을 추가한 후, 어셈블리 도구모음에서 **메이트** 도구를 실행합니다.

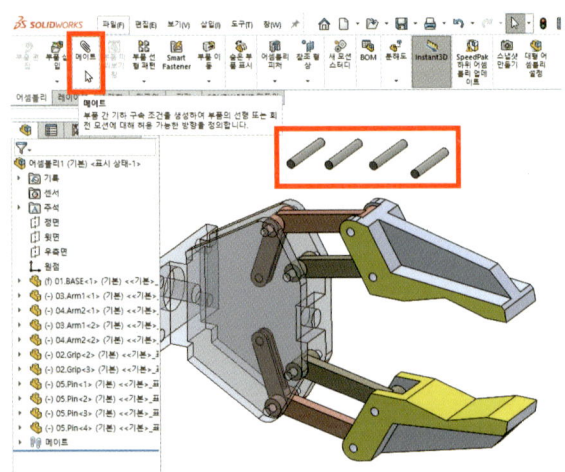

**10** 다음의 위치에 **Pin 부품을 동심 메이트로 1차 조립**해 줍니다.[1] 그리고 Pin 의 끝단면을 베이스 파트에 일치시켜서 조립을 완성하는 순서가 일반적인 메이트 작업의 순서인데요,

이 때 표준메이트에서 **다중 메이트** 아이콘을 클릭하면 하나의 면에 여러 개의 면을 결합할 수 있는 작업창으로 새롭게 표시됩니다. **베이스 파트의 측면**[2] 을 기준으로 **Pin 부품의 끝단면**[3] 을 동시에 결합해 봅시다.

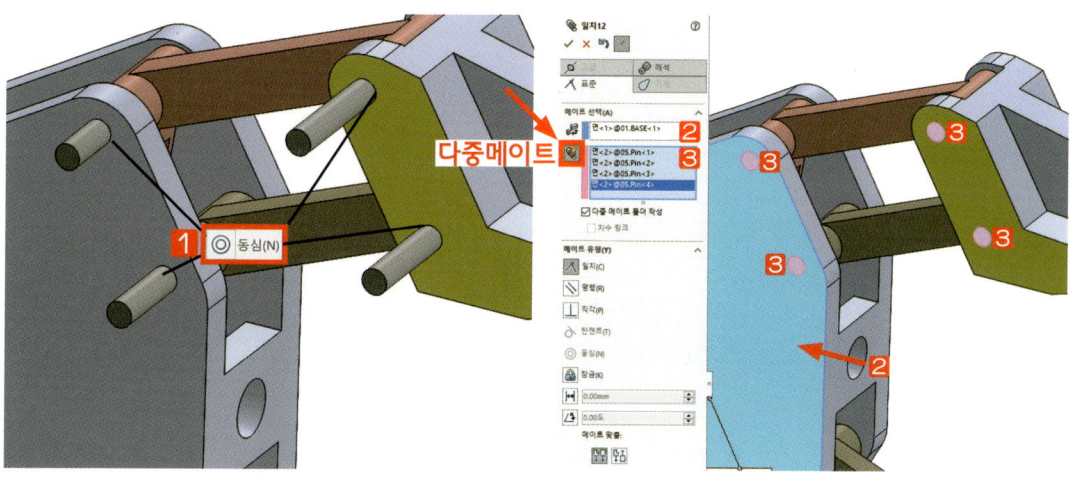

**11** 이렇게 다중메이트 도구를 사용하면 반복되는 메이트 작업을 보다 간결하게 작업할 수 있습니다. 디자인트리의 메이트 리스트를 살펴볼까요? 다음과 같이 다중메이트로 작성한 요소들이 그룹으로 묶여 있습니다.

현재 조립한 Pin 부품은 반대편에도 조립해 주어야 하는데, 다중 메이트보다 더 간단한, **부품 대칭복사** 도구를 사용해 봅시다. 부품 선형패턴 항목을 확장해 볼까요?

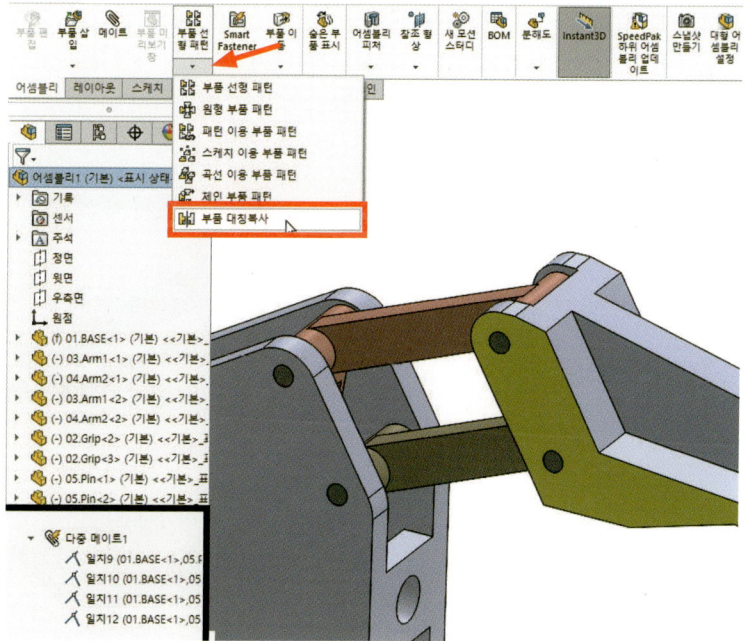

**12** 부품 대칭복사의 1단계로 **기준 평면**과 **대칭할 부품**을 선택합니다. 그리고 다음 단계로 넘겨 봅시다.

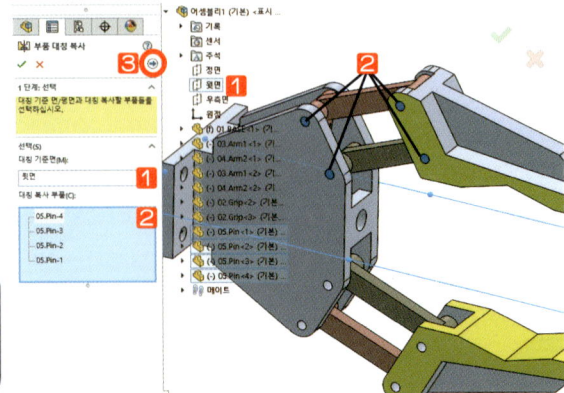

**1** [기준] 대칭 기준면 : 윗면
**2** [대칭할 부품] Pin 부품 4개

**13** 2단계에서는 복사될 부품들이 미리보기로 표시됩니다. 이 때 미리보기를 체크해서 대칭 방향이 틀어지는 경우에는 하단부 옵션에서 **대칭 버전을 작성**[1]해 주어야 합니다.

미리보기에서 이상이 없을 경우 **확인** 아이콘을 선택합니다.[2]

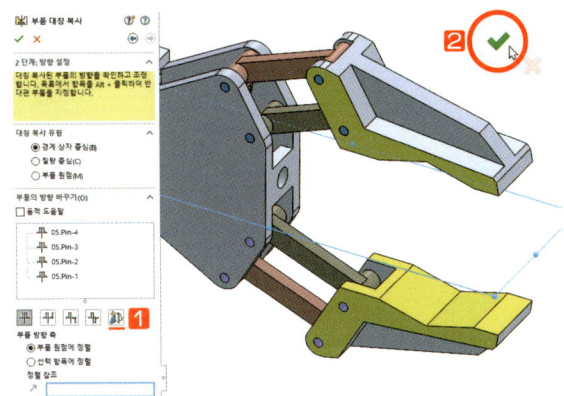

**14** 대칭 복사된 부품을 확인해 봅시다. 디자인트리에 **Mirror Component** 라는 항목으로 표시되어 있습니다.

이제 **부품의 움직임**에 대한 이야기를 해볼까요? 현재 어셈블리는 자유롭게 움직이는 상태입니다. 그러나 여전히 부품이 엉키는 형상으로 작동하기 때문에, **각도나 거리 등의 작동 범위**를 지정해서 보다 규칙적인 움직임을 만들어 줄 필요가 있습니다.

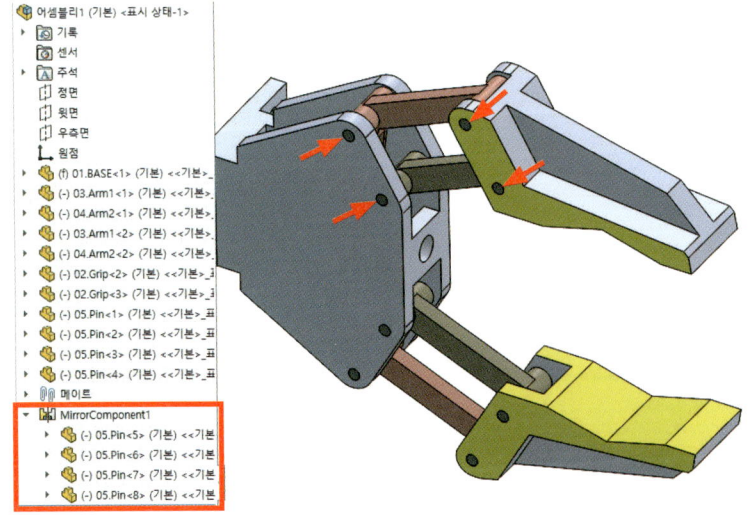

**15** 그렇다면 고급 메이트의 거리 한도와 각도 한도가 정답입니다. 그 중에서도 이번 어셈블리에서는 **거리 한도**를 사용해서 **Grip 부품이 작동하는 범위**를 만들어 봅시다.

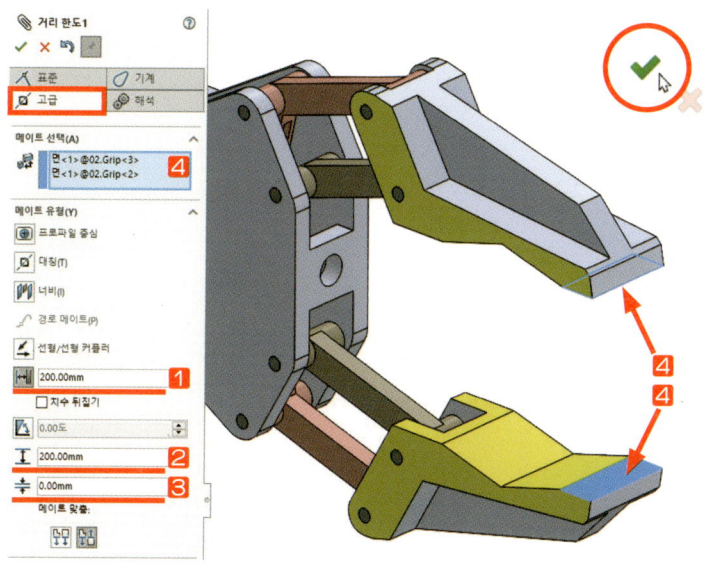

**1** [ TEST ] 0, 10 등 단순한 치수를 먼저 입력해서 거리의 방향을 확인합니다.
**2** [ 최대값 ] 0 , + 값을 입력합니다.  200mm
**3** [ 최소값 ] 0, + , - 값을 입력합니다.   0mm

**16** 다시 한번 Grip 부품을 드래그해서 작동해 봅시다. 입력한 최대값과 최소값에 따라 0 ~ 200mm 만큼 열리고 닫히는 움직임을 확인할 수 있습니다.

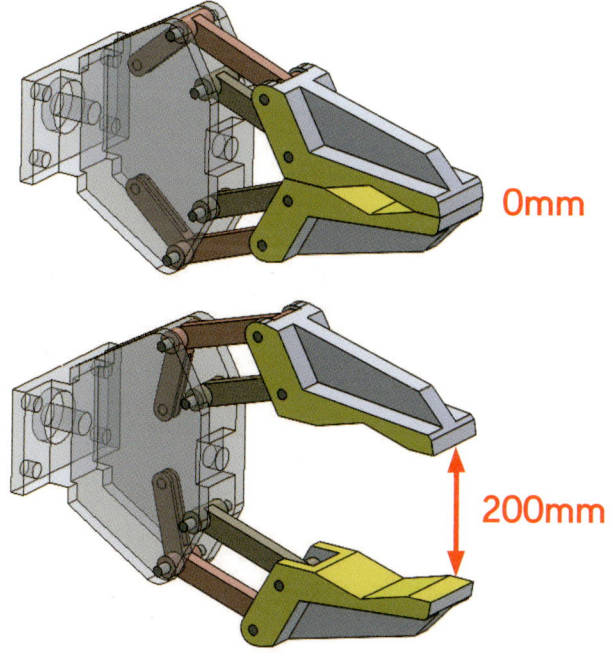

47

**17** 두 번째 어셈블리 예제가 완성되었습니다. 부품 파트가 저장된 폴더로 어셈블리 문서를 저장해 줍니다. [ 기본 예제 2 조립 ]

솔리드웍스의 어셈블리 작업에 대한 자신감이 만들어지셨나요? 다음 단원에서는 보다 다양한 어셈블리 도구들을 다루어 보도록 하겠습니다.

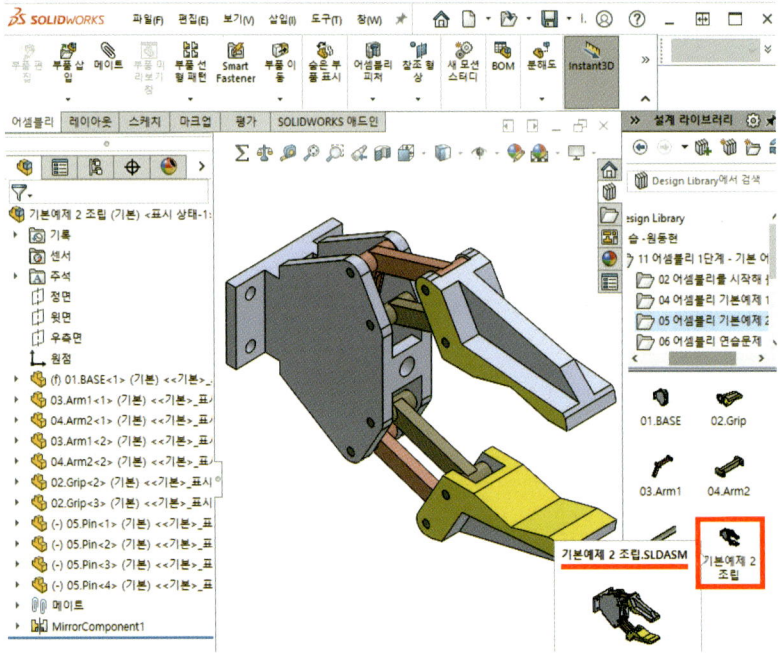

# 03 어셈블리 기본 연습문제 1

여러분의 어셈블리 메이트 연습을 위해서 두 가지의 연습문제를 준비했습니다. 도면을 보고 어셈블리를 완성해 봅시다.

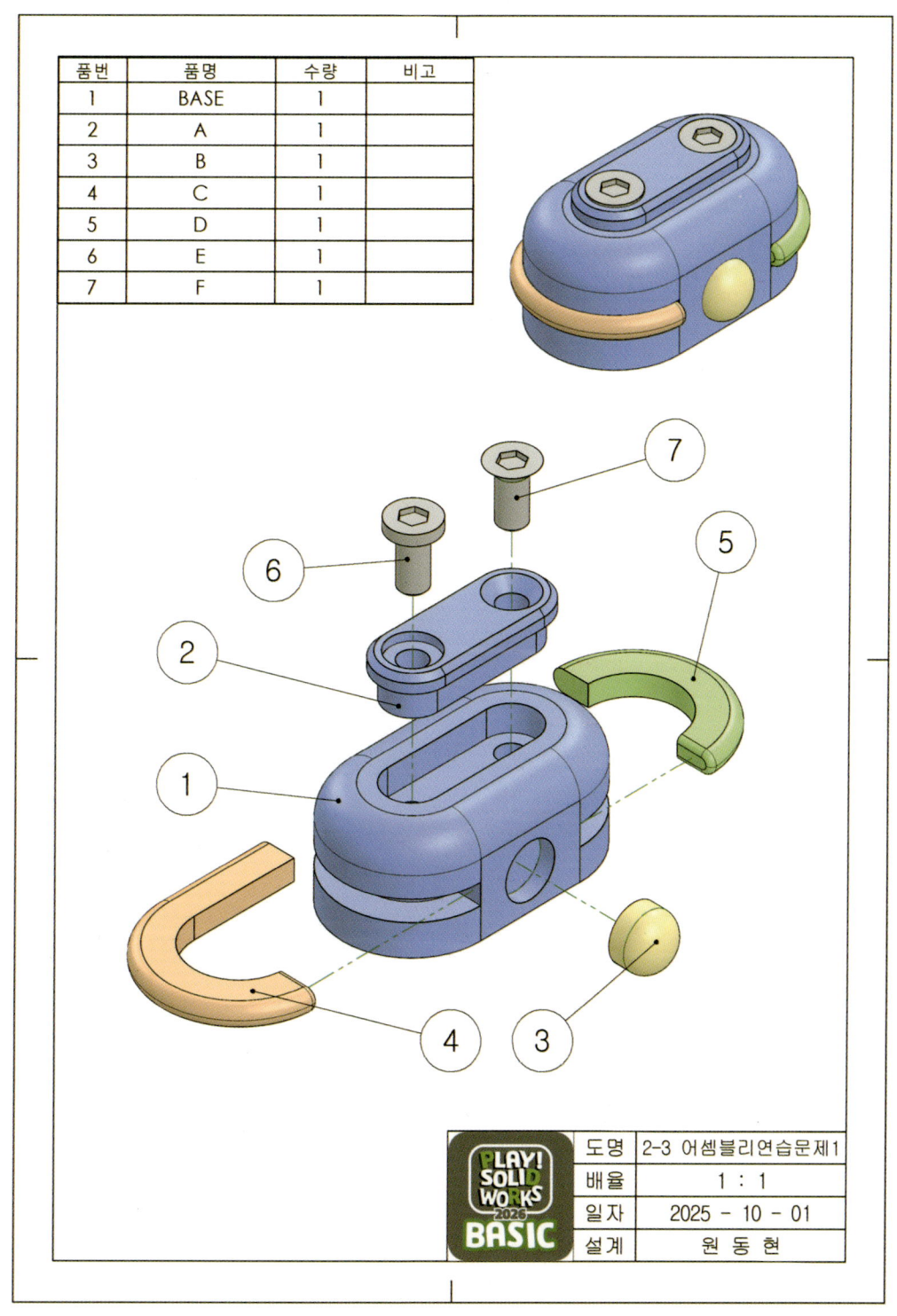

## 04 어셈블리 기본 연습문제 2

| 품번 | 품명 | 수량 | 비고 |
|---|---|---|---|
| 1 | 01. 베이스 | 1 | |
| 2 | 02. 고정판 | 1 | |
| 3 | 05. 나사B | 2 | |
| 4 | 03. 부싱 | 2 | |
| 5 | 04. 나사A | 1 | |

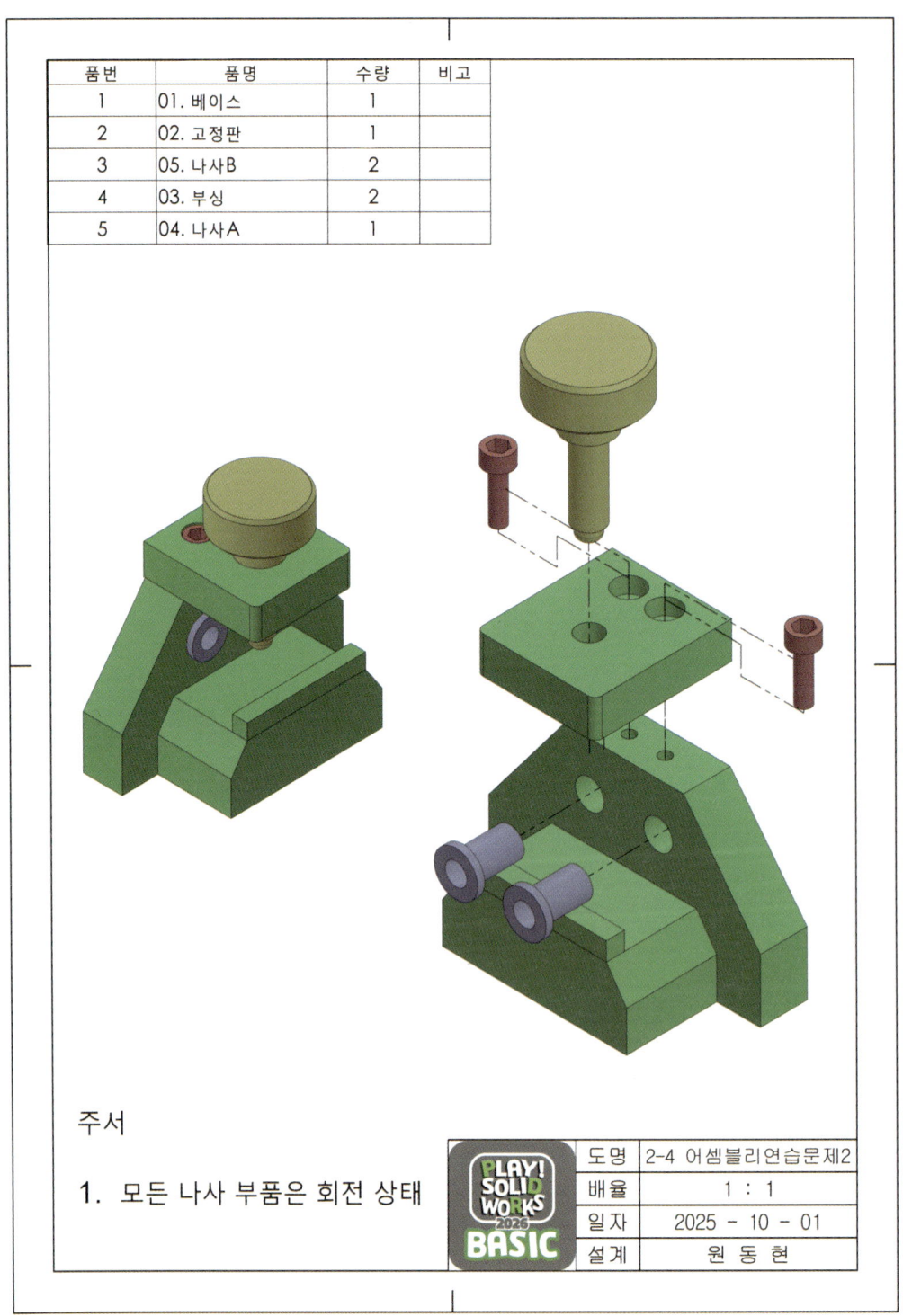

주서

1. 모든 나사 부품은 회전 상태

| 도명 | 2-4 어셈블리연습문제2 |
|---|---|
| 배율 | 1 : 1 |
| 일자 | 2025 - 10 - 01 |
| 설계 | 원 동 현 |

# chapter 03
# 어셈블리 2단계 응용 어셈블리

01 어셈블리 응용 예제
02 어셈블리 설계 변경
03 어셈블리 검사 도구
　　부품 간섭 검사
　　부품 대칭 검사
04 툴박스 ToolBox 도구
05 분해도 작성하기

# 01 어셈블리 응용 예제

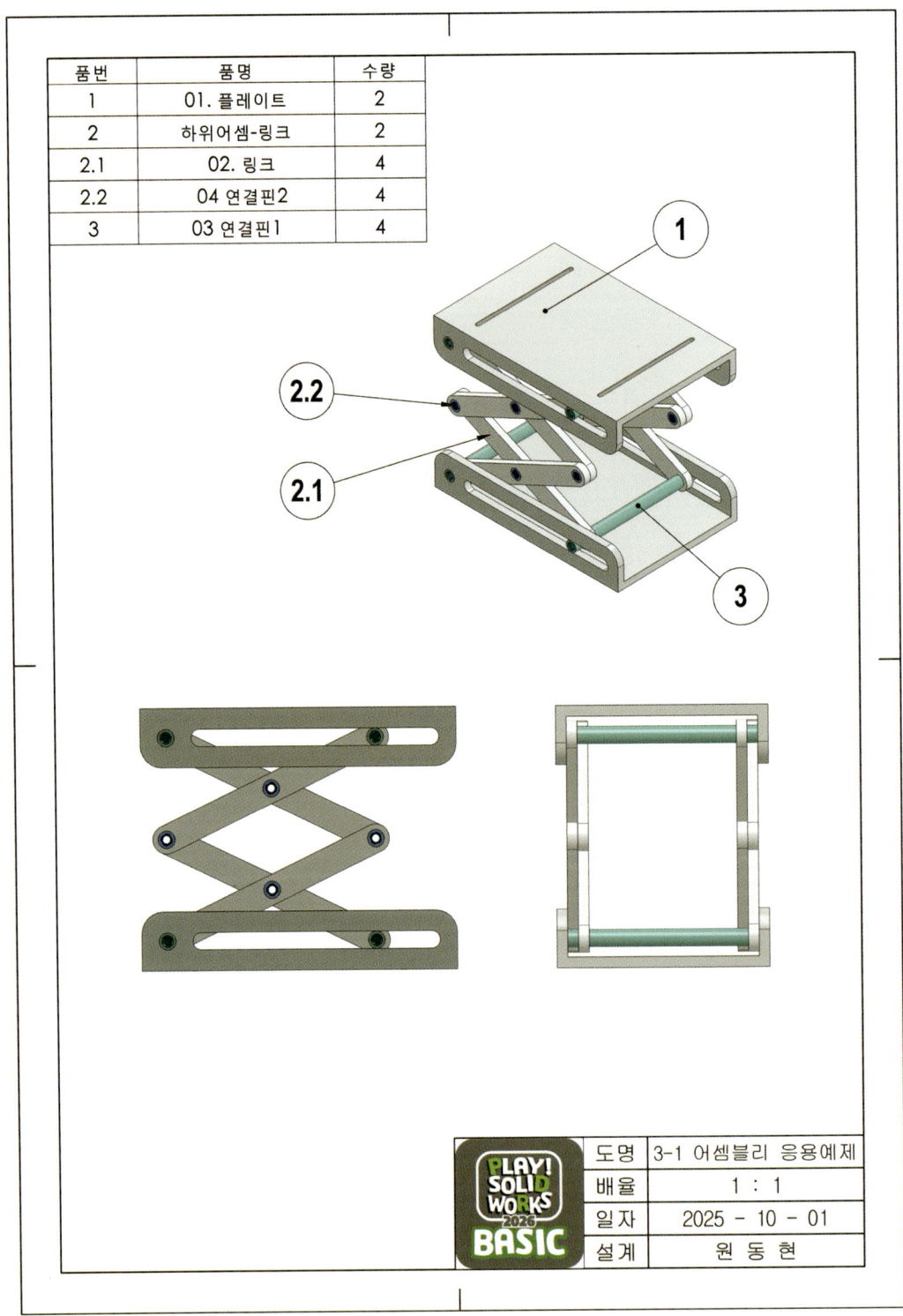

| 품번 | 품명 | 수량 |
|---|---|---|
| 1 | 01. 플레이트 | 2 |
| 2 | 하위어셈-링크 | 2 |
| 2.1 | 02. 링크 | 4 |
| 2.2 | 04 연결핀2 | 4 |
| 3 | 03 연결핀1 | 4 |

| | |
|---|---|
| 도명 | 3-1 어셈블리 응용예제 |
| 배율 | 1 : 1 |
| 일자 | 2025 - 10 - 01 |
| 설계 | 원 동 현 |

## 풀이과정

1. 이번에는 조금 다른 방식으로 응용 어셈블리 예제를 조립해 보도록 하겠습니다. 역시, 두 가지 질문으로 작업 계획을 세워 볼까요?

   ① 조립할 어셈블리는 고정형인가 작동형인가?   [ 작동형 ]
   ② 가장 먼저 삽입해야 할 첫 번째 부품은 무엇인가?   [ 베이스 ]

   작업 계획이 세워지면, **새 어셈블리** 문서를 실행하고, **01.플레이트** 부품을 기준 부품으로 삽입해 줍니다. 그리고 동일한 부품을 한개 더 추가한 다음, **메이트** 도구를 실행합니다.

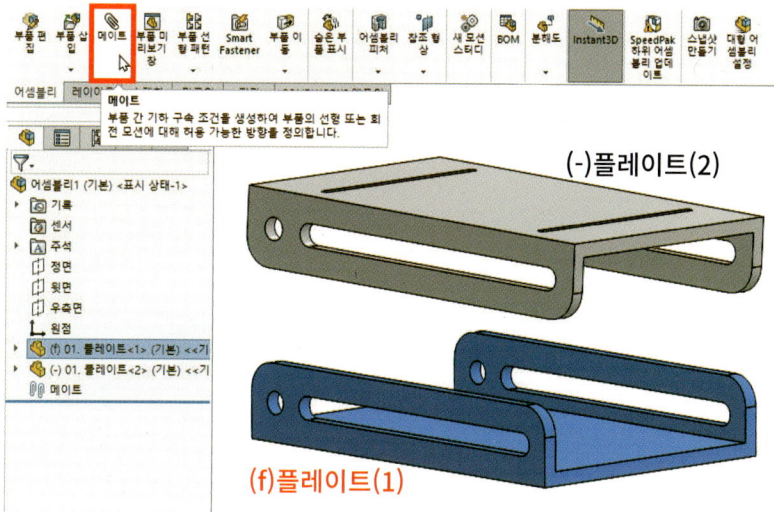

2. 도면을 살펴 봅시다. 많은 부품들 중에 **작동하는 핵심 부품**들이 있습니다. 중요한 부품을 먼저 조립해 놓으면 나머지 부품들을 조립할 때 보다 편하게 작업할 수 있습니다.

   다음과 같이 **플레이트(1) 부품을 기준**으로 **플레이트(2) 부품이 상하 작동**하도록 다음과 같이 메이트를 추가해 줍니다.

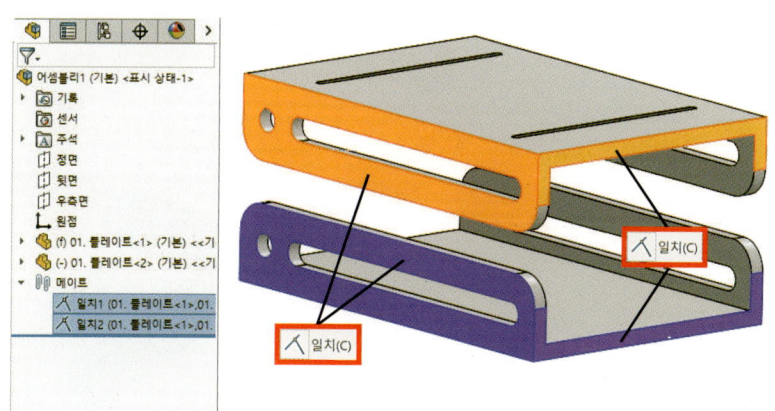

3️⃣ 플레이트(2) 부품이 상하 작동하는지 확인한 다음, 부품을 우클릭해서 **고정** 상태로 변경해 줍니다.

플레이트와 플레이트를 연결하는 연결 링크를 보다 쉽게 조립하기 위해서 임시 고정 상태로 변경해주는 저자의 팁입니다.

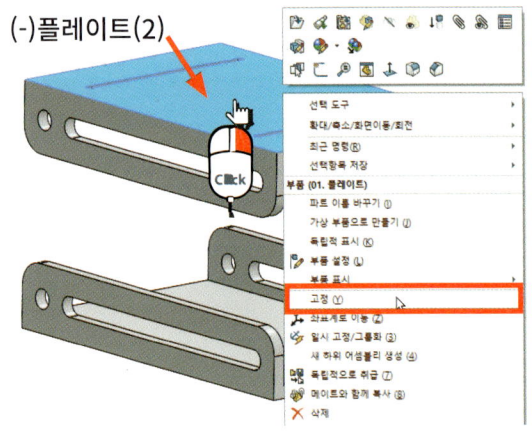

4️⃣ 조립할 본체가 준비되었으므로, 다음과 같이 **4개의 링크** 부품을 추가해 줍니다. 그리고 **메이트** 도구를 실행합니다.

참고) 반대편 링크 부품들은 부품 대칭 복사 도구로 추가할 계획입니다.

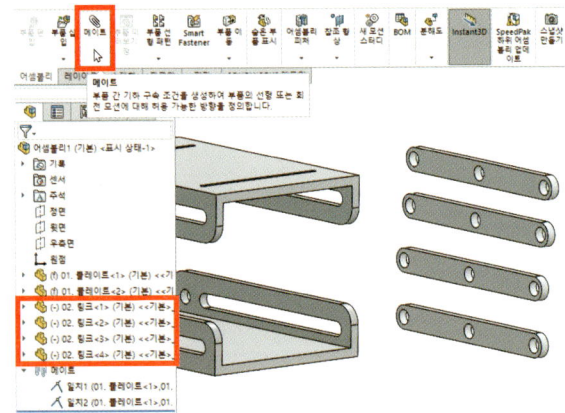

5️⃣ 메이트를 실행한 상태에서 **링크 부품들을 X 자 형태로 방향을 조정해 놓는데, 표시된 부품들이 앞쪽으로 오도록 위치를 조정합니다.** 그리고 **일치/ 동심 메이트**를 각각 작성해 줍니다. X자 형태의 링크 2세트를 완성해 줍니다.

참고) 부품의 방향과 위치를 먼저 조정한 후에 메이트 도구를 실행해도 좋습니다.

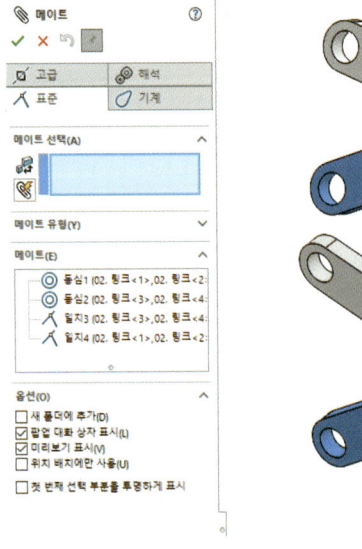 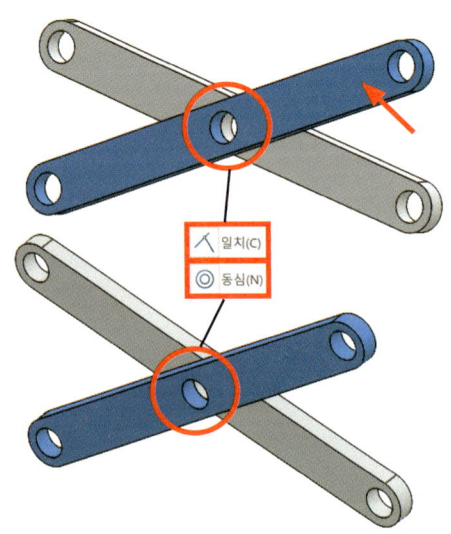

6️⃣ 미리 조립해 놓은 X 형태의 링크 세트를 연결해 봅시다. 다음과 같이 끝단과 끝단에 **일치/ 동심** 메이트를 추가해 줍니다.

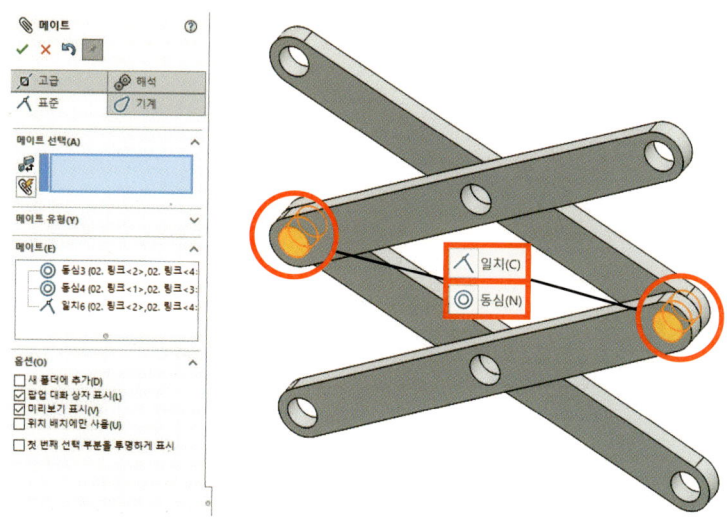

## [TIP] 변심 - 이미 조립한 부품들을 그룹으로 묶어주려면?

처음에는 단순한 계획이었습니다. 모든 부품들을 한곳에 불러모아 조립하겠다는 간단한 계획 이었지만, **작업 도중에 변심 - 생각이 바뀌었습니다.** 삽입한 링크 부품들만 따로 그룹을 만들 어서 조립한다면 어셈블리의 디자인트리가 더욱 간결해 지지 않을까? 생각했습니다.

그러나 이미 어셈블리가 한창 작업중이고, 링크 부품들은 표준메이트가 결합되어 있는 상태 입니다. 이러한 상황에서 **링크 부품들을 삭제하지 않고 그룹으로 묶어줄 수 있을까요?**

네, 가능합니다. 그룹 묶기 처럼 **하위 어셈블리로 재구성**할 수 있습니다. 다음과 같이 링크 부 품들을 동시선택한 후, 우클릭하여 **새 하위 어셈블리 생성** 항목을 선택해 봅시다.

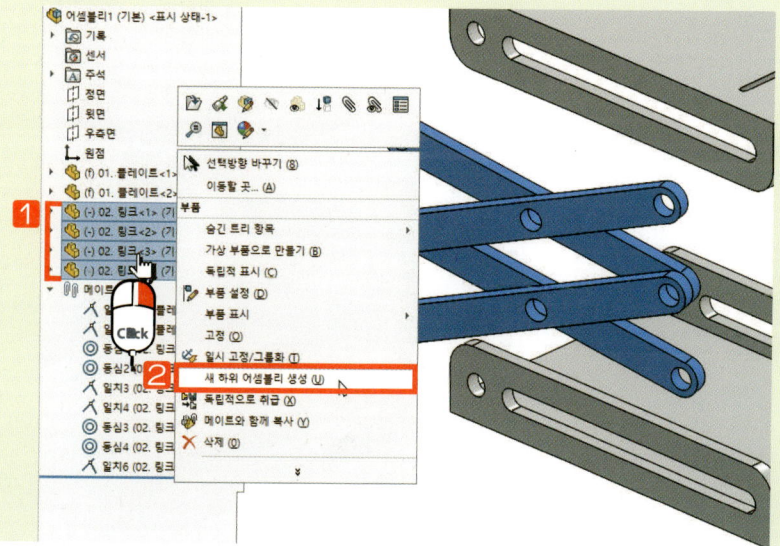

선택한 부품들을 별도의 어셈블리로 묶어주는 작업이 시작되었습니다. 가장 기본적인 질문 - **새 어셈블리의 원점에 대한 질문**이 다음과 같이 표시됩니다. 일반적으로 다음의 세 가지 옵션 중 2번과 3번 옵션을 주로 사용합니다. **2번 옵션 - 첫번째로 선택한 부품의 원점**을 선택해 봅시다.

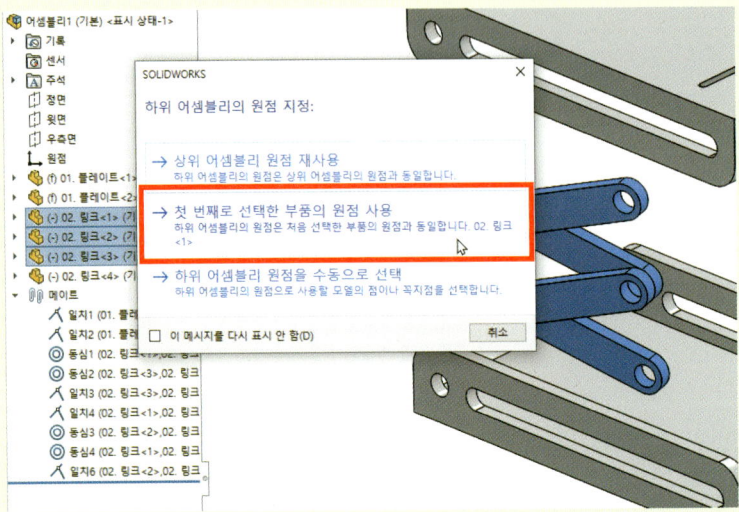

디자인트리를 살펴봅시다. 어셈블리 속에 어셈블리가 결합된 "계층"을 갖는 어셈블리 - 멀티 어셈블리 상태가 되었습니다. 그리고 하위 어셈블리 항목을 확장해 보면, **선택한 부품들에 사용된 메이트 항목들도 하위 어셈블리 소속으로 이동**한 모습을 확인할 수 있습니다.

주의) 그러나 메이트로 결합된 부품과 부품이 하위 어셈블리 계층으로 나뉘어질 때, 메이트가 충돌하거나 일부 삭제되는 경우가 발생할 수 있으므로, 작업에 유의합니다.

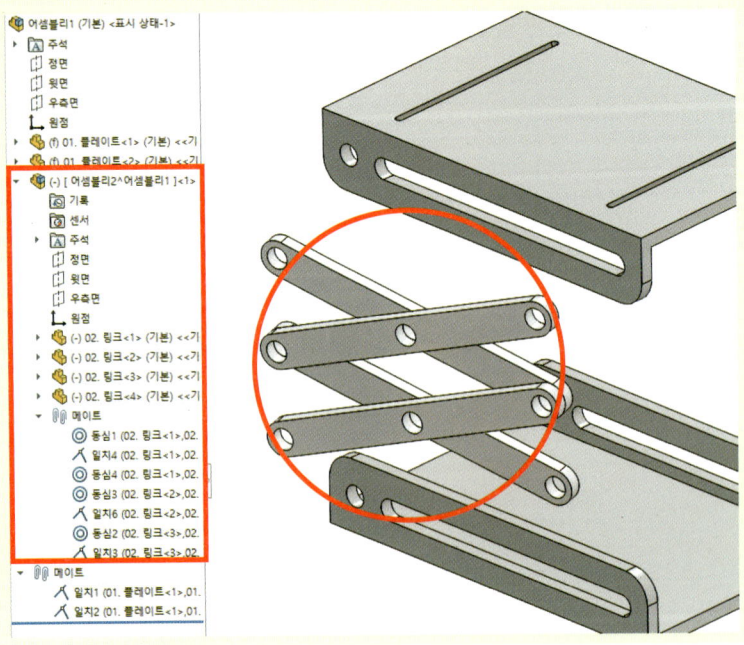

7️⃣ 미리 조립해 놓은 X 형태의 링크 세트를 연결해 봅시다. 다음과 같이 끝단과 끝단에 **일치/ 동심** 메이트를 추가해 줍니다.

**참고) 여러분의 이해를 돕기 위해 안쪽이 보이도록 방향을 돌려놓은 모습입니다.**

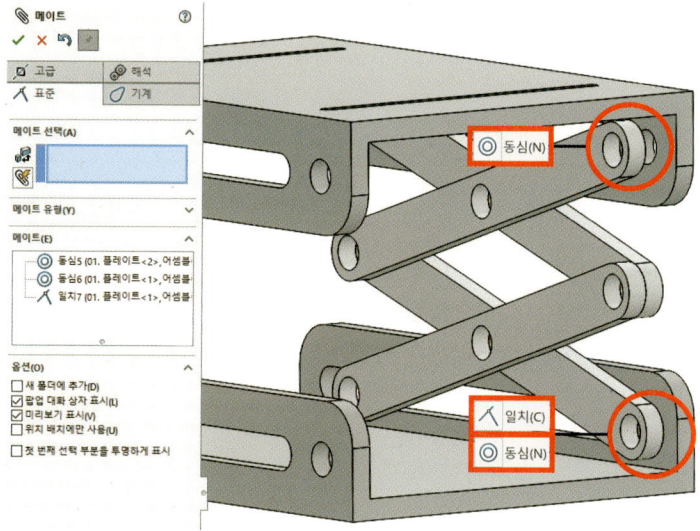

여러분의 이해를 돕기 위한 두 번째 그림을 확인해 볼까요? **정면 보기 / 우측면 보기**를 실행했을 때 다음과 같은 화면이라면 제대로 조립하신 것이 맞습니다.

( Ctrl + 1 )    ( Ctrl + 4 )

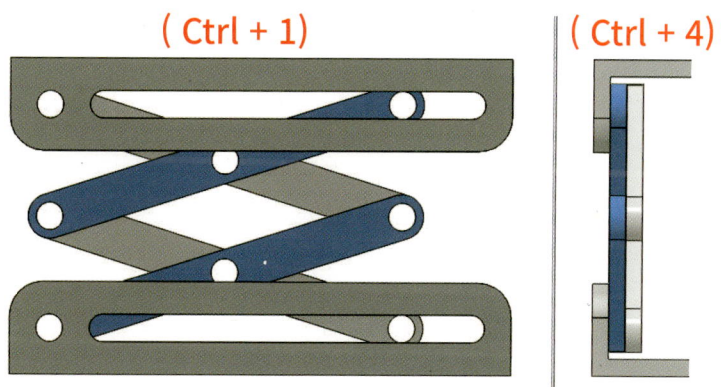

8️⃣ 하위 어셈블리 - 링크 세트를 조립한 이후에는 전체 어셈블리를 구동하는 상태로 다시 복구해 봅시다.

다음의 **상부 플레이트(2) 부품은 현재 고정 상태**인데, **다시 우클릭하여 작동하는 상태로 변경**해 줍니다.
[ 자유롭게 움직이기 ]

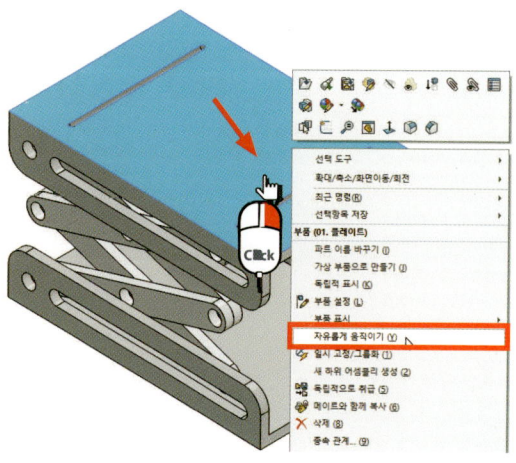

**9** 그러나 전체 어셈블리는 작동하지 않는 고정된 상태입니다. 여러분의 잘못이 아니니 당황하지 마시고, **솔리드웍스의 멀티 어셈블리에 대한 규칙**을 이해하면 쉽게 해결할 수 있습니다.

**솔리드웍스에서 하위 어셈블리는 단일 파트처럼 고정형 상태로 삽입**됩니다.

그렇기 때문에 작동하지 않는 상태인 하위 어셈블리를 다음과 같이 **유동 상태**로 변경하면 움직이는 상태로 만들 수 있습니다.

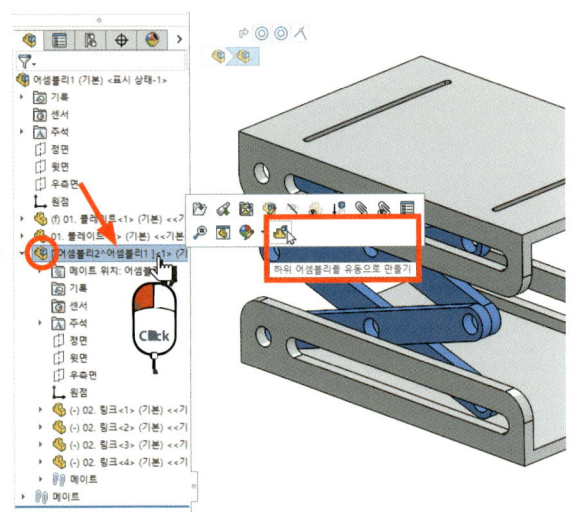

**10** 유동 상태로 변경된 하위 어셈블리의 가장 큰 특징은 **아이콘의 변화**입니다. 디자인트리의 하위 어셈블리 아이콘을 살펴보면 다음과 같이 무언가 부품이 분리된 듯한 아이콘으로 변경되었습니다.

상부 플레이트(2) 부품을 드래그해 보면 더욱 확실하게 작동하는 상태로 업데이트되었음을 알 수 있습니다.

**부품 대칭복사** 도구로 반대편에도 하위 어셈블리를 복사 생성해 봅시다.

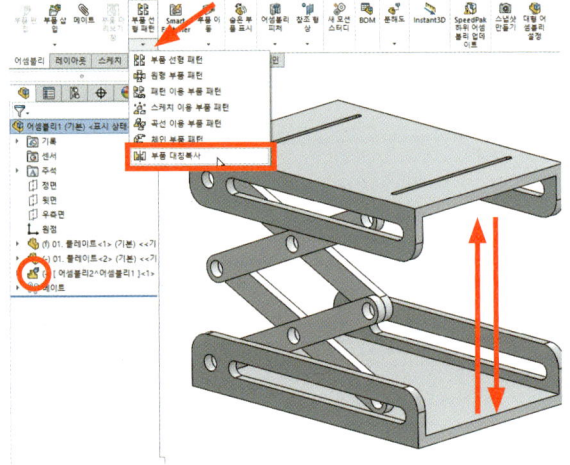

**11** 부품 대칭복사를 실행하고, 디자인트리에서 **정면[1]**을 기준으로 선택하고, 대칭 복사할 부품으로 **하위 어셈블리 - 링크 세트[2]** 를 선택합니다.

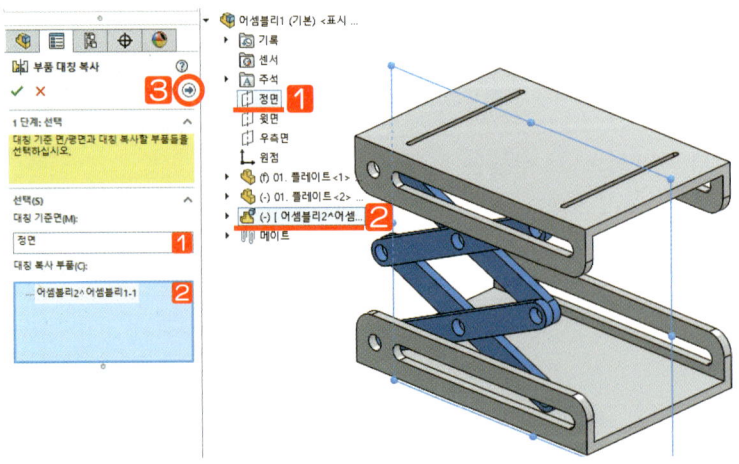

**1 2** **부품 대칭복사의 2단계**에서 표시되는 미리보기를 확인해 봅시다. 별도의 방향을 조정하지 않아도 대칭 형상으로 미리보기가 표시되면 **확인** 아이콘을 선택해서 작업을 종료합니다.

그런데, 옵션 하단부를 살펴 보니, **이동 동기화** 라는 옵션이 있습니다. 이 옵션을 체크하면 복사본 어셈블리도 원본과 동일하게 작동하도록 조정하는 옵션입니다. **부품만 대칭하는 것이 아니라 작동하는 상태까지 대칭으로 만들어줍니다.**

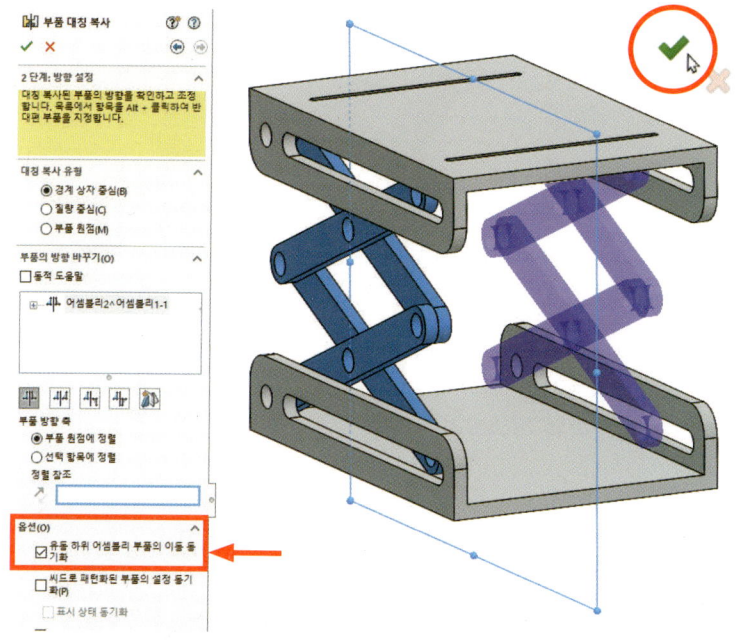

그렇다면 **이 옵션을 해제하여 하위 어셈블리를 대칭하면 어떻게 될까요?** 다음과 같이 하위 어셈 자체는 대칭으로 생성되지만 메이트 상태는 대칭하지 않으므로 움직임은 개별적으로 생성됩니다.

즉, **하위어셈은 대칭하고 작동은 각각 따로 작동하는 상태**로 만들기 위한 옵션으로 이해할 수 있습니다. 작업자의 작업 범위를 넓혀주는 유용한 옵션이며, **하위 어셈블리를 대칭복사 할 때에만 표시되는 옵션**이라는 특징도 있습니다.

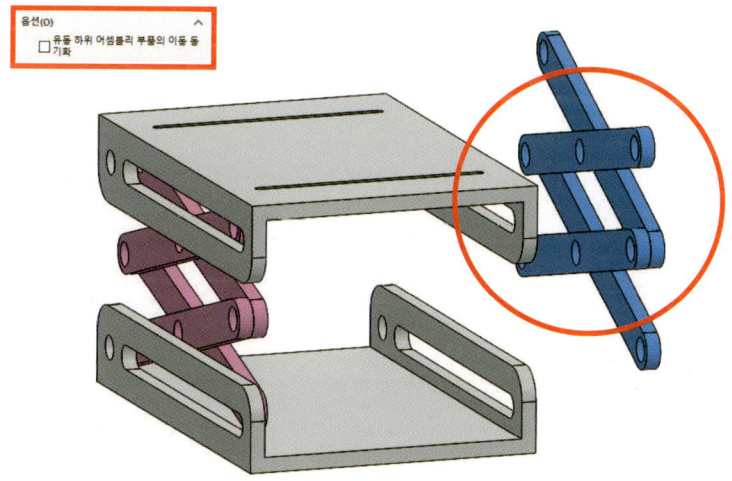

**13** 하위 어셈블리가 대칭 복사되어 반대편에도 생성되었습니다. **상부 플레이트(2) 부품을 드래그해 보면 정상적으로 상하 작동**하는 것을 확인할 수 있습니다.

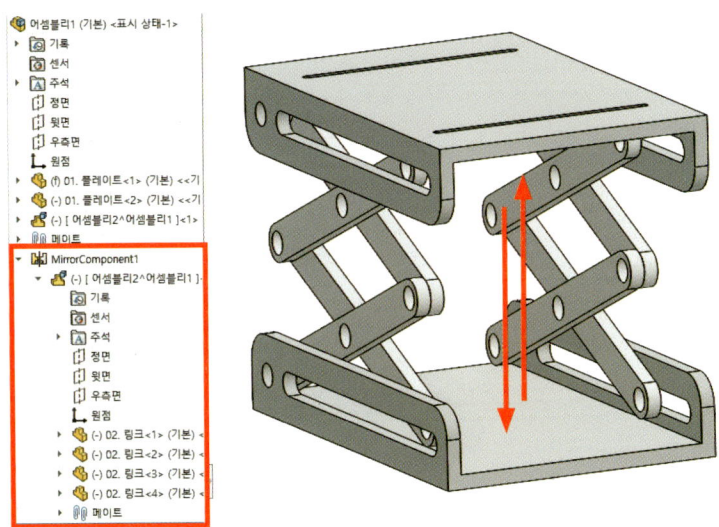

**14** 이전 작업에서 생성한 **하위 어셈블리는 독립적인 어셈블리 문서로 저장**해 주어야 합니다. 다음과 같이 디자인트리에서 **하위 어셈블리를 우클릭**하여 **외부 파일로 저장**해 봅시다.

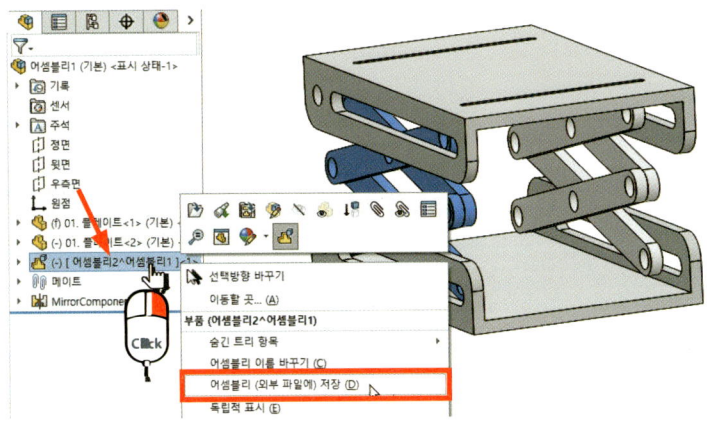

**15** 다음과 같이 다시 한번 저장 옵션에 대한 팝업창이 표시됩니다. 이미 하위 어셈블리에 사용된 링크 부품들은 저장되어 있는 상태이므로, **하위 어셈블리만 저장**해 줍니다.

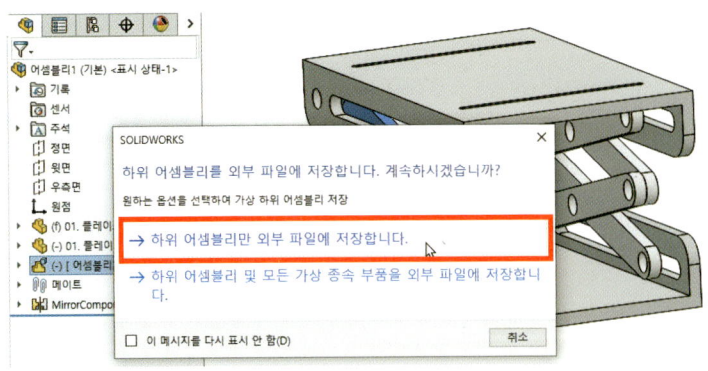

**16** 그러나, 메인 어셈블리 문서를 저장하지 않으면 하위 어셈블리를 저장할 수 없으므로, 메인 어셈블리를 먼저 저장해 줍니다. [응용예제 조립] 그 후에 다시 하위 어셈블리를 우클릭하여 다른 이름으로 저장 팝업창이 표시되면 문서 이름과 저장 위치를 지정해 줍니다.

① 저장 이름 : 하위어셈 - 링크
② 저장 위치 : 어셈블리(최상위 어셈블리 ) 와 동일한 폴더에 저장합니다.

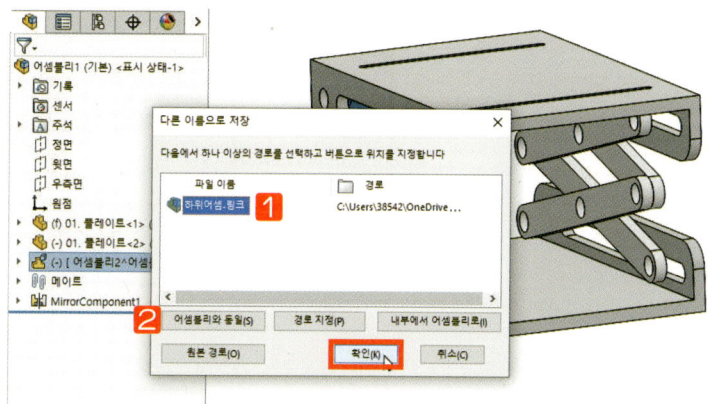

**17** 디자인트리를 살펴 봅시다. 대칭 복사된 하위 어셈블리의 이름도 함께 변경되어 있습니다.

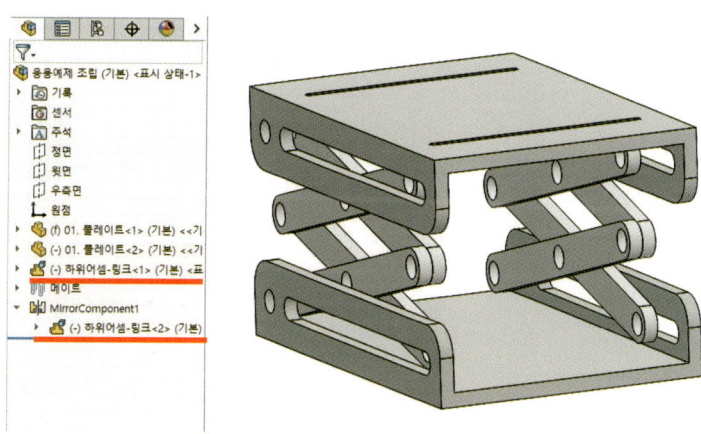

**18** 다음과 같이 주요 부품들을 사용하여 구동하는 형상의 어셈블리가 완성되었습니다.

도면을 다시 한번 확인해 봅시다. **링크와 플레이트를 연결하는 연결핀(1), 링크 자체를 연결하는 연결핀(2)** 두 가지 추가 부품을 조립해 봅시다.

먼저 **4개의 연결핀(1)** 부품을 추가하고, **메이트** 도구를 실행합니다.

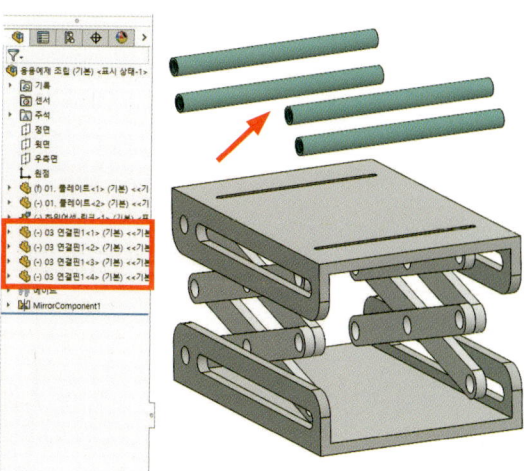

**19** 메이트 도구를 실행하고 다음과 같이 **연결핀(1)** 부품을 조립해 봅시다.

**다중 메이트** 도구를 사용해서 플레이트 부품의 측면에 4개의 연결핀의 측면을 일괄 조립해 줍니다.

참고) 선택 필터 도구를 사용하면 오타 없이 메이트할 요소를 빠르게 선택할 수 있습니다.

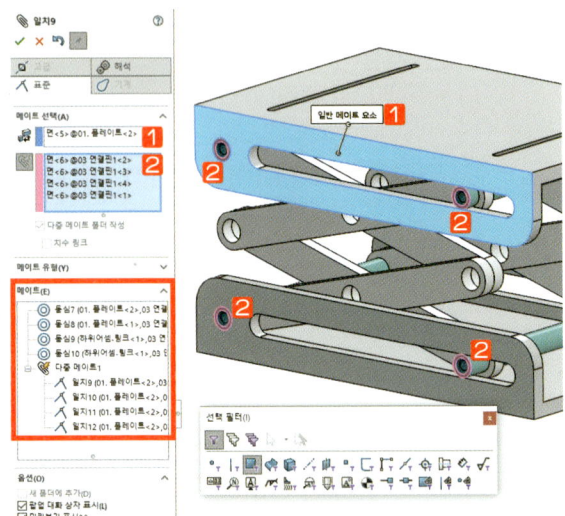

**20** 같은 방식으로 **연결핀(2)** 부품을 조립해 봅시다. 메이트 작업 중에는 새로운 부품을 추가할 수 없으므로, **모든 메이트 작업을 종료한 후에 4개의 연결핀(2)** 부품을 추가합니다.

그리고 다시 한번 **메이트** 도구를 실행해 봅시다.

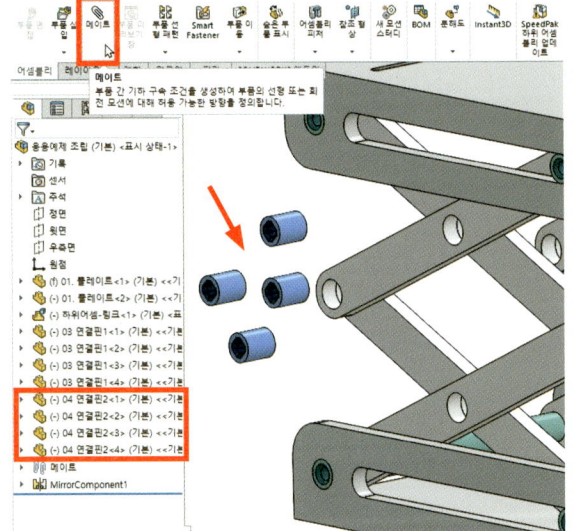

**21** 역시 연결핀(1) 부품을 조립하는 동일한 방법으로 **연결핀(2)** 부품들을 조립해 봅시다.

모든 부품을 조립한 후, 메이트 작업은 종료합니다.

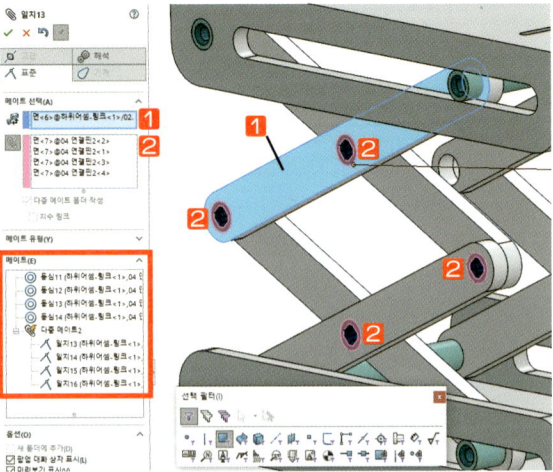

**22** 연결핀 부품들을 모두 조립한 후에 어셈블리의 구조를 다시 한번 살펴 볼까요? 연결핀(1) 부품은 크게 문제가 되지 않지만, **연결핀(2) 부품들은 하위 어셈블리에 결합되어야 하는 부품들입니다.**

그러나 현재 연결핀(2) 부품들은 하위 어셈블리에 소속되지 않고, 최상위 어셈블리에 소속되어 조립된 상태입니다. 이렇게, **나중에 추가된 부품을 하위 어셈블리로 재편입 시키는 방법이 있습니다.**

방법은 아주 간단한데요, **부품을 클릭한 채 드래그해서 하위 어셈블리로 끌어다 놓아봅시다.** 연결핀(2) 부품들이 하위 어셈블리로 포함됩니다.

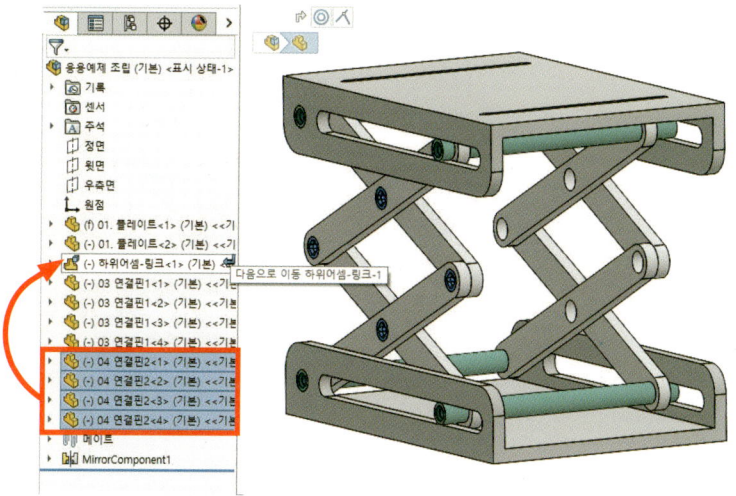

**23** 디자인트리를 살펴 봅시다. 연결핀(2) 부품들이 하위 어셈블리로 포함되었습니다. 그렇다면 **반대편 대칭 어셈블리에도 연결핀(2) 부품들이 포함되어야겠죠?**

이 방법 역시 간단합니다. **디자인트리에서 대칭복사 피처의 편집 모드**를 실행해 봅시다.

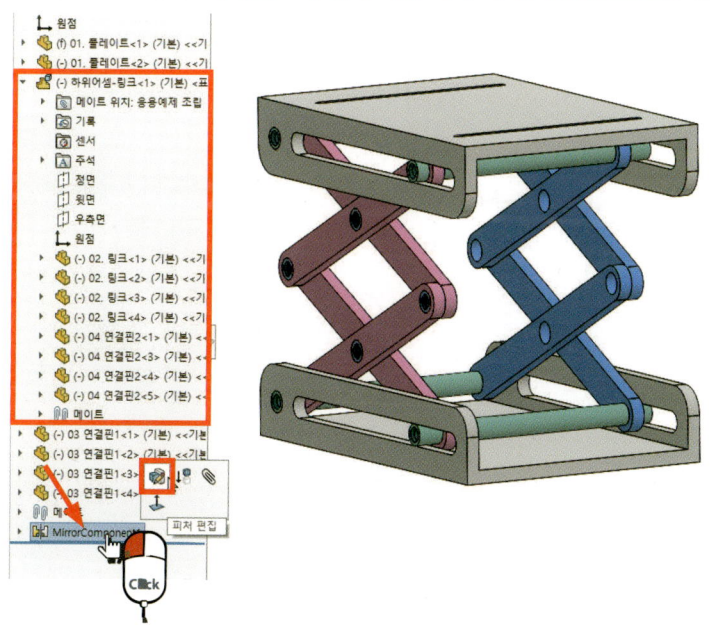

**24** 다음과 같이 미리보기를 살펴 봅시다. **연결핀(2)** 부품들이 포함되어 있습니다. 미리보기를 확인한 후, 편집모드를 종료합니다.

**참고) 만약 미리보기가 자동으로 업데이트되지 않을 경우, 대칭복사 1단계로 돌아가서 하위 어셈블리를 체크해제 후 재선택해 줍니다.**

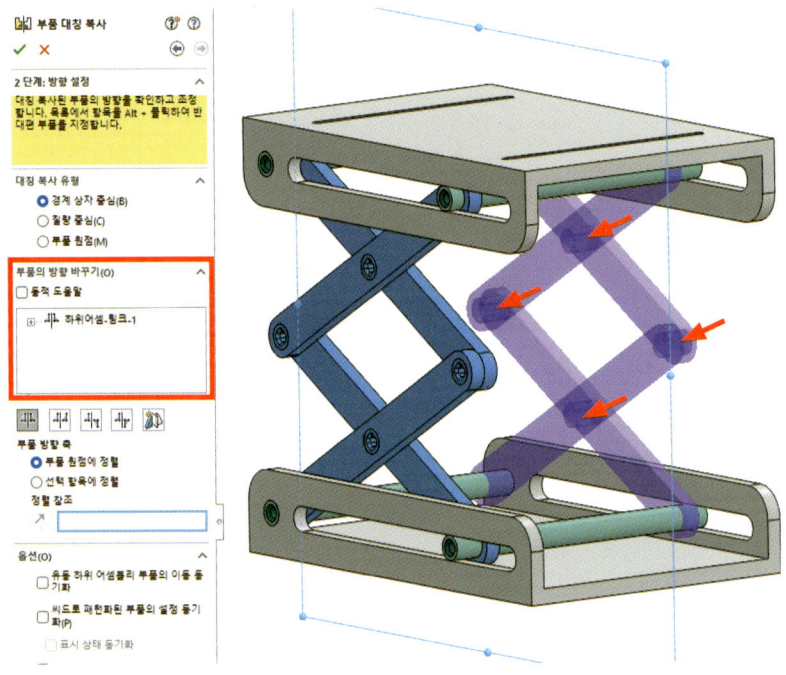

**25** 어셈블리 응용예제가 완성되었습니다. 전체 어셈블리 문서는 다시 한번 저장해 줍니다.

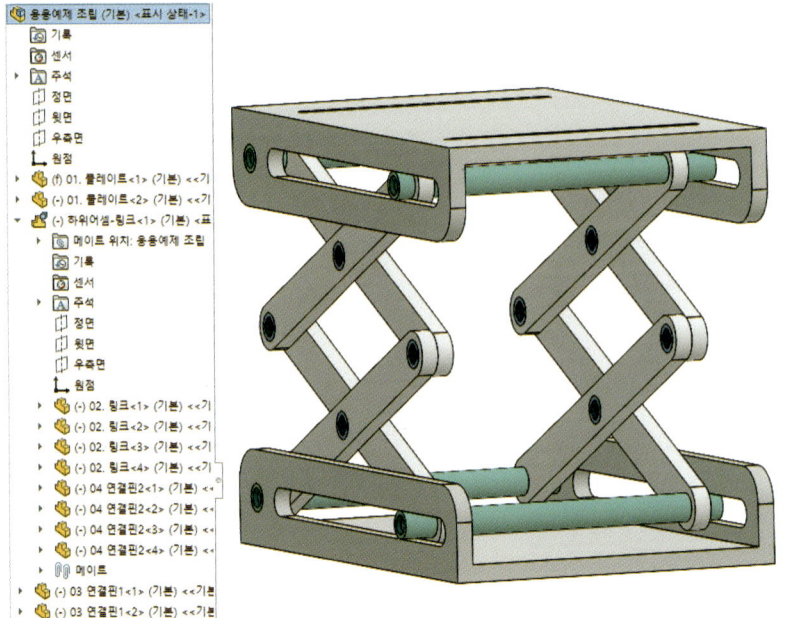

# 02 어셈블리 설계 변경

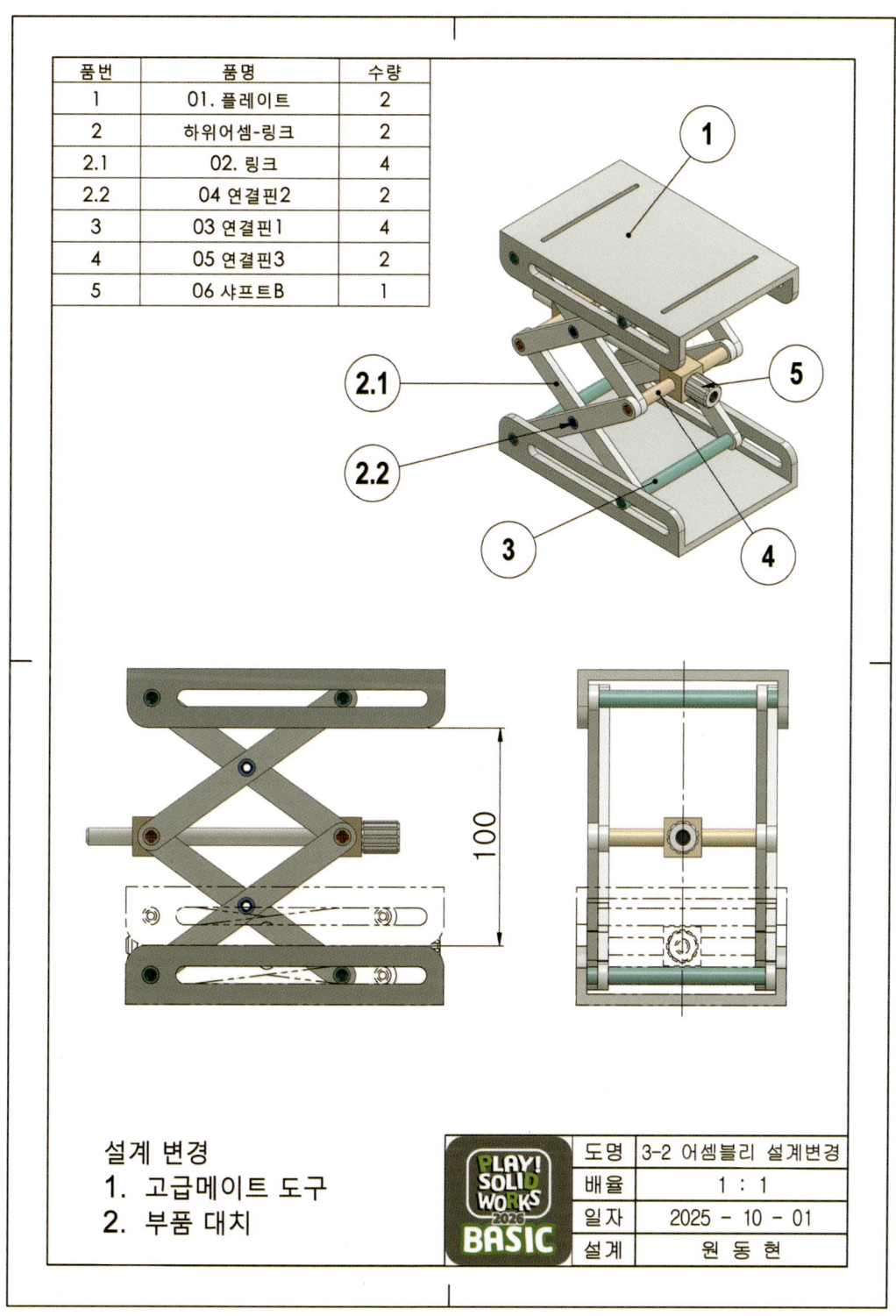

| 품번 | 품명 | 수량 |
|---|---|---|
| 1 | 01. 플레이트 | 2 |
| 2 | 하위어셈-링크 | 2 |
| 2.1 | 02. 링크 | 4 |
| 2.2 | 04 연결핀2 | 2 |
| 3 | 03 연결핀1 | 4 |
| 4 | 05 연결핀3 | 2 |
| 5 | 06 샤프트B | 1 |

설계 변경
1. 고급메이트 도구
2. 부품 대치

| 도명 | 3-2 어셈블리 설계변경 |
|---|---|
| 배율 | 1 : 1 |
| 일자 | 2025 - 10 - 01 |
| 설계 | 원 동 현 |

## 풀이과정 1 - 다양한 메이트 도구

1. 이전 단원까지 우리는 세 가지 종류의 예제를 통해서 어셈블리의 기본기를 익혔습니다. 메이트 도구에 대해서 많이 익숙해지셨나요? 그렇다면 지금부터는 **고급메이트**와 **기계메이트**의 새로운 도구들을 소개하면서 **어셈블리의 설계를 변경하는 방법**을 익혀 보도록 하겠습니다.

   이전 단원에서 완성한 어셈블리 문서를 실행한 상태에서 도면과 비교해 봅시다.
   가장 먼저 **있어야 할 부품¹** 과 **없어야 할 부품²** 을 체크한 다음, **2개의 연결핀(3)** 부품을 추가합니다. 그리고 **없어야 할 부품**을 선택한 상태에서 키보드에서 Delete 키를 누릅니다.

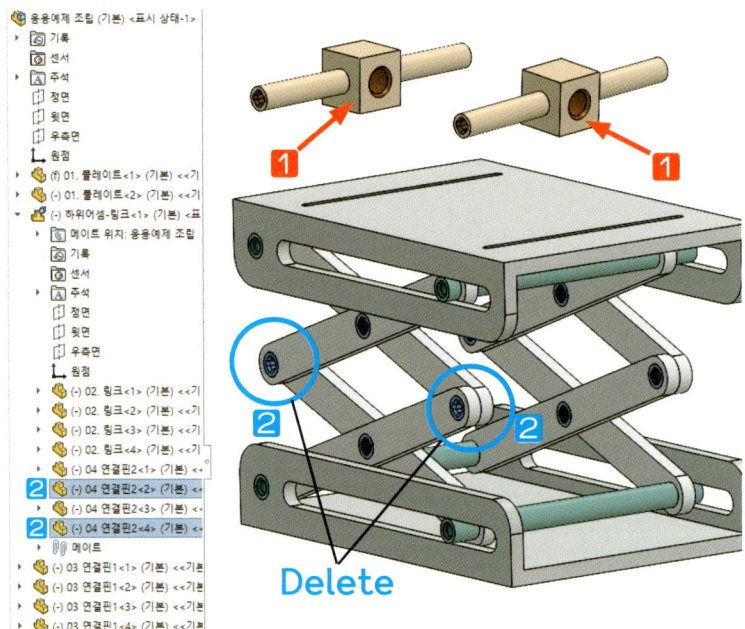

2. **가장 단순하지만 직관적인 방법 - 없어야 할 부품을 삭제하고, 있어야 할 부품을 추가**하는 방법으로 부품을 교체해 봅시다. Delete 키를 누르면 다음과 같이 옵션창이 표시되는데, **선택한 부품만 삭제**해 줍니다.

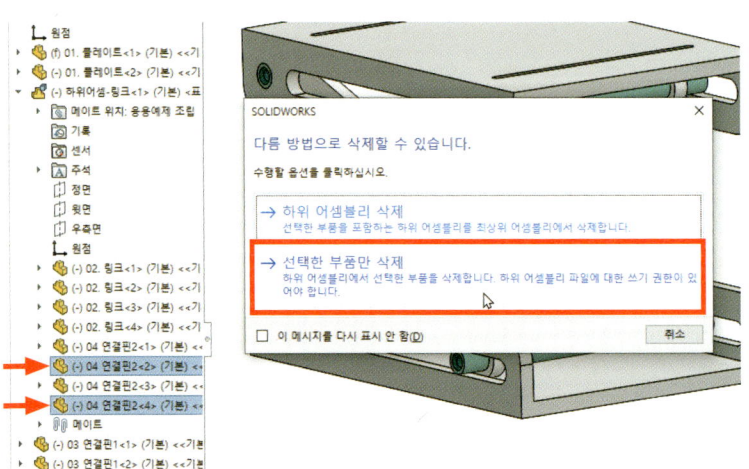

3️⃣ 두 번째 팝업 옵션창은 **기존의 메이트를 삭제할 것인지를 묻는 옵션**입니다. 하단부 옵션에서 **하위 피처 삭제** 항목을 체크한 후, **모두 예** 항목을 선택합니다.

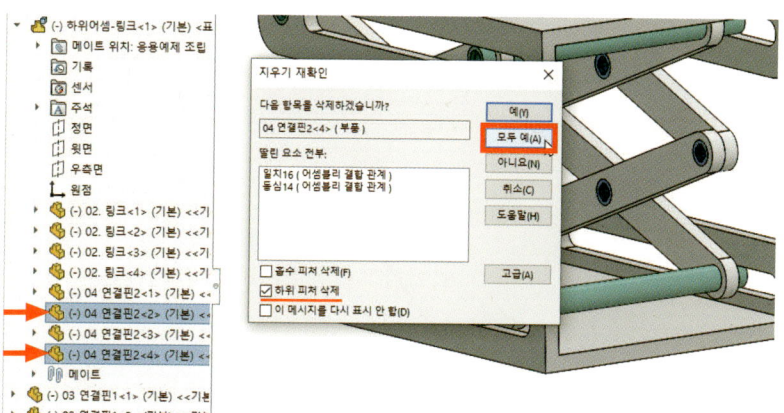

4️⃣ 부품이 정돈되었으므로, 다음 **연결핀(3) 부품**을 표시된 곳에 조립해 봅시다.

**메이트** 도구를 실행합니다.

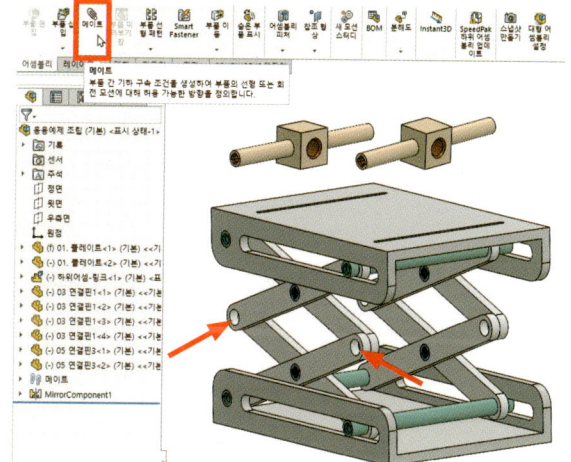

5️⃣ 다음과 같이 연결핀(3) 부품에 **동심** 메이트를 적용해 줍니다.

동심 메이트만 적용된 상태이므로, **현재 부품은 앞뒤로 자유롭게 움직이는 상태**입니다.

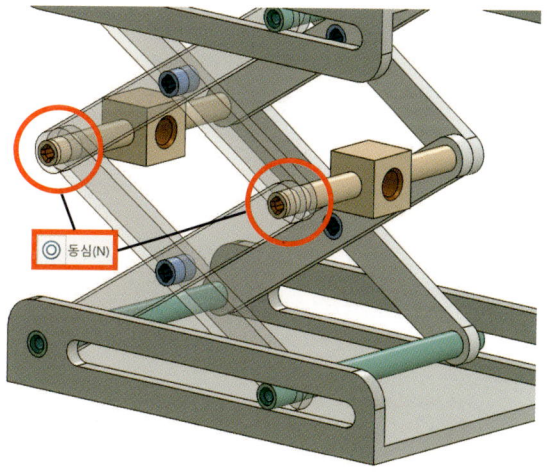

6️⃣ 앞뒤로 움직이는 상태의 **연결핀(3) 부품을 링크의 정가운데 배치**하기 위해 고급 메이트 도구를 사용해 볼까요? **너비** 메이트를 사용하면 설계가 변경되더라도 항상 가운데 위치를 유지할 수 있으며, 거리값을 측정해서 계산하는 수고를 생략할 수 있습니다.

먼저 **고급 메이트 - 너비** 메이트를 선택한 후, **너비1** 입력창에는 바깥 부품의 양쪽 평면[1]을, **너비2** 입력창에는 연결핀(3) 부품의 양쪽 면[2]을 선택해 봅시다. 그리고 **가운데**[3] 옵션을 적용합니다.

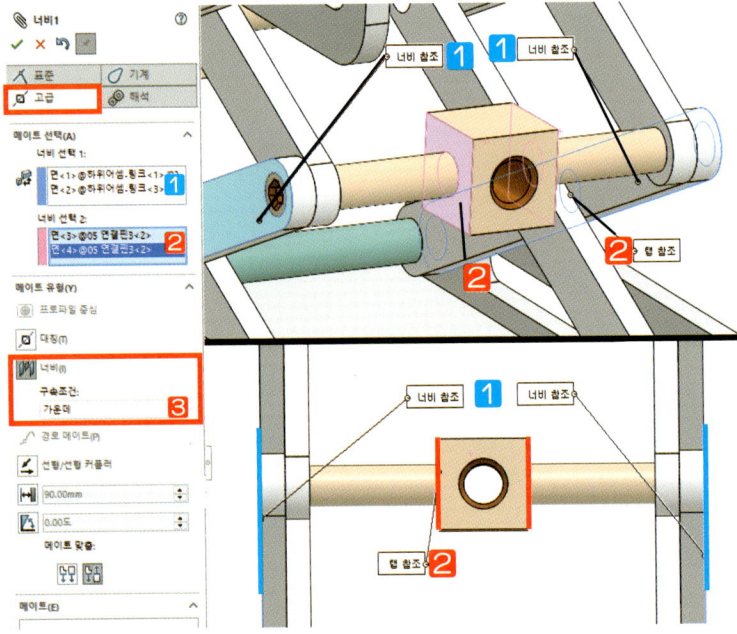

7️⃣ 반대편의 연결핀(3) 부품에도 동일하게 **너비** 메이트를 추가해 줍니다.

참고) 너비1과 너비2 항목은 가급적 규칙을 지켜서 선택해 주시는 것을 권장합니다.

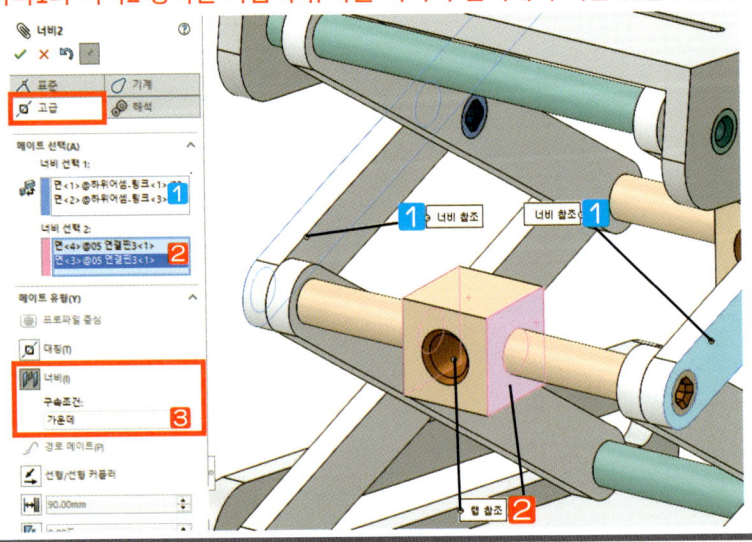

1️⃣ 너비 1 : 바깥 부품의 양쪽 평면 ( 평면만 선택 가능합니다. )
2️⃣ 너비 2 : 안쪽 부품의 양쪽 면 ( 평면/ 곡면 모두 선택 가능합니다. )

8️⃣ 연결핀(3) 부품을 조립한 후, 메이트 작업은 모두 종료합니다.

그리고 **샤프트A** 부품을 추가한 후, **연결핀(3) 에 관통하며 체결**되도록 조립해 봅시다. 이 때, 손잡이 부분의 끝단이 일치하도록 조립해 줍니다.

**참고) 단면도 도구로 어셈블리의 내부를 비교하며 조립합니다.**

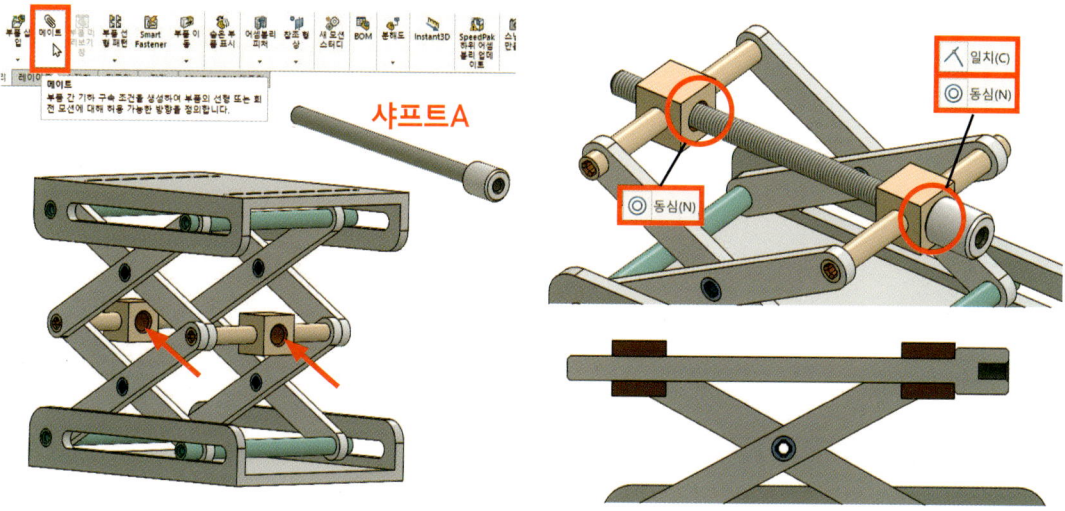

9️⃣ 샤프트A 부품이 부품인 만큼, **샤프트를 회전할 때 나사처럼 작동하는 움직임**도 만들어 봐야 겠죠? **메이트** 도구를 실행하고 **기계메이트 - 나사** 메이트를 실행합니다.

나사 메이트는 샤프트의 머리가 아닌 끝단에 적용해야 하며, **끝단 방향의 연결핀(3)[1]과 샤프트의 원형 요소[2]** 를 선택해 줍니다. 그리고 하단부 옵션에서 **거리/회전 = 피치값[3] 5mm** 옵션을 적용해 줍니다.

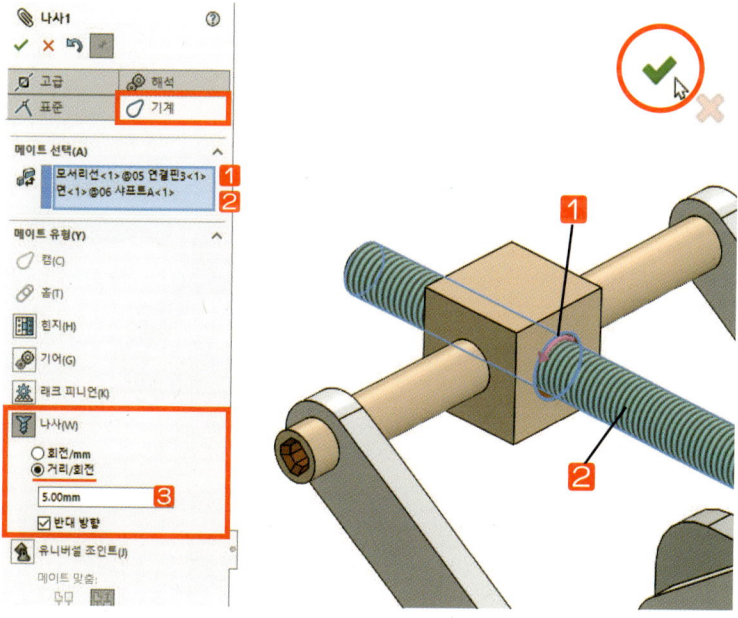

10 모든 메이트 작업을 종료한 후, 샤프트A 부품을 마우스로 드래그해서 회전시켜 볼까요?

**샤프트를 회전하면**[1] 나사 메이트에 의해 **연결핀(3) 부품 간의 간격이 가까워지며**[2] 플레이트 부품이 **상하로 작동**[3]하게 됩니다.

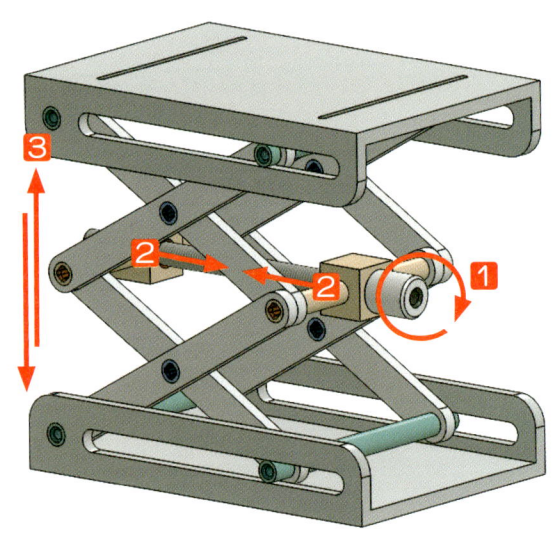

## 풀이과정 2 - 부품 대치

1 **이번에는 새로운 방법으로 부품을 교체해 보도록 하겠습니다.** 이전 단원에서는 가장 직관적인 방법 - 기존 부품 삭제 + 신규 부품 추가의 방법을 사용했습니다. 이번 단원에서는 **부품 대치** 도구를 사용해서 **샤프트A 부품을 샤프트B 부품으로 교체**하는 방법을 소개해 드릴 텐데, 기존 작업 방식과 어떤 차이가 있는지 비교하며 학습하는 것도 흥미로운 학습방법이 될 겁니다.

다음과 같이 **메뉴바 - 파일 - 대치** 항목을 선택합니다.

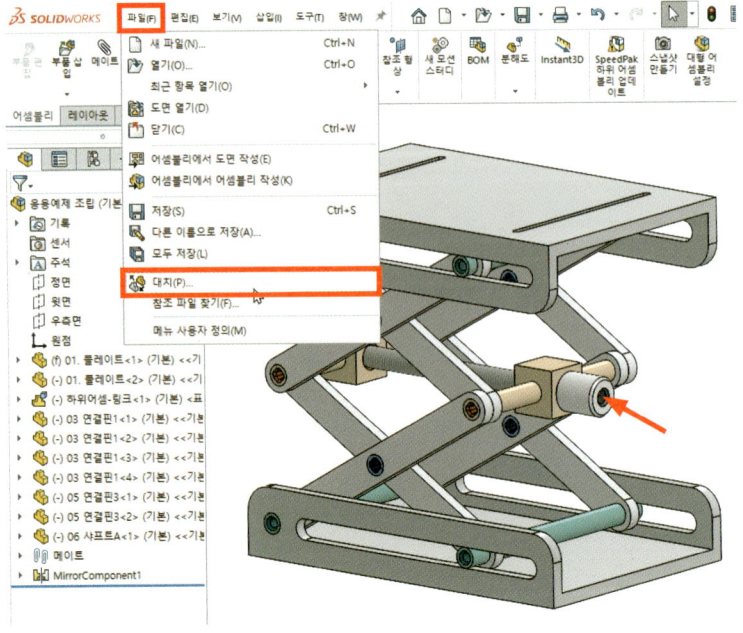

2️⃣ 대치 도구를 실행한 후 옵션창을 확인해 봅시다. **삭제할 부품을 선택한 후,**[1] **교체할 새로운 부품을 찾아보기로 추가해 줍니다.**[2] 썸네일로 교체할 부품이 맞는지 확인할 수도 있습니다.

그리고 하단부 옵션에서 **메이트 재실행**[3] 버튼을 선택한 후에 **확인** 아이콘을 선택합니다.

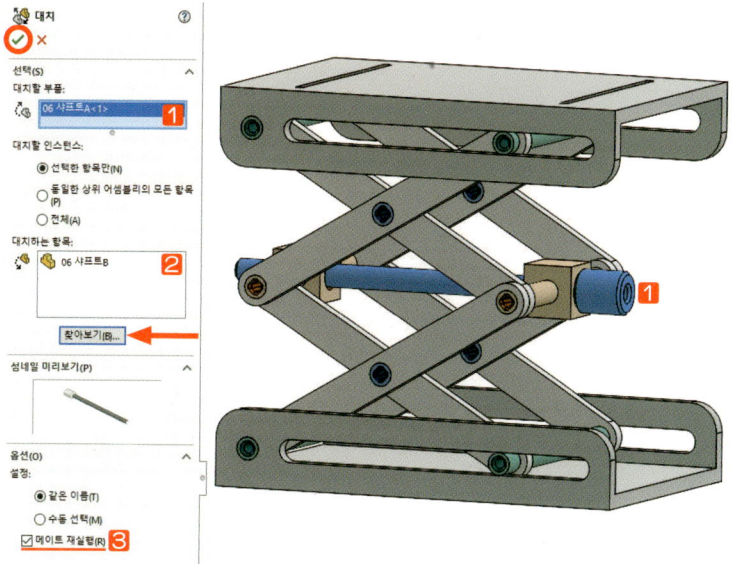

3️⃣ 확인 버튼을 누르고 나면 다소 당황스러운 화면으로 변경됩니다. 오류 메시지와 함께 복잡한 팝업창들이 표시되는데, **기존 부품에 적용했던 메이트를 새로운 부품에 매치해 주는 작업**에 대한 화면입니다.

**당황하지 말고, 오류메세지 창을 먼저 종료해 줍니다.**

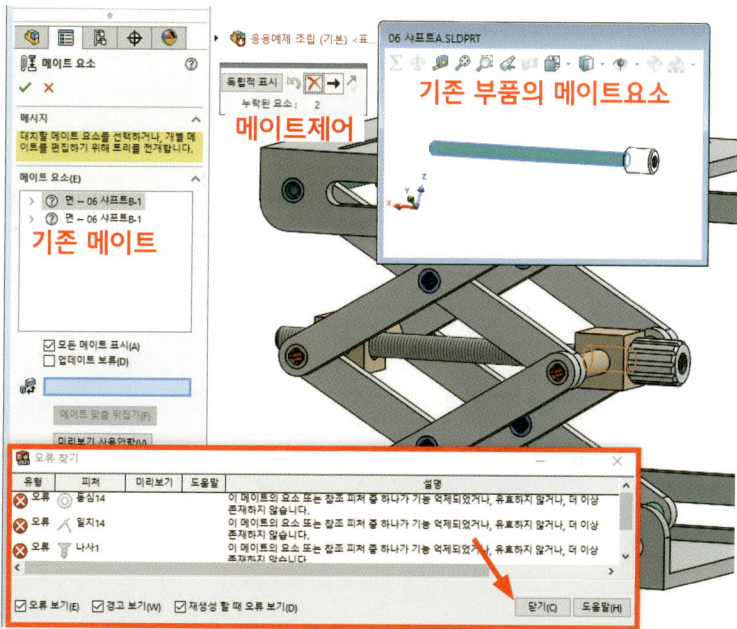

④ 기존 부품이 삭제되면서 **누락된 메이트 요소를 새로운 부품에 연결해 주는 작업**을 시작해 봅시다.

① 기존 메이트 요소 미리보기창에서 부품의 어떤 면을 선택했는지 확인합니다.
② 오류가 발생한 기존 메이트 요소에서 해당 메이트를 선택합니다.
③ 새로운 부품에서 메이트할 새로운 요소를 선택해 줍니다.

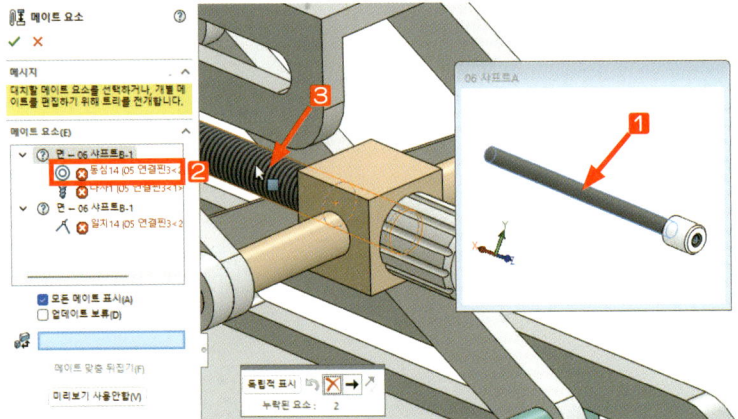

⑤ 메이트가 정상적으로 대치된 후에는 다음과 같이 **오류 마크가 정상 마크로 바뀌게 됩니다.**

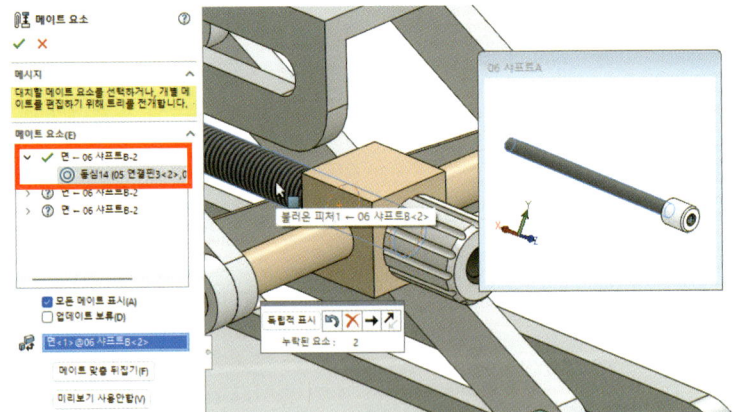

⑥ 두 번째 메이트를 대치해 봅시다. 그런데 **부품의 안쪽 면**을 선택해야 하므로, 다음과 같이 **독립적 표시** 항목을 선택해서 **해당 부품만 표시되도록 변경**해 줍니다.

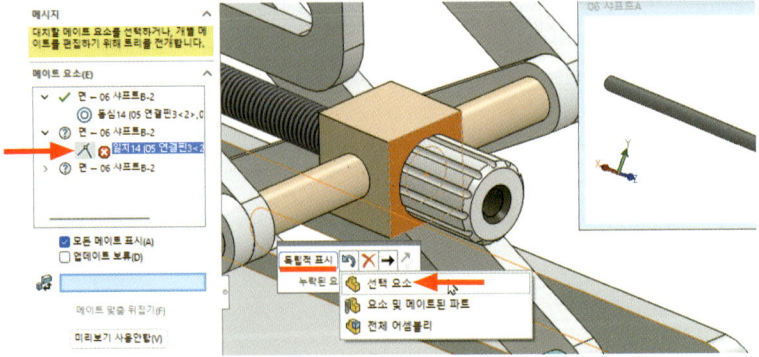

7 다음과 같이 샤프트B 부품만 표시되면 손잡이의 뒷면을 선택해서 **일치** 메이트를 대치해 줍니다.

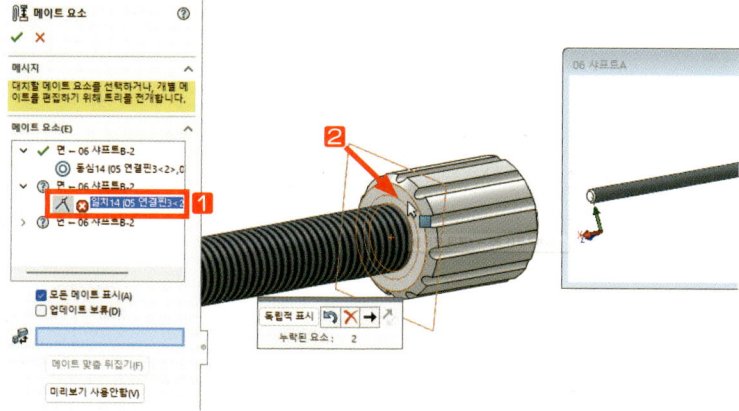

8 마지막 메이트를 대치해 봅시다. 그러나 현재 상태 - 독립적 표시를 해제하여 **전체보기 모드**로 변경합니다.

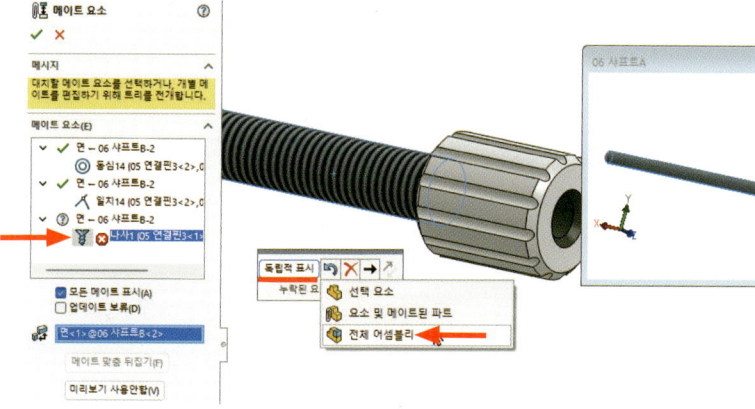

9 세 번째 메이트 - **나사** 메이트를 대치해 봅시다. 그러나 다음과 같이 **정상적인 요소를 선택했음에도 오류가 발생하는 경우**에는 삭제 후 별도로 메이트를 추가해 주어야 합니다. **다음의 오류 메세지는 종료합니다.**

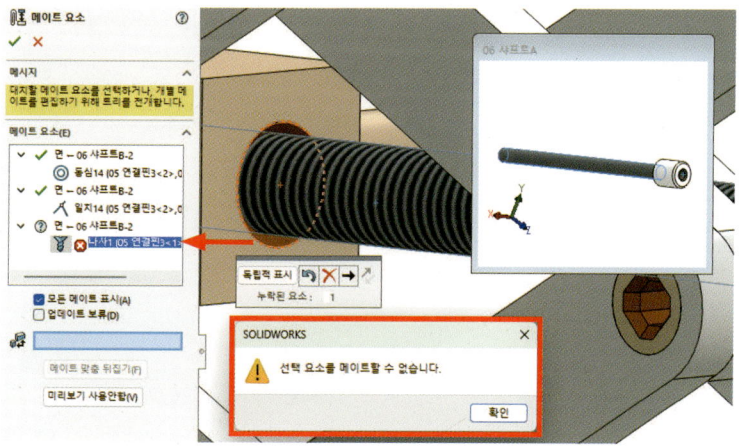

**10** 오류가 발생하는 나사 메이트 요소는 **삭제** 버튼을 눌러서 삭제 처리해 줍니다.

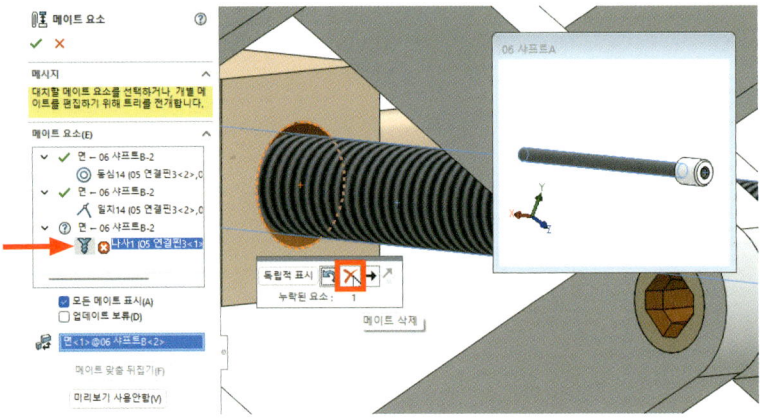

**11** 모든 메이트 대치 작업이 완료되었으므로, **확인** 아이콘을 선택합니다.

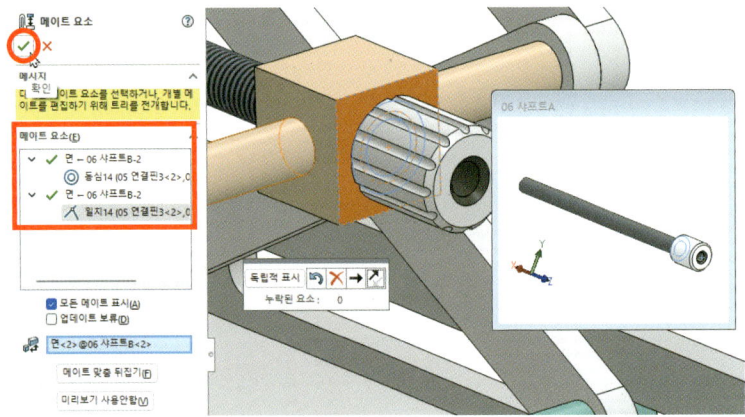

**12** 기존의 나사 메이트가 삭제되었으므로, 다시 한번 **메이트** 도구를 사용해서 **샤프트의 끝단에 조립된 연결핀(3)** 부품에 **기계메이트-나사 메이트를 새로 추가**해 줍니다.

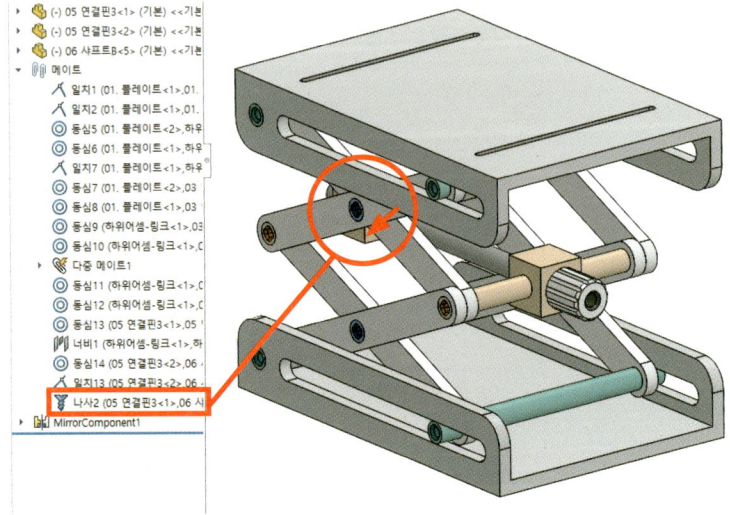

**13** 마지막으로, **고급메이트 - 거리 한도** 메이트를 추가해서 작동 범위를 만들어 봅시다. **최대값**은 100mm, **최소값**은 간섭이 발생하지 않아야 하므로 0mm 를 사용합니다.

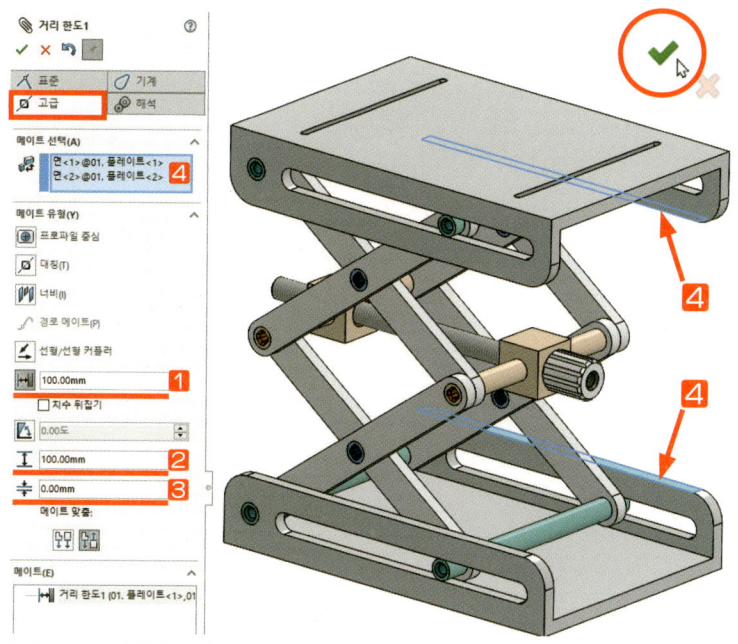

**1** [ TEST ] 0, 10 등 단순한 치수를 먼저 입력해서 거리의 방향을 확인합니다.
**2** [ 최대값 ] 0 , + 값을 입력합니다.    100mm
**3** [ 최소값 ] 0 , + , - 값을 입력합니다.    0mm

**14** 거리 한도 메이트를 작성한 후, 현재 어셈블리는 **다른 이름으로 저장**해 줍니다. 이 때, 재생성 확인창이 표시되면 **재생성을 실행**해서 저장합니다.

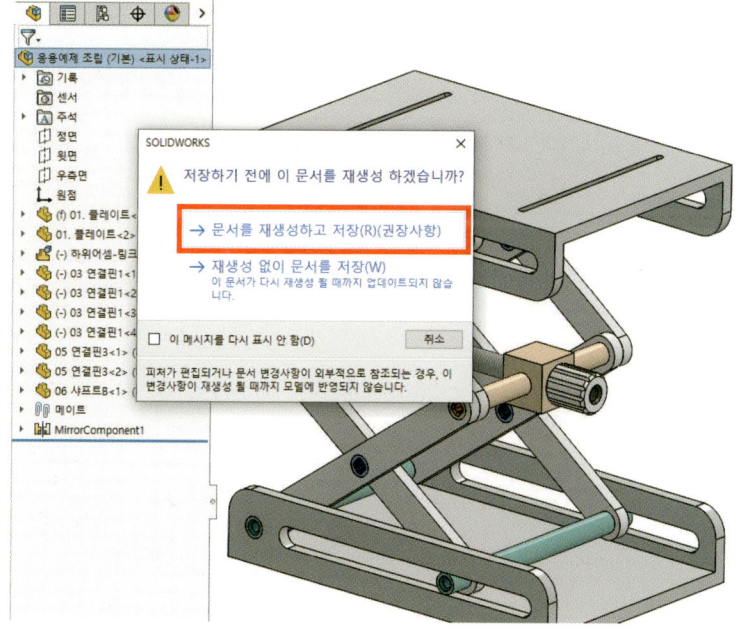

75

**15** [ 응용예제 조립 (설계변경) ] 의 이름으로 어셈블리를 저장한 후, 부품을 드래그해서 작동해 보세요. 다음과 같이 부품이 겹치지 않고 지정한 거리값 안에서 작동하게 됩니다.

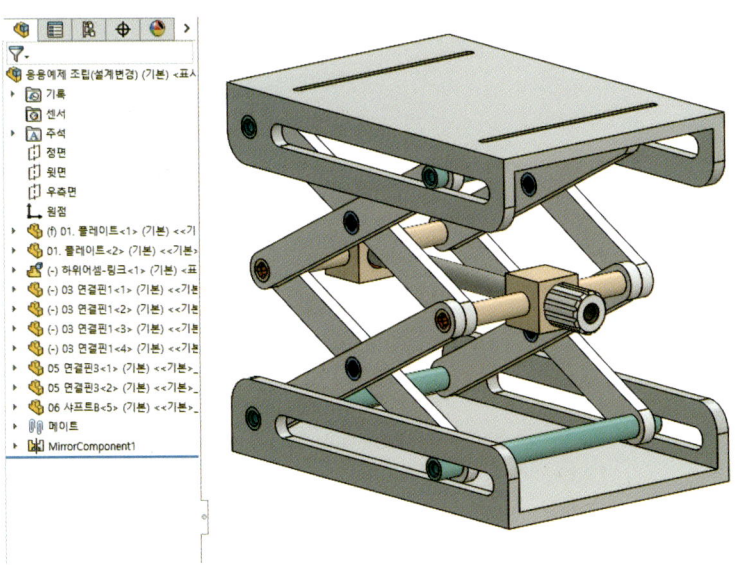

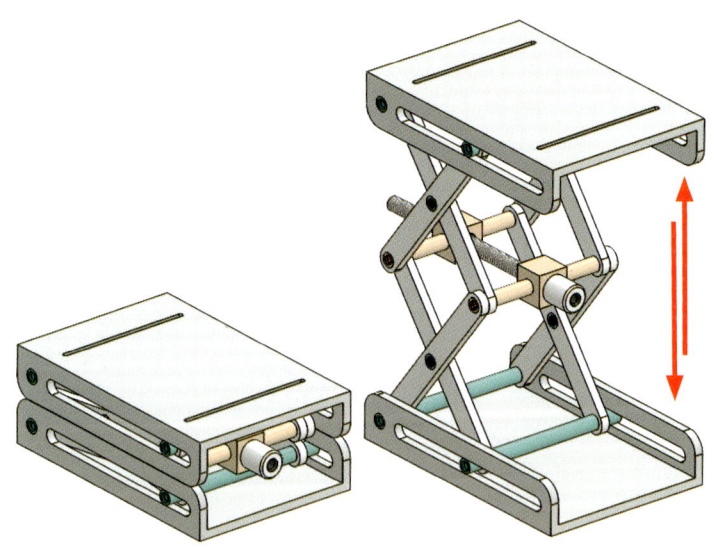

# 03 어셈블리 검사 도구

## 1) 부품 간섭 검사

[1] 어셈블리가 완성된 후에 작업자가 반드시 해야 할 작업이 있습니다. 바로, **간섭 검사** 입니다.
[ 평가 - 간섭 탐지 ]

솔리드웍스의 어셈블리는 부품이 겹치는 상황이 발생했을 때, 자동으로 알람이 울리거나 오류표시를 하지 않으므로, **작업자가 오류 자체를 모르고 작업하는 상황이 빈번하게 발생합니다.**

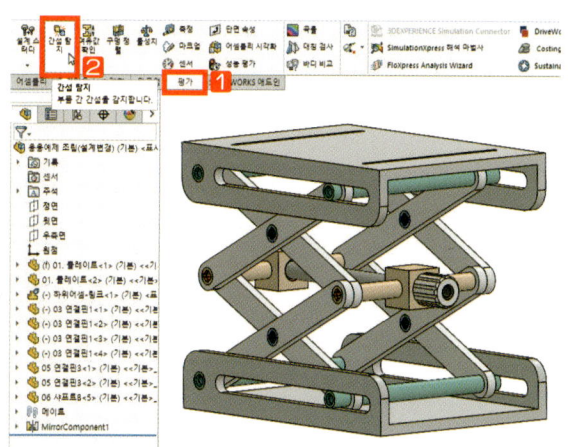

[2] **간섭 검사** 도구를 실행하면 기본적으로 **전체 어셈블리가 자동으로 입력되는데,**[1] 이 곳에서 **계산**[2] 항목을 선택하면 현재 어셈블리에서 간섭을 일으키는 부분을 찾아줍니다.

다음과 같이 **간섭 없음**[3] 이라는 메세지가 여러분들이 보셔야 할 메세지가 되는 거죠.

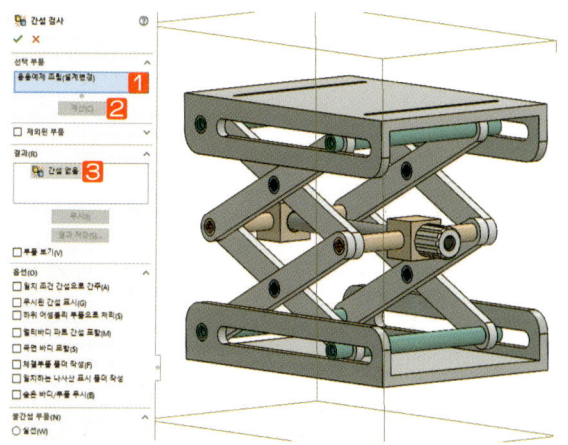

[3] 만약, 작업자도 모르는 사이에 동일한 부품이 중복되어 삽입되었다면, 다음과 같이 **간섭 검사**에서 발각되어 **간섭**으로 표시됩니다.[1]

그러나 하단부 옵션창을 살펴보면, **자동으로 오류를 해결해 준다는 듯한 도구는 별도로 없습니다.**[2]

즉, 간섭 검사는 검사만 실행해 주는 도구로, **발생하는 오류는 작업자가 수동으로 해결해 주어야 합니다.**

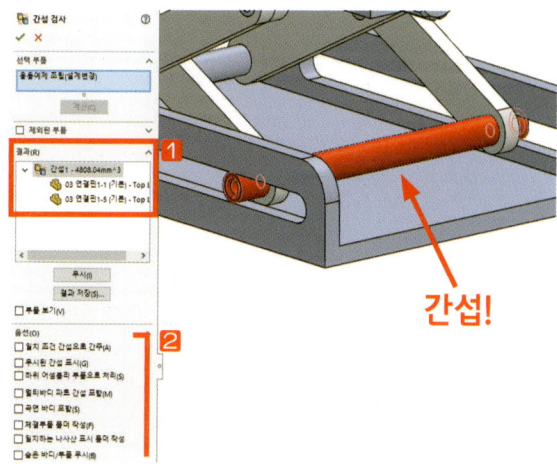

[4] 간섭을 일으키는 부품은 **아예 삭제를 해야 하는 경우**와 **재배치를 해야 하는 경우**가 있습니다.

**단순 삭제**는 디자인트리에서 부품을 선택하여 Delete 키로 제거해 줍니다.

**재배치**를 해야 하는 경우에는 **Instant 3D 모드**[1]를 활성화하고, **디자인트리에서 제거할 부품을 선택**[2]하면 다음과 같이 **선택 트라이어드**[3] 표시가 나타납니다. 이 핸들을 사용하여 부품을 재배치하면 됩니다.

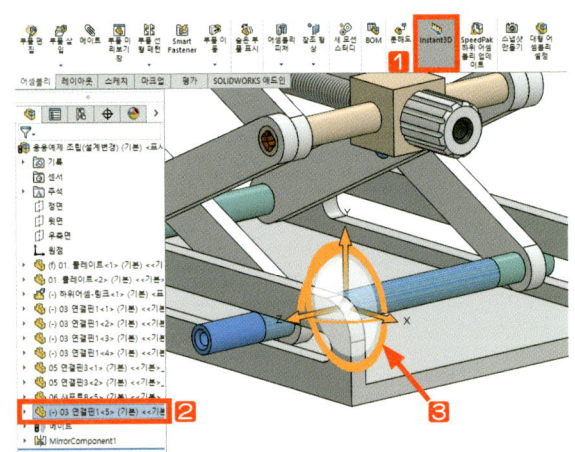

## 2) 부품 대칭 검사

[1] 두 번째 소개해 드릴 검사 도구는 **대칭 검사** 도구입니다. 어셈블리의 대칭 복사로 생성한 부품 뿐 아니라 별도로 추가한 부품이 대칭인지도 검사해 주는 도구입니다.

**평가** 도구모음에서 **대칭 검사** 도구를 실행해 봅시다.

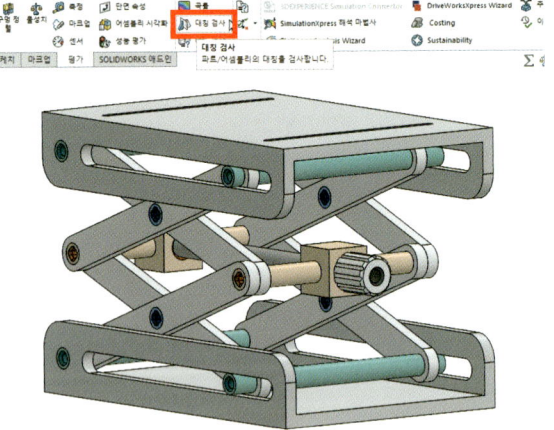

[2] 옵션을 입력해 봅시다. 정의 기준으로 **중간에 있는 평면 - 정면**[1]을 선택하고, **확인 버튼**[2]을 선택하면 전체 어셈블리에 대한 대칭 검사가 즉시 진행됩니다.

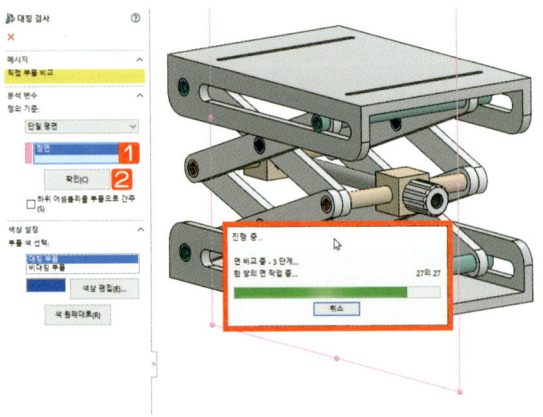

3️⃣ 대칭 검사 결과를 살펴 봅시다. 그런데 결과가 다소 이상합니다. 색상 표시된 부품이 대칭 부품인데, **왜 하위 어셈블리- 링크 세트는 대칭으로 표시되지 않은 걸까요?**

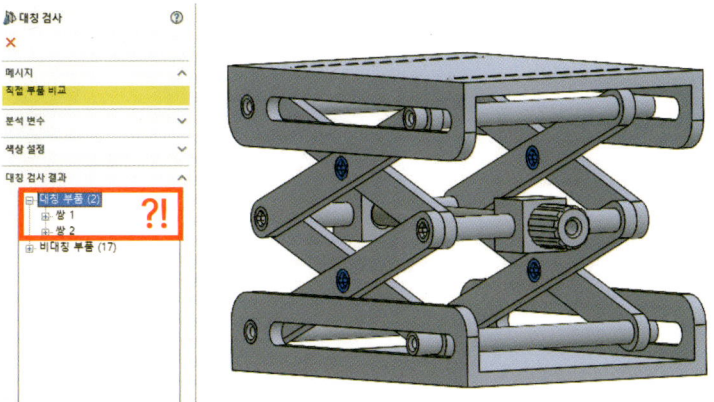

4️⃣ **원인은 부품 대칭복사에 있었습니다.** 자세히 보니, **하위 어셈블리 - 링크 세트가 완전한 대칭 상태가 아니라 흡사 선형 패턴으로 복사한 것 같은 형상**입니다.

디자인트리에서 **부품 대칭복사** 항목을 선택해서 **편집 모드**를 실행해 봅시다.

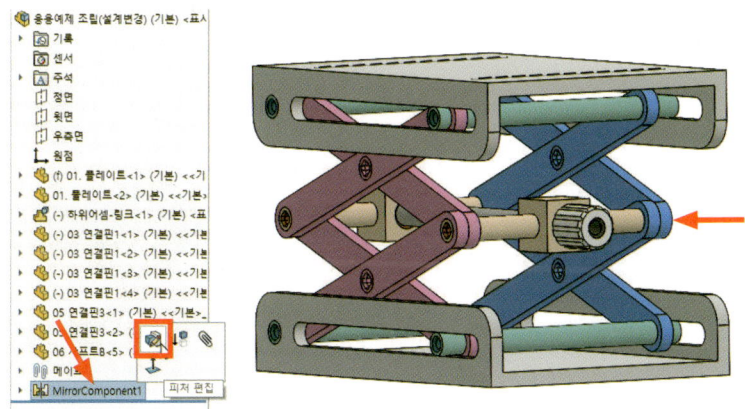

5️⃣ 다음과 같이 **부품 대칭복사 2단계**에서 부품 방향을 살펴 봅시다. 이 곳에서 **대칭 버전**으로 작성해 주어야 완전한 대칭 방향으로 부품이 재생성됩니다.

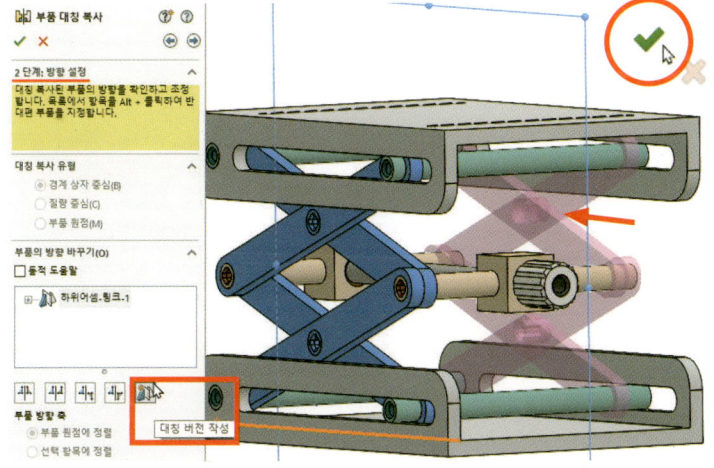

79

6️⃣ 부품 대칭복사 피처를 수정했는데도 여전히 오류가 발생했고, **대칭 부품도 그대로입니다.**
메이트 항목을 확장해 보니, **너비 메이트에 오류가 발생했습니다.** 순서대로 오류를 해결해
볼까요? 가장 먼저, **너비 메이트를 삭제**합니다.

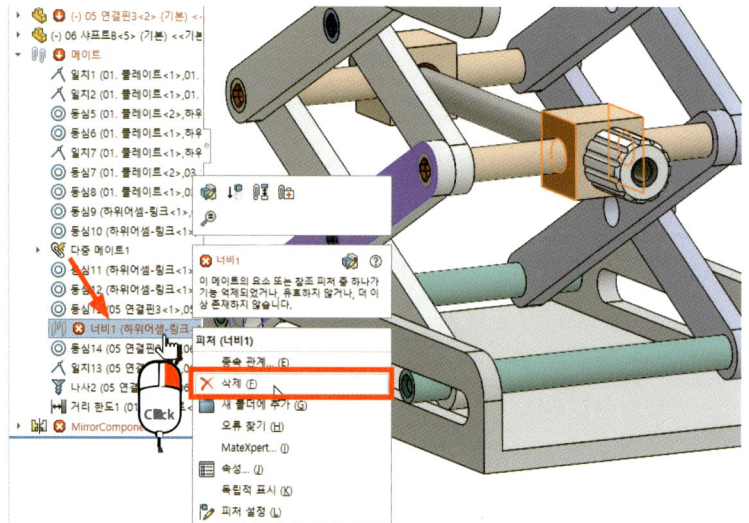

7️⃣ 너비 메이트를 삭제한 후, **부품 대칭복사를 다시 편집**해 봅시다. **대칭 버전 작성**을 선택하고 **확인** 아이콘을 선택합니다.

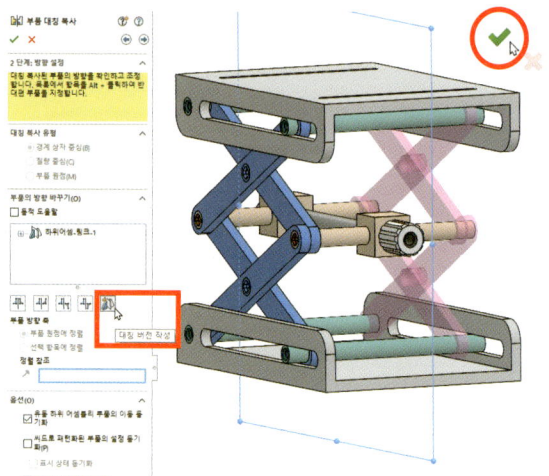

8️⃣ 부품의 방향을 다시 한번 확인해 볼까요? 이제야 **거울 모드처럼 대칭 부품이 올바른 방향대로 재생성되었습니다.**

누락된 **너비** 메이트도 다시 추가해 봅시다.

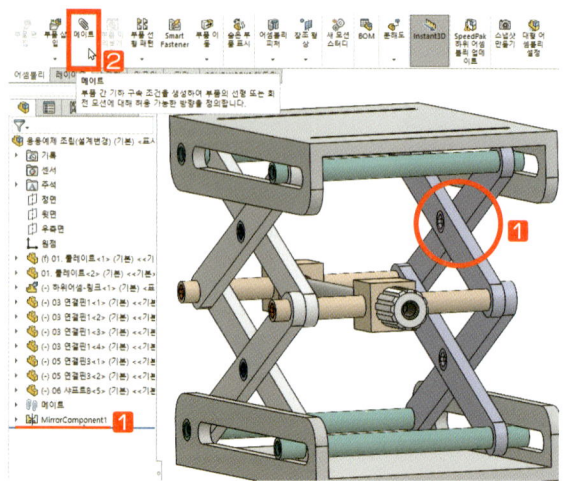

[9] 그렇기 때문에, 너비, 대칭 등의 작동하는 유동 메이트를 작성할 때 **기준이 되는 상대 부품은 움직이지 않는 베이스 부품을 선택**하는 것이 좋습니다.

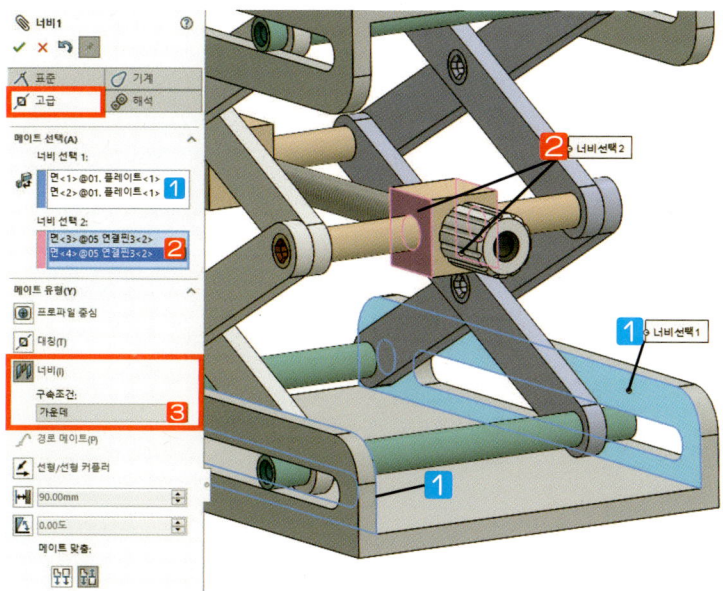

1 **너비 1 : 바깥 부품의 양쪽 평면** ( 베이스 부품의 안쪽 양면을 선택합니다. )
2 **너비 2 : 안쪽 부품의 양쪽 면**   ( 연결핀(3) 의 양쪽 평면을 선택합니다. )

[10] 모든 오류가 수정되었다면 다시 한번 **대칭 검사**를 실행해 볼까요?

이제야 하위 어셈블리 - 링크 세트가 정상적으로 대칭 부품으로 인식되고 있습니다.

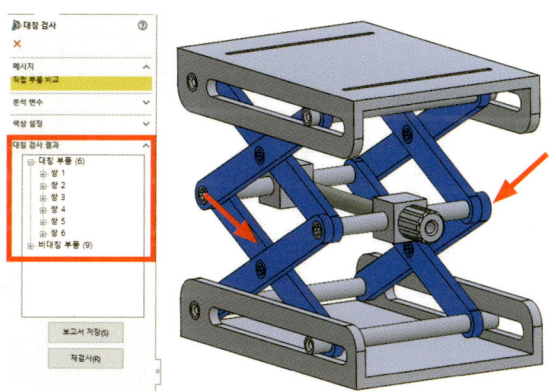

[11] 그런데 대칭 복사된 부품을 보니, 색상이 다르다는 것을 발견했습니다. **부품의 색상도 원본과 동일한 색상으로 맞추어 완벽을 더해 보도록 하겠습니다.**

디자인트리의 맨 끝단 - **디스플레이 매니저**[1] 탭을 선택하면 **표현**[2] 항목에서 적용된 색상을 확인할 수 있는데, 이 곳에서 **원본에 적용된 컬러를 우클릭해서 편집 모드**를 실행합니다.[3]

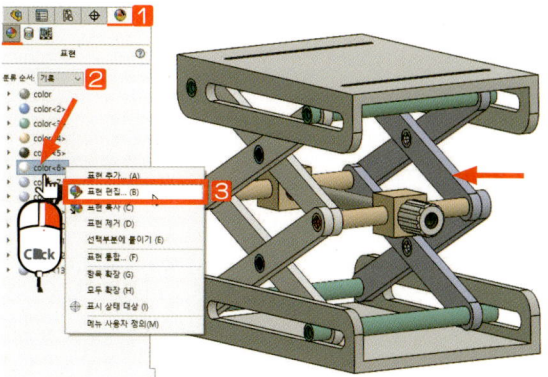

**12** 다음과 같이 컬러 팔레트가 표시되면 **컬러를 적용할 요소로 파트 문서 항목**[1]을 선택합니다. **대칭 복사된 부품을 지정**[2]한 후, **흰색 색상**[3]을 선택해 줍니다.

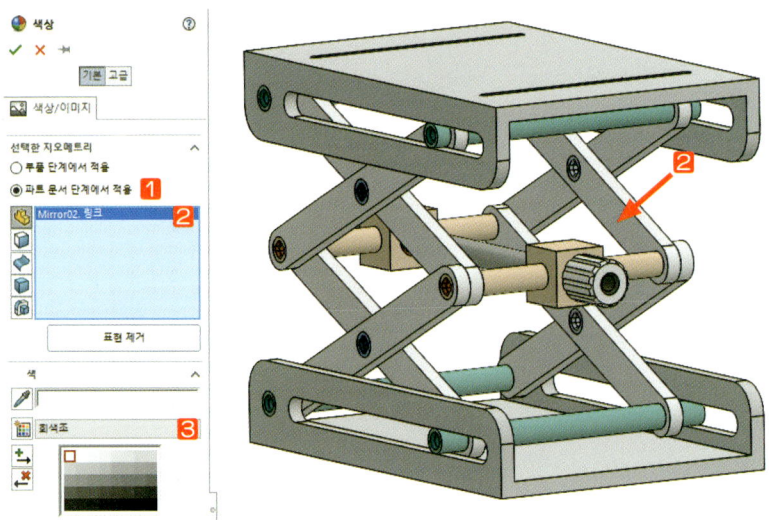

**13** 이렇게 해서 색상까지 완벽하게 어셈블리의 설계 변경이 완성되었습니다. 다시 한번, 다른 이름으로 **현재 어셈블리 문서를 별도로 저장**해 줍니다. [ 응용예제 조립 (대칭수정) ]

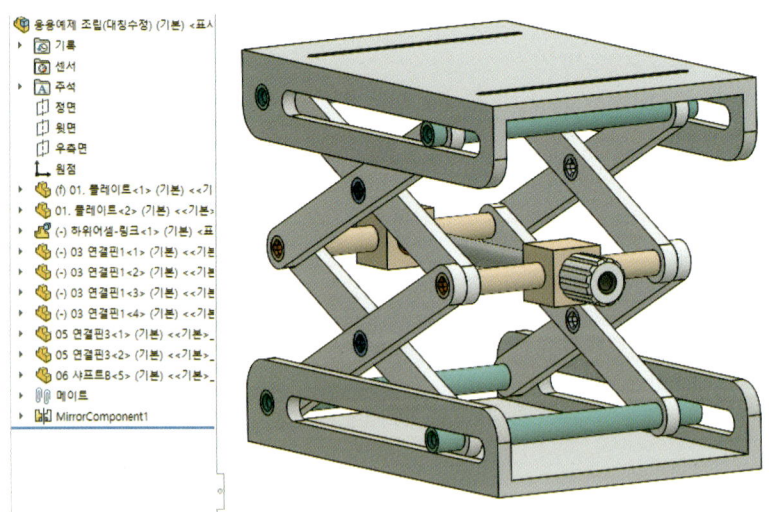

# 04 툴박스 ToolBox 도구

1️⃣ 솔리드웍스에는 기본적인 볼트, 너트, 베어링 같은 규격 부품에 대한 라이브러리를 제공합니다. 이를 **툴박스 ToolBox** 라고 하는데, 이번 단원에서는 툴박스를 사용해서 어셈블리를 업데이트하는 방법을 소개해 드리도록 하겠습니다.

먼저, **어셈블리 첫번째 기본 예제**를 실행합니다. 그리고 툴박스가 아닌 **일반 볼트와 너트 부품을 모두 삭제** 처리해 줍니다.

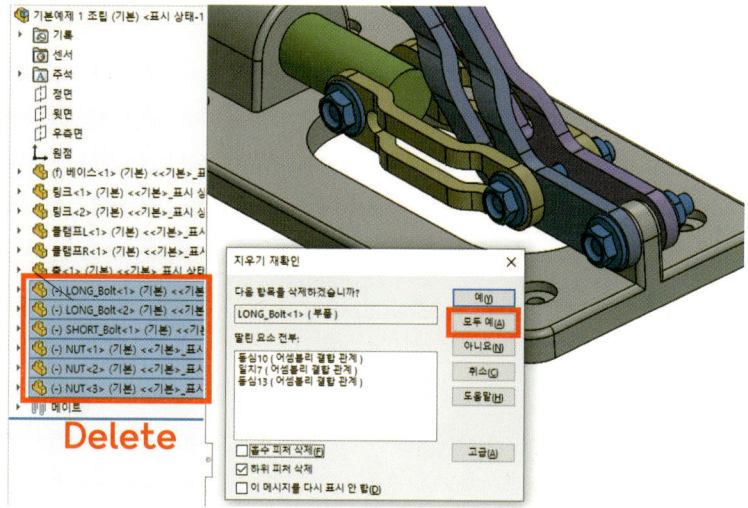

2️⃣ 툴박스 도구는 다음의 **설계 라이브러리 탭에서 애드인 버튼을 눌러서 활성화** 해야 사용할 수 있습니다. 또는 **메뉴바 - 애드인 메뉴를 통해서 활성화** 해도 좋습니다.

**참고) 솔리드웍스의 프로페셔널/ 프리미엄 버전에서만 활성화됩니다.**

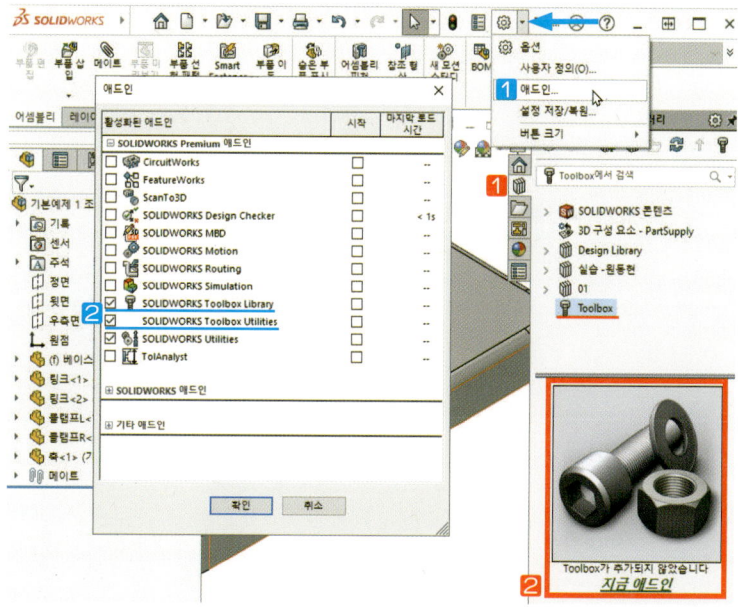

③ 툴박스를 사용하는 방법이 특별한데, 이미 **라이브러리 파일 자체에 규격별 치수가 각각 생성**되어 있습니다.

다음의 순서를 따라서 **본체와 클램프가 조립된 부분에 첫 번째 툴박스 부품을 추가해 볼까요?** [ 육각볼트 - KS B 1012 육각머리볼트 A등급 ]

① 라이브러리에서 유형 파일을 선택해서 화면으로 드래그합니다.
② 부품을 클릭한 상태로 결합할 부품의 구멍에 화살표 커서를 접촉합니다.
③ 나사의 머리가 닿는 평면에 다시 한번 접촉해서 머리의 위치를 결정합니다.

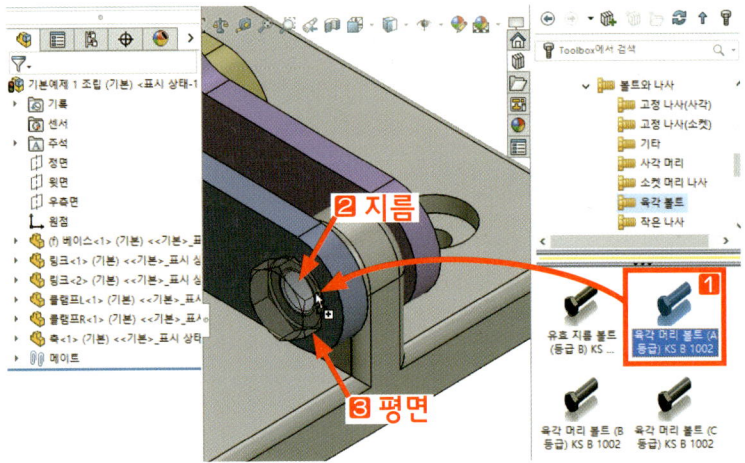

④ 마우스로 구멍의 지름과 평면을 접촉해서 위치가 결정되면 마우스 커서를 놓아 봅시다. **세부 옵션창**이 왼쪽에 표시되는데, 자동으로 결정된 치수도 이 곳에서 자유롭게 변경할 수 있으며, 나사의 길이도 변경할 수 있습니다. **다음 옵션을 따라 툴박스의 크기를 결정해 봅시다.**

모든 치수를 입력한 후, **확인** 아이콘을 선택합니다.

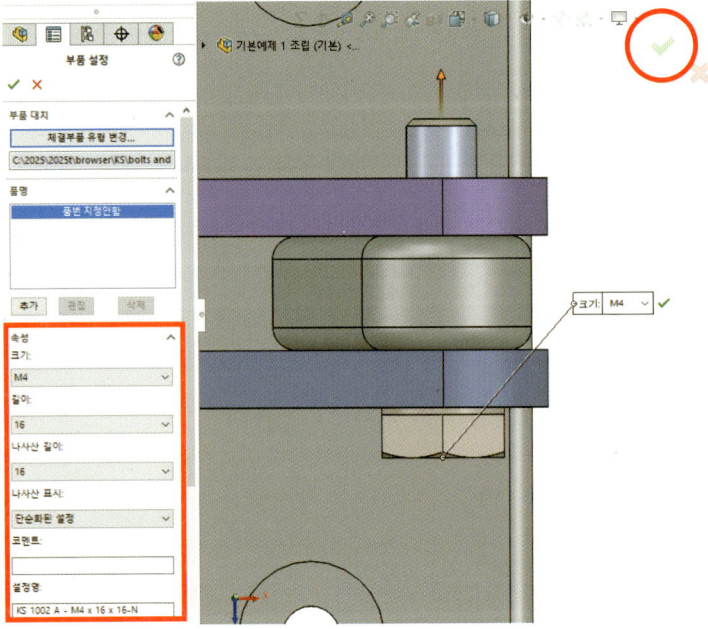

5. 옵션창을 종료하면 첫 번째 부품이 자동으로 조립됩니다. 그리고 **동일한 부품을 추가할 수 있도록 마우스의 끝에 썸네일이 표시**됩니다. 동일한 부품을 추가하고 싶은 곳에 마우스를 접촉하면 동일하게 부품의 위치를 결정할 수 있습니다.

참고) 만약 마우스를 접촉하여 부품의 크기에 대해 스냅을 이용하기 어려운 경우라면, 너무 부담갖지 마시고 빈 공간을 클릭해서 별도로 세부 치수를 입력해서 툴박스의 크기를 결정합니다. 그리고 별도의 메이트 도구로 조립하는 방법으로 이용해도 좋습니다.

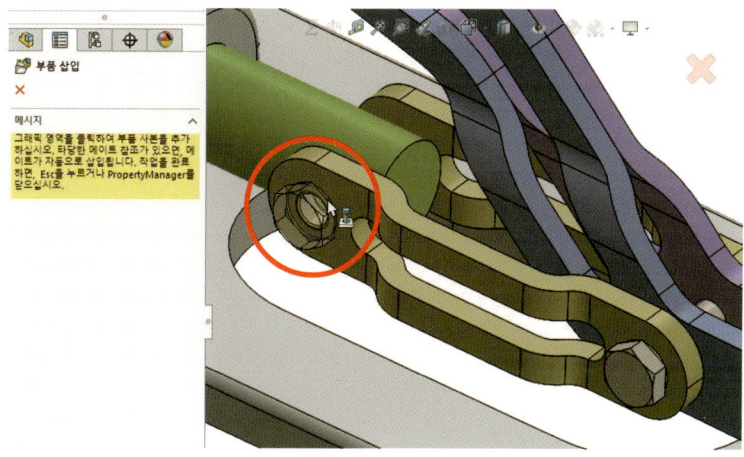

6. 그러나 다음과 같이 조립한 이후에 나사의 길이가 너무 길거나 짧아서 수정사항이 발생했다면 여러분들은 어떻게 수정하시겠습니까? 예전의 저라면 삭제 후 다시 추가하는 방법을 사용했었는데요, 여러분들은 보다 쉽게 수정하실 수 있도록 좋은 방법을 소개해 드리겠습니다.

다음과 같이 **툴박스 부품을 우클릭**해서 **Toolbox 부품 편집** 모드를 실행하면 삽입한 부품을 자유롭게 수정할 수 있습니다.

**링크의 간격에 맞추어 나사의 길이를 변경해 봅시다.**

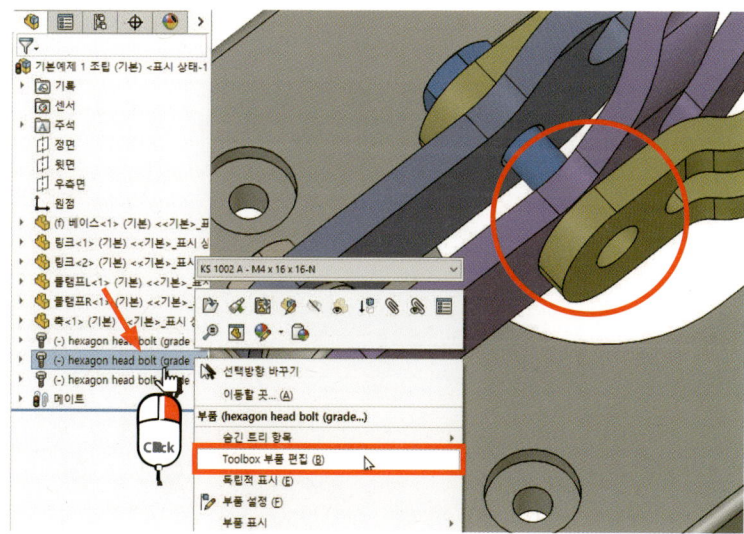

7 다음과 같이 왼쪽에 편집 옵션이 표시되면 **나사의 길이를 25 크기로 변경**해 줍니다. 나머지 옵션은 기존 옵션을 그대로 사용하며, 미리보기를 확인한 후 **편집모드를 종료**합니다.

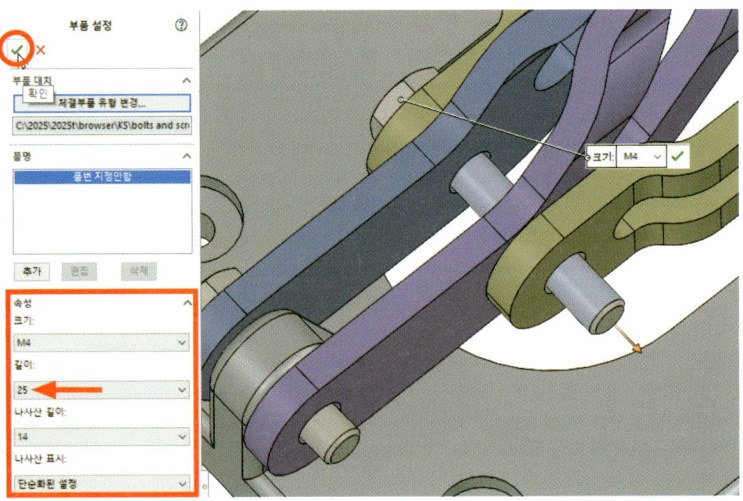

8 **마지막 나사 부품도 길이를 25 크기로 변경**해 줍니다.

다음과 같이 **두 가지 종류의 나사 부품**이 추가되었습니다.

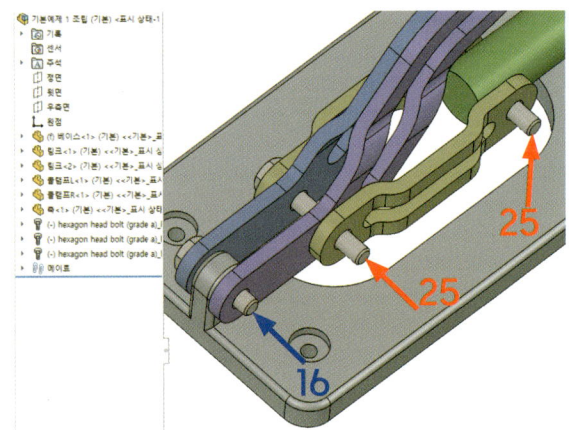

9 **육각볼트의 끝단에 너트 부품도 추가해 볼까요?** 동일한 방법으로 규격과 유형을 결정한 다음, 해당 너트 부품을 볼트의 지름으로 드래그하여 스냅으로 사이즈를 맞추어 봅시다.
[ KS 육각너트 - 플랜지붙이 너트 KS B 1043 ]

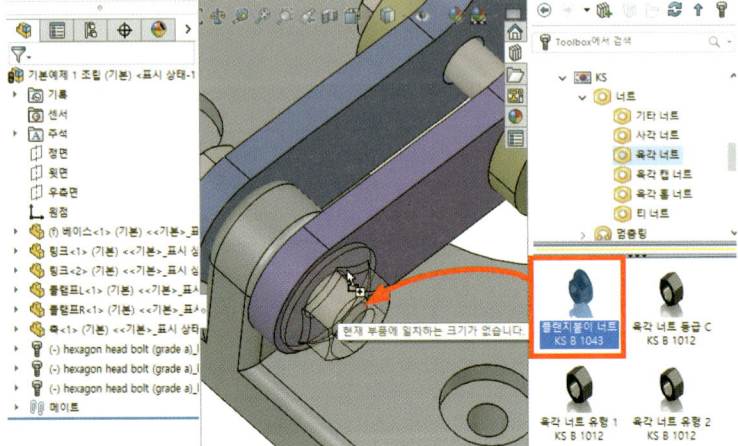

**10** 너트 부품의 세부 치수는 다음과 같습니다. 미리보기를 확인한 후, 확인 아이콘을 선택합니다. 그리고 나머지 두 군데에도 너트 부품을 추가해 줍니다.

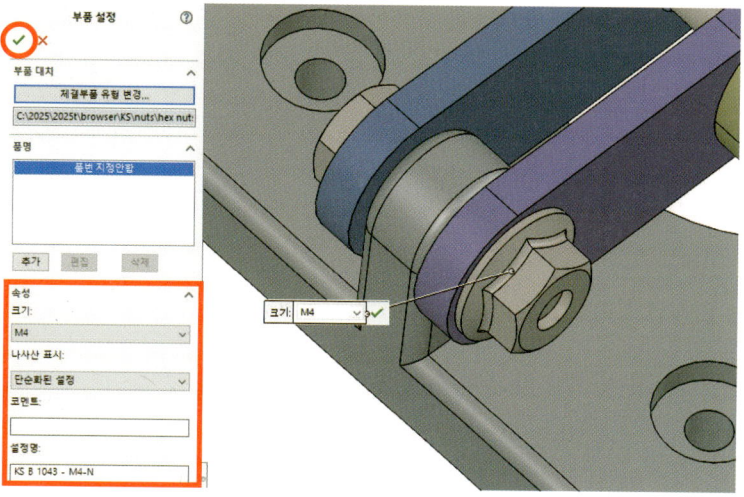

**11** 총 3개의 볼트와 3개의 너트 부품이 추가되었습니다. 모든 부품이 추가되었으므로, **어셈블리의 마침표**를 찍어 볼까요? **평가** 도구모음에서 **간섭 검사** 도구로 부품의 간섭을 찾아봅시다.

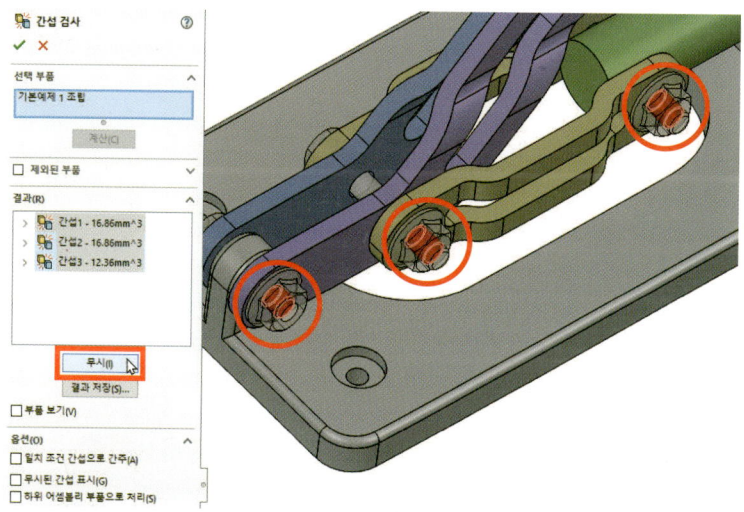

기존 부품에도 발생하지 않던 간섭이 툴박스 부품에 발생했습니다. 볼트나 너트, 멈춤링과 같은 표준 부품을 사용한 어셈블리에서는 **부득이하게 간섭 문제가 발생할 수밖에 없습니다.**

볼트와 너트 간 결합할 때 나사산 영역이 겹치면서 발생하는 간섭이나, 실제 멈춤링처럼 재질이 늘어나 벌어지면서 체결되는 형상까지는 표현하지 못하기 때문입니다.

이런 경우에는 작업자가 간섭 내역을 확인한 다음, 옵션에서 **무시** 처리를 해 주면 됩니다. 추후 별도로 무시 처리된 간섭을 따로 확인하거나 무시 해제 처리할 수도 있습니다. **단, 무시해선 안되는 간섭이 무시 처리되지 않도록 주의해 주시기 바랍니다.**

87

# 05 분해도 작성하기

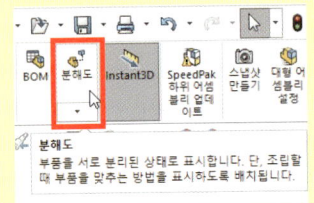

**분해도는** 조립하는 과정을 만들어주는 도구입니다. 실제 조립하고 분해하는 과정에 맞추어 분해도를 생성하면 추후 조립/분해 동영상을 생성하고 2D 분해도 도면을 작성할 수 있습니다.

1. 분해도는 **실제 조립하고 분해하는 과정에 맞추어 작업해야 하므로, 가장 먼저 선택하는 부품이 중요합니다.** 기본적으로 볼트, 너트 등의 체결 부품을 가장 먼저 분해하는데, 너트 부품을 선택하면 다음과 같이 **조정 핸들**이 표시됩니다.

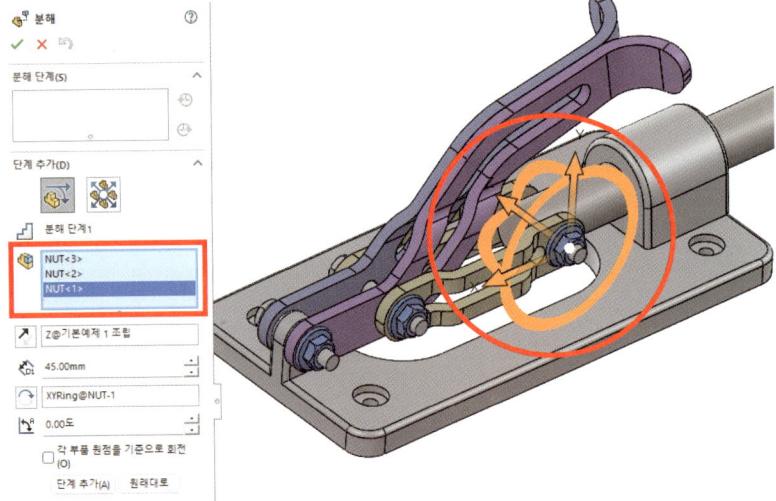

2. 조정 핸들을 드래그하면 부품이 이동하는데, **실제 부품을 체결하는 방향에 맞추어 축을 선택하는 것이 중요합니다.** 먼저 마우스로 당겨서 임의로 옮겨준 다음 왼쪽 옵션창에서 거리값을 입력해 줍니다.

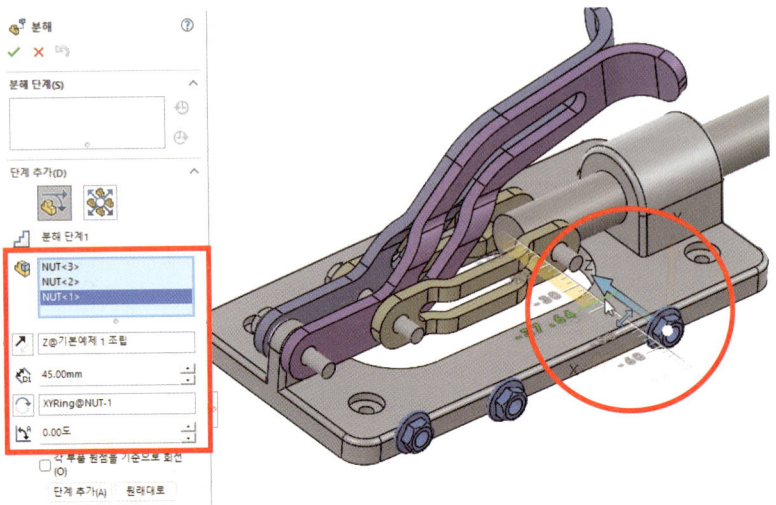

3️⃣ 분해할 부품의 분해 간격과 각도 등 세부 옵션을 입력한 후, **단계 추가 / 완료** 항목을 선택하면 현재 분해 단계가 확정됩니다.

주의) 부품이 분해된 상태가 화면에 표시되면 작업자들은 곧바로 다음 단계의 분해를 위해 새로운 부품을 선택합니다. 그러나 현재 분해 작업이 완료되지 않은 상태에서 새로운 부품을 선택하면 기존 분해 단계로 추가되며 오류가 발생하게 됩니다.

그러므로 분해 단계의 마지막에는 반드시 완료 버튼을 클릭해야 합니다.

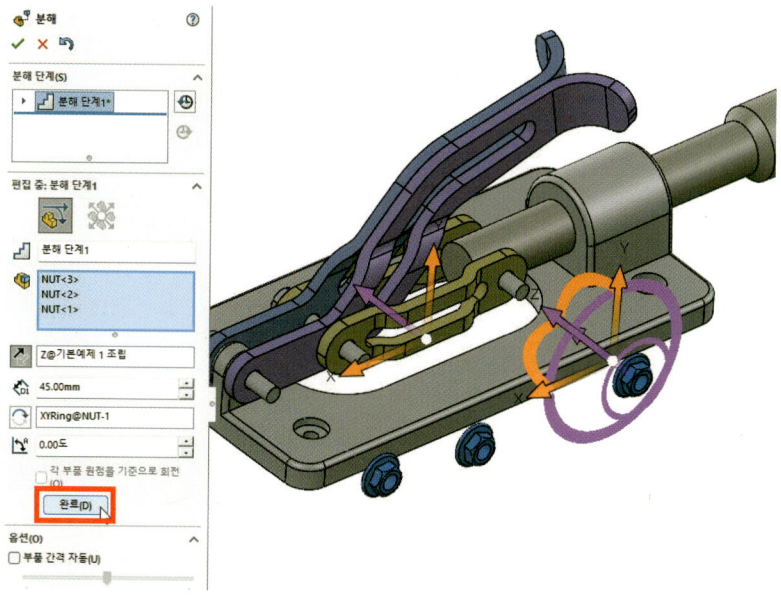

4️⃣ 첫 번째 분해 단계가 완료되면 부품 선택창이 클리어 상태가 됩니다. 두 번째 분해 작업으로 **볼트 부품**들을 선택해 봅시다.

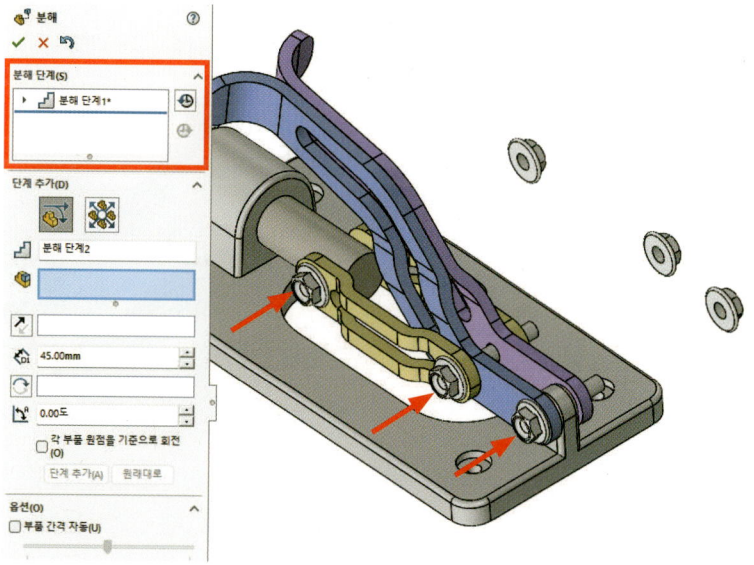

5️⃣ 볼트 부품들을 선택하고 Z 축 방향으로 핸들을 드래그하여 분해해 봅시다. 분해 간격을 입력한 후 **단계 추가 / 완료** 항목을 선택해 줍니다.

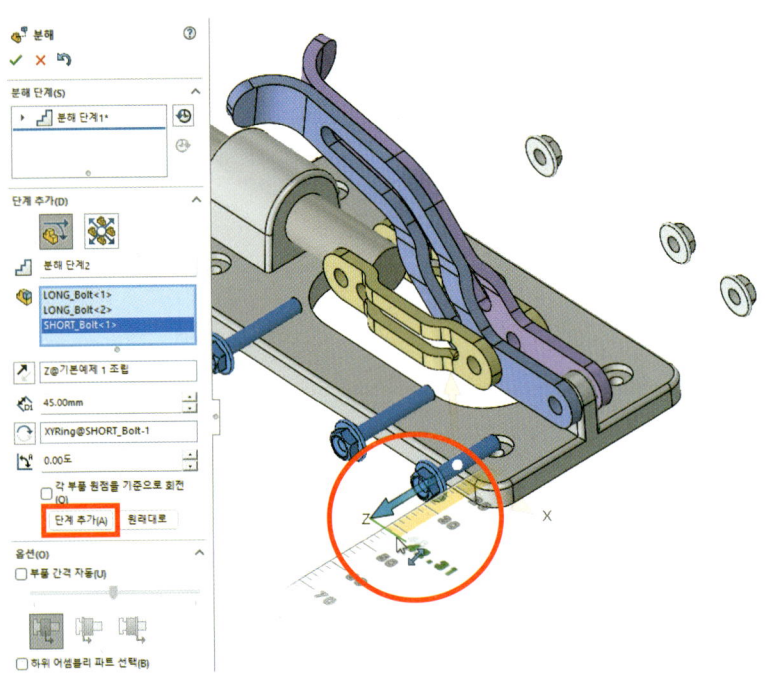

6️⃣ 같은 방식으로 나머지 부품들을 선택하고, 분해 방향을 따라 조정 핸들을 드래그해서 분해 단계를 추가해 봅시다. 작업 후에는 **단계 추가/ 완료** 항목을 선택하며, 모든 분해 단계가 완성되면 **확인** 아이콘을 선택합니다.

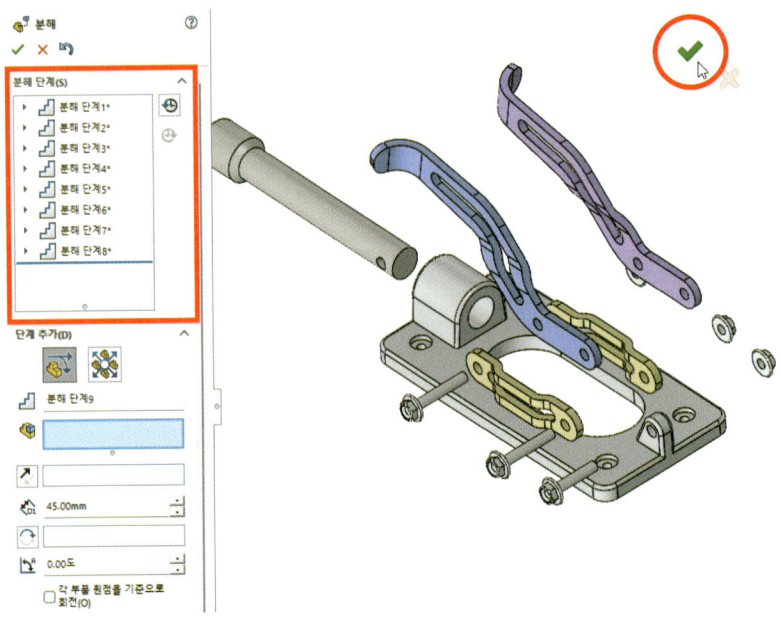

7️⃣ 완성된 분해도는 **디자인트리의 세 번째 탭 - 설정 탭**에서 확인할 수 있으며, 분해도를 우클릭하면 **동영상으로 분해 / 조립** 과정을 살펴볼 수 있습니다.

분해 / 조립 영상을 살펴 보면서 분해 과정에 맞지 않는 부분을 체크하고, 피처 편집 도구를 사용해서 어색한 분해 단계를 실제 분해과정에 맞도록 교정해 줍니다.

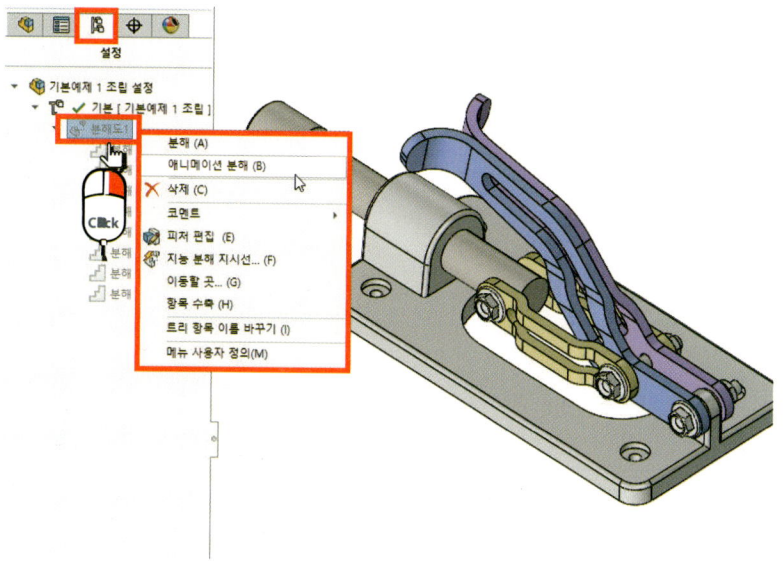

8️⃣ 완성된 분해도는 **다시 우클릭하여 조립된 상태로 전환하고, 덮어쓰기하여 저장해 줍니다.**

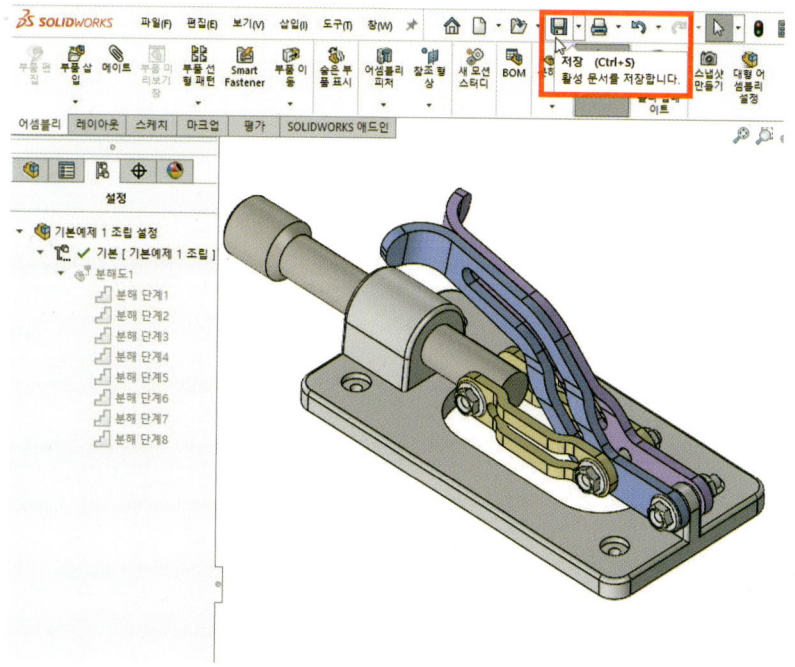

**MEMO** ✓

# chapter 04
# 2D 도면 시작하기

01 2D 도면 개념 정리
02 2D 도면 옵션 설정
03 2D 도면 시트 작성하기
04 2D 도면 작업 환경 저장하기
　　도면 시트 형식 저장하기
　　도면 템플릿 저장하기

# 01  2D 도면 개념 정리

솔리드웍스의 2D 도면 작업은 오토캐드와 같은 타 CAD 프로그램과 다소 차이가 있습니다. 단순히 인터페이스나 옵션 값의 차원이 아닌, 작업 방식에서부터 큰 차이가 있습니다.

**2D 도면 작업에 앞서 작업자가 알아야 할 네 가지 특징을 소개합니다.**

## 특징 1) 2D 도면을 생성하기 전에 3D 모델링을 먼저 생성해야 합니다.

타 2D CAD 프로그램은 모든 도면뷰를 일일이 직접 그려야 하지만, 솔리드웍스는 3D 모델링으로부터 2D 도면뷰를 추출하듯 작성합니다. 즉, **3D 모델링이 있어야 2D 도면을 작성할 수 있다는 뜻입니다.**

또한, 3D 모델링 파일의 사용자 정의 속성값에 입력된 정보들이 2D 도면으로 연동되기 때문에, **2D 도면에 표현하고 싶은 속성값이나 도면뷰 등의 정보가 있다면, 3D 모델링 파일에 먼저 작성해 놓아야 한다**로 이해할 수도 있겠습니다.

## 특징 2) 2D 도면의 작업 영역은 두 개로 나누어져 있습니다.

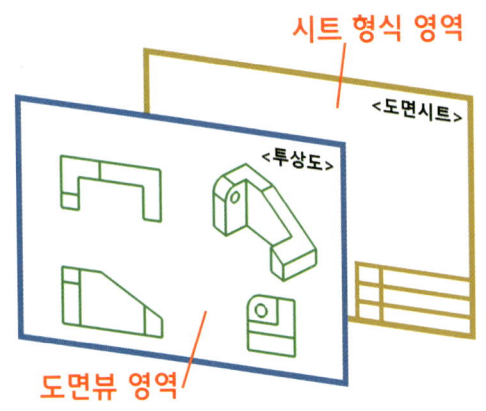

**솔리드웍스의 2D 도면 작업 영역**은 다음과 같이 두 개로 나누어져 있습니다.

＊**도면뷰 영역** : 도면뷰나 주석 등 전반적인 도면 작업이 이루어지는 공간

＊**시트 형식 영역** : 도면 테두리와 표제란을 작성하는 공간

작업자가 가장 흔히 하는 실수로 작업 영역을 구분하지 못하고 표제란을 도면뷰 영역에 작성하는 경우가 많습니다. **본 교재를 통해서 작업 영역을 혼동하지 않도록 구분하는 연습도 함께 해 봅시다.**

## 특징 3) 1파트 1도면을 기준으로 사용합니다.

솔리드웍스의 도면은 엑셀 파일처럼 각각의 독립적인 시트를 제공합니다. 그러나 **서로 다른 여러 개의 파트를 하나의 도면 파일에 시트별로 작성하게되면 추후 PDM 등의 파일 관리 프로그램으로 관리 시 문제가 생길 수 있습니다.**

그러므로, 다음 그림처럼 **하나의 도면 파일에는 한가지 파트, 한가지 어셈블리 도면만 작성하는 것이 좋습니다.**

추가 시트에는 동일한 파일에 대해서, 공간이 부족하여 작성하기 힘든 추가 도면뷰를 작성하는 것을 권장합니다.

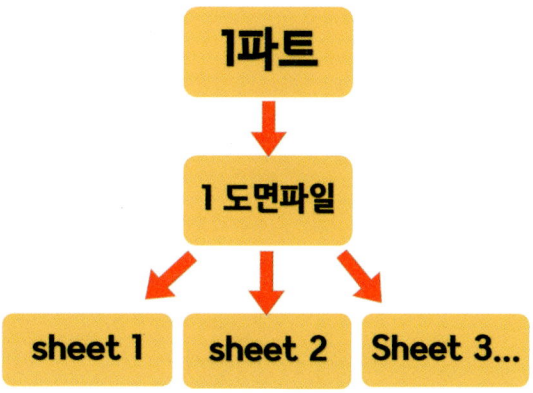

## 특징 4) 도면 배율은 시트 배율을 기준으로 사용합니다.

솔리드웍스의 도면뷰 배율은 낱개의 도면뷰 마다 적용할 수도 있지만, 시트 배율을 기준으로 작성하는 도면뷰가 연동되는 구조로 작성되는 것이 기본값입니다.

또한, 첫번째 도면뷰 - 모체뷰를 기준으로 작성하는 투상도-종속뷰는 모체뷰의 배율에 연결되므로, **결국 그림과 같이 시트 배율 -> 모체뷰 -> 종속뷰로 배율이 동기화 되는 구조가 만들어지게 됩니다.**

이렇게 작성하는 근본적인 이유는 도면 배율을 수정하는 데 용이하다는 장점도 있지만, 무엇보다 **추후 DWG 파일로 저장 시 1:1 배율로 내보내기 저장하는 데 오류가 발생하지 않기 때문입니다.**

물론, 상세도나 등각도와 같은 특수 도면뷰는 독립적인 배율로 작성됩니다.

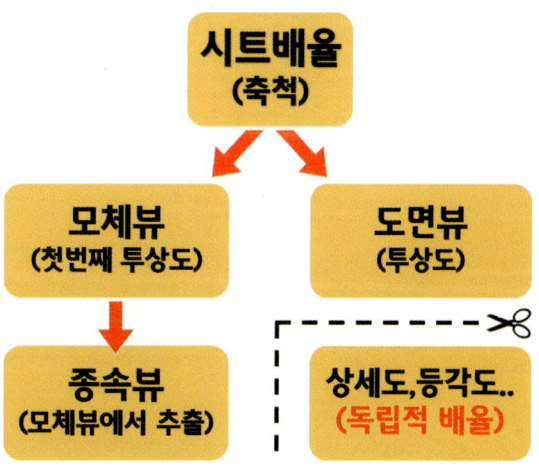

솔리드웍스 2D 도면 작업이 갖는 네 가지 특징을 참고하여 본격적인 도면 작업을 시작해 봅시다.

## 02  2D 도면 옵션 설정

파트나 어셈블리 작업과 달리, **2D 도면 작업은 옵션의 영향을 비교적 많이 받는 작업입니다.** 프로그램을 처음 설치한 이후에도 어느 정도 기본적인 옵션들은 설정되어 있지만, 도면 작업에서의 옵션은 특히 더 많은 편입니다. 특히, 회사마다 사용하는 옵션값이 조금씩 다르므로, 교재의 내용을 참고해서 작업자의 판단에 의해 가장 적합한 옵션을 설정하는 것이 좋습니다.

새 문서를 실행한 후, **기본 템플릿 - 도면** 문서를 실행합니다.

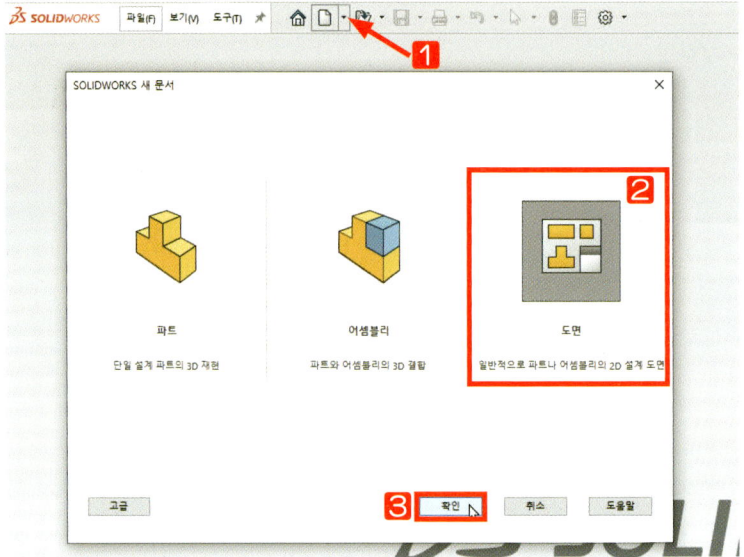

도면 문서를 실행하면 가장 먼저 도면 용지를 선택하기 위한 팝업창이 표시됩니다. 이 곳에서 용지를 선택하고, **측면에 표시되는 도면 시작 옵션은 종료합니다.**

1 표준 규격 시트 표시 - 체크
2 ISO - A3 - 체크
3 시트 형식 표시 - 체크해제

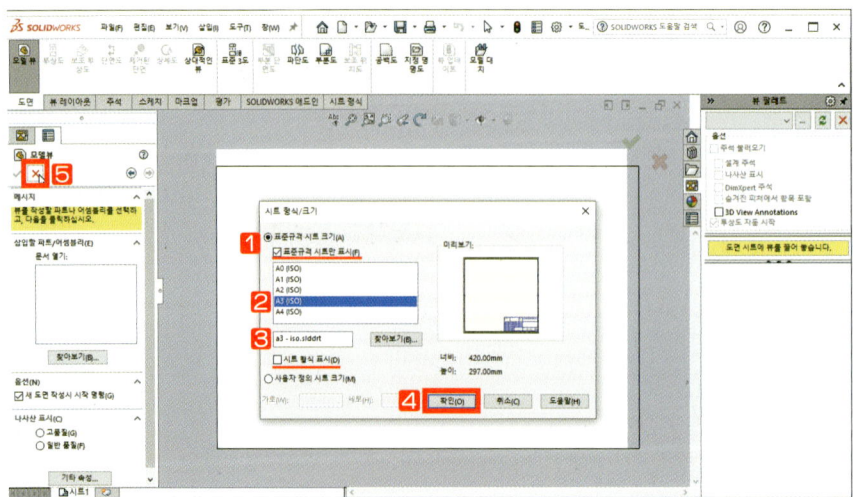

도면 작업의 인터페이스를 살펴 볼까요? 파트나 어셈블리 작업과 비슷하면서도 뭔가 새로운 도구 모음 탭이 생성되어 있습니다. **디자인트리에는 표준3면이나 원점이 없고, 도면 시트만 표시됩니다.**

오른쪽 **뷰 팔레트 탭**을 선택하면 **도면을 작성하고자 하는 3D 파일을 선택**[1]하도록 옵션창이 표시됩니다.

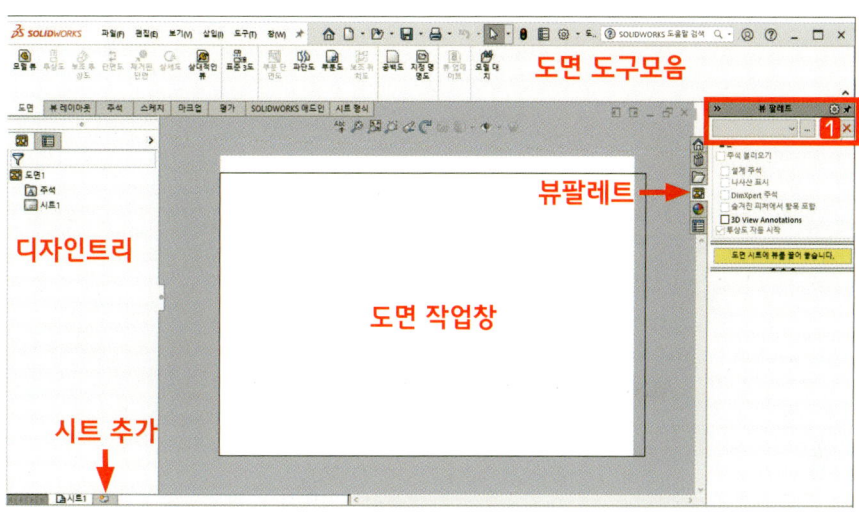

## 1) 레이어와 선 형식

도면 작업에서 가장 중요한 요소가 바로 **선의 종류와 색상 - 레이어** 입니다. 그러나 솔리드웍스의 도면 작업에서는 **레이어 도구를 작업자가 별도로 활성화해 주어야 합니다.** 또한, 솔리드웍스의 도면 작업 특성 상, 특정 요소를 삭제하는 것이 아닌, 숨김 처리하는 방식을 사용하므로 **도구모음 탭에서 다음의 두 가지 도구를 체크하여 활성화** 해 줍니다.

1 레이어 - 체크
2 선 형식 - 체크

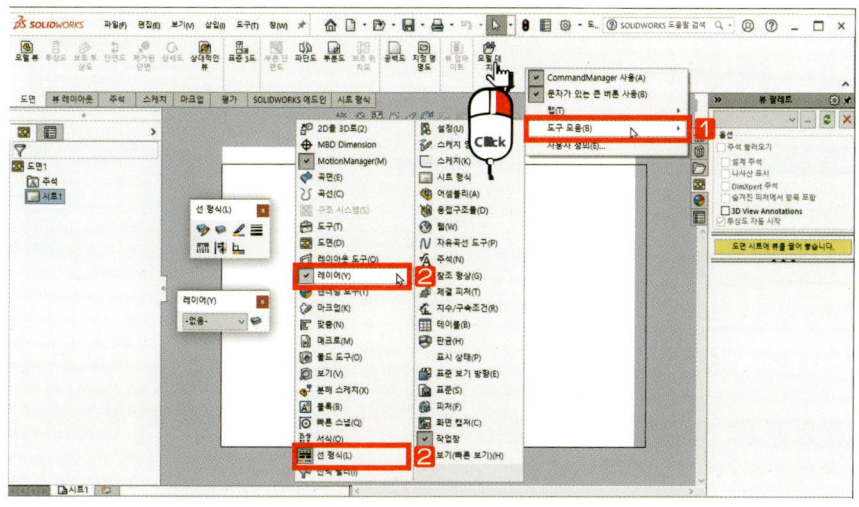

레이어 도구와 선 형식 도구는 작업자의 편의성에 따라 화면의 상단부 또는 하단부에 드래그하여 배치해 줍니다. 그리고 다음과 같이 **작업에 필요한 레이어 도구를 추가**[1]해 줍니다.

추후 도면 템플릿을 저장해야 하므로, 레이어를 추가한 후에는 **현재 레이어를 반드시 규격대로** 모드로 변경해 주어야 합니다.[2]

참고) 회사마다 사용하는 레이어의 색상이 조금씩 다르므로 현재 사용중인 레이어에 맞추어 추가해 줍니다.

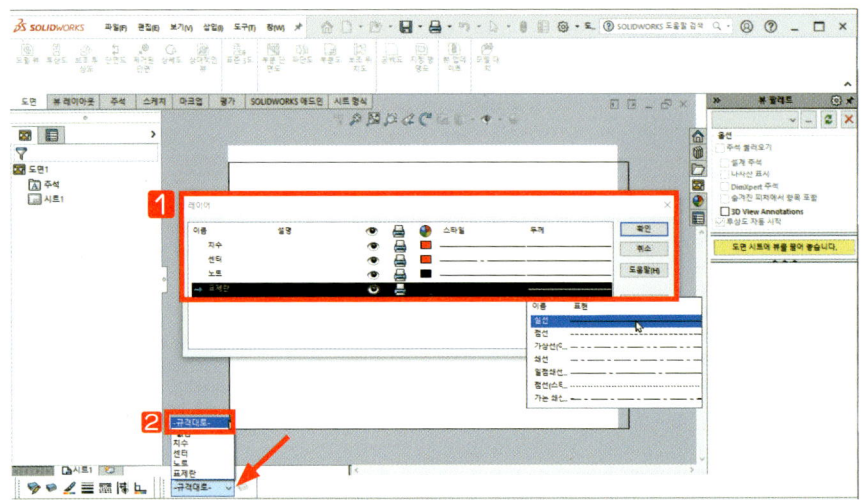

## 2) 도구 추가 - 주석 숨기기/ 보이기

겉으로 드러나 있지 않은 도구들 중에 필수로 사용해야 하는 도구가 바로 **주석 숨기기/ 보이기** 도구입니다.

다음과 같이 **사용자 정의 - 주석 도구모음**에서 **주석 숨기기/ 보이기 도구를 드래그해서 빠른 보기 탭으로 추가**해 줍니다.

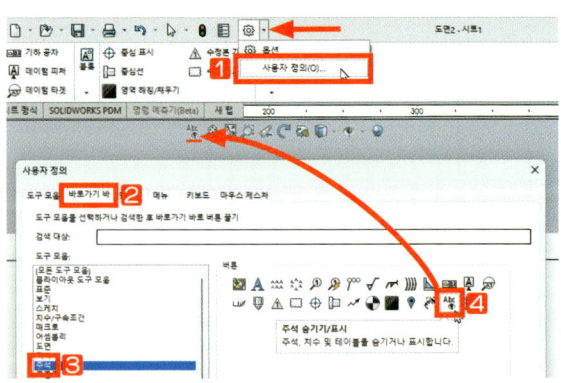

## 3) 시스템 옵션

### 01 도면

**시스템 옵션**의 도면 옵션은 작업에 필요한 기본 옵션들이 대부분 설정되어 있습니다.

도면 배율을 항상 1:1 로 사용하려면 다음 옵션을 체크 해제합니다.

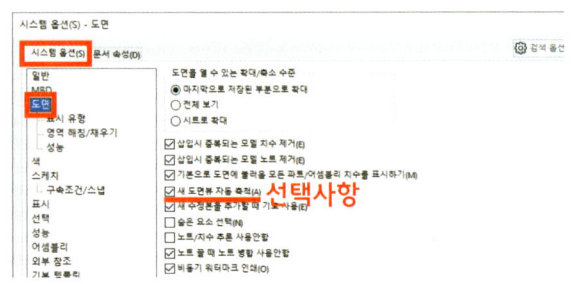

## 02 표시 유형

그러나 작업자에 따라 하위 옵션 몇 가지를 변경하는 경우도 있으므로 표시 유형에서 다음 옵션을 참고합니다.

① 표시 유형 - 은선 제거
   ( 숨은선을 숨겨진 상태로 표시합니다. )
② 접선 - 표시
   ( 면과 면의 경계선을 표시합니다. )

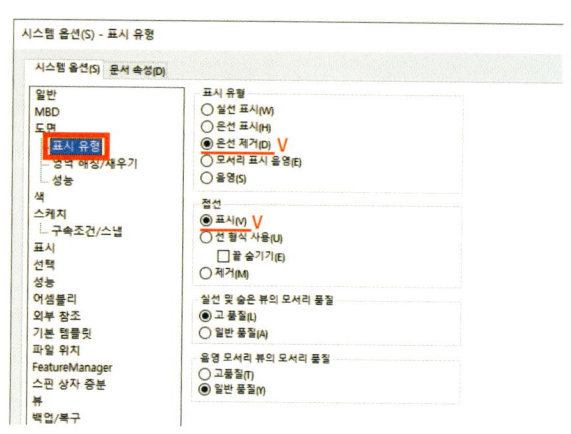

## 03 영역 해칭 / 채우기

단면도를 작성할 경우 영역 해칭 역시 자동으로 표시되도록 기본 설정되어 있습니다. 그러나 작업자에 따라 수동으로 해칭을 입력하려면 기본 옵션은 해제합니다.

① 영역 해칭 - 해칭

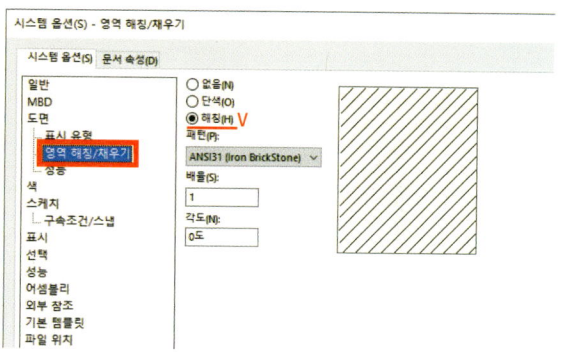

## 04 성능

도면 문서를 빠르게 실행하고 구동하기 위한 옵션입니다. 기본값을 사용합니다.

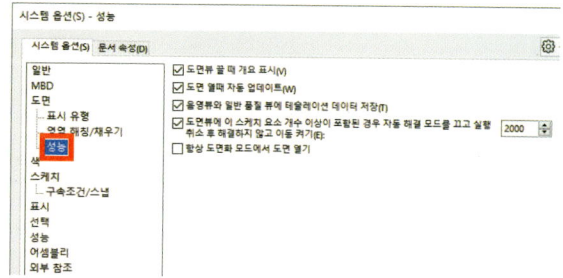

# 4) 문서 속성

## 01 제도 표준

도면 문서 전용 옵션도 설정해 볼까요? **문서 속성** 옵션을 살펴 봅시다.

**제도 표준**은 별도의 KS 규격이 없습니다. 그러므로 **기본 옵션은 ISO** 를 기준으로 사용하되, **필요한 부분에만 JIS 를 부분 적용**하여 사용하는 것이 일반적입니다.

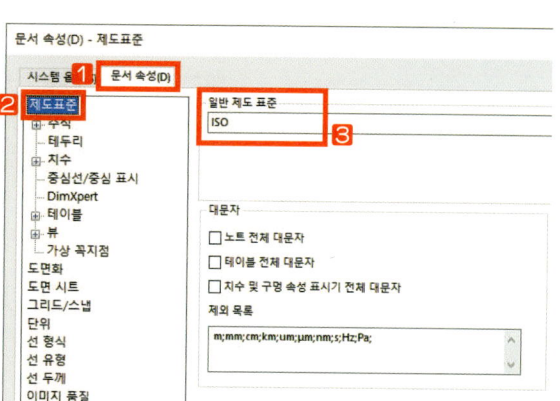

## 02 주석 - 글꼴

도면에 사용되는 전반적인 **주석의 글꼴**은 **굴림** 또는 **돋움** 등 **기본적으로 컴퓨터에 설치되어 있는 글꼴**을 사용하는 것을 권장하며, 글꼴의 크기는 적당한 크기로 변경해 줍니다.

**참고 ) 도면의 글꼴은 최상위 항목마다 별도로 설정해 주어야 하며, 하위 항목의 글꼴은 최상위 항목에 따라 일괄 적용됩니다.**

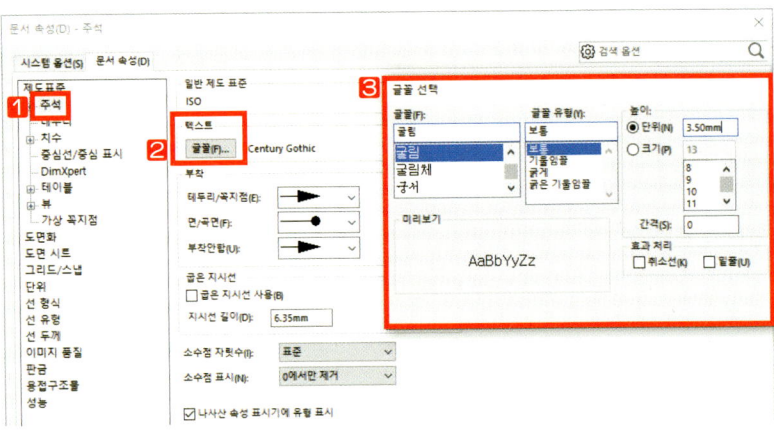

## 03 치수

가장 중요한 옵션이 **치수** 옵션인데, **치수의 글꼴을 굴림, 바탕 등 주석과 동일한 글꼴로 변경**해 줍니다. 하위 치수의 글꼴은 일괄 변경됩니다.

**화살표의 크기**는 치수의 크기에 맞추어 함께 수정해 줍니다. ( 치수 높이로 축척하지 않고, 약간 더 작은 크기로 수동 설정해 줍니다. )

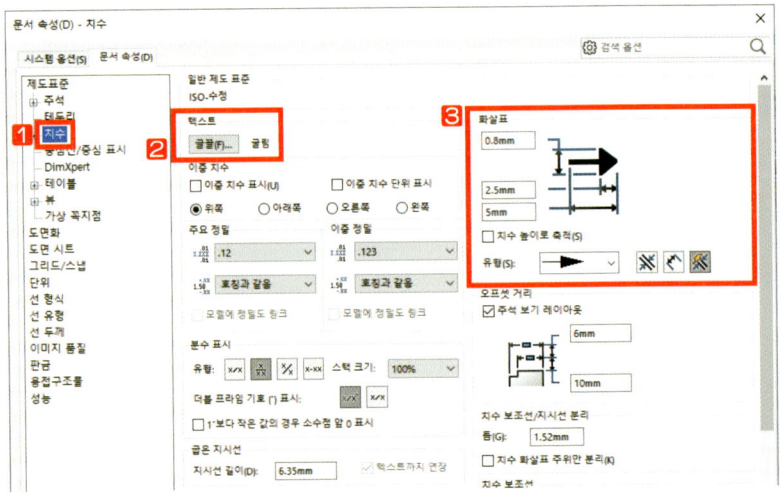

특히 **치수의 소수점 표시 옵션**은 회사마다 다르게 적용하므로, 다음의 설명에 따라 선택하여 적용해 줍니다.

① 지능형 / 삭제 : 소수점 치수는 소수점으로, 자연수는 소수점 없이 표시합니다.
   예 : 63.59  ,  120  ,  151

② 표시 : 모든 치수에 소수점을 표시합니다.
   예 : 63.59  ,  120.00  ,  151.00

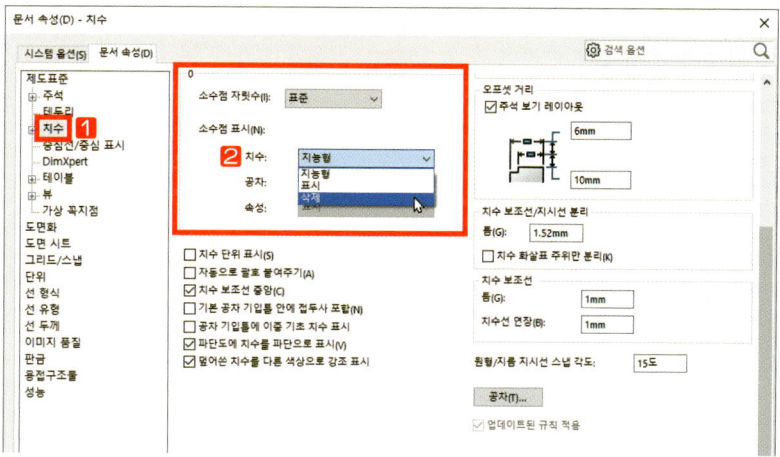

## 치수 - 하위 옵션

치수 항목을 확장하여 하위 옵션도 살펴 볼까요? 치수의 종류마다 선의 굵기나 종류들을 각각 설정할 수 있으며, **치수 레이어를 미리 지정**[1]해 놓으면 [ 레이어 - 규격대로 ] 모드에서 치수 작업은 지정한 레이어로 자동 적용됩니다.

가독성을 위해서 숫자를 **수평 문자**[2]로 변경해 줍니다. ( 선택사항 )

참고) 오토캐드의 레이어와 치수 옵션과는 달리, 솔리드웍스 2D 도면의 치수는 치수선과 문자(숫자)를 각각 다른 레이어로 분리 적용할 수 없고, 일괄 적용됩니다. ( 치수선과 숫자 모두 같은 레이어로 적용됩니다. )

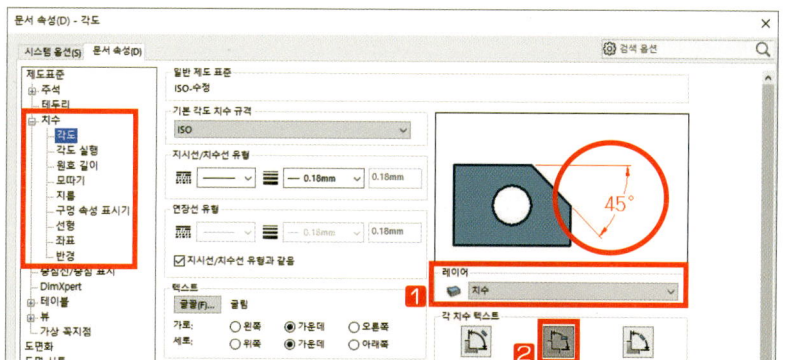

나머지 하위 치수 옵션도 치수 레이어로 변경해 줍니다.
**단, 수평 문자 옵션은 다음의 구멍 속성 표시 / 지름 / 반경 치수에만 적용해 줍니다. ( 선택사항 )**

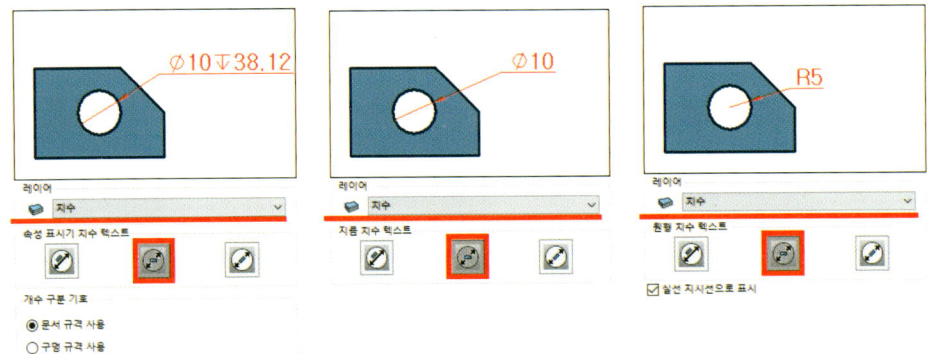

## 04 중심선 / 중심 표시

**중심선과 중심 표시** 역시 **미리 생성해 놓은 중심선 레이어를 설정**해 놓으면 [ 레이어 - 규격대로 ] 모드에서 중심선은 지정한 레이어로 자동 적용됩니다.

**홈 중심표시**는 다음의 두 가지 옵션 중에서 선택해 줍니다.

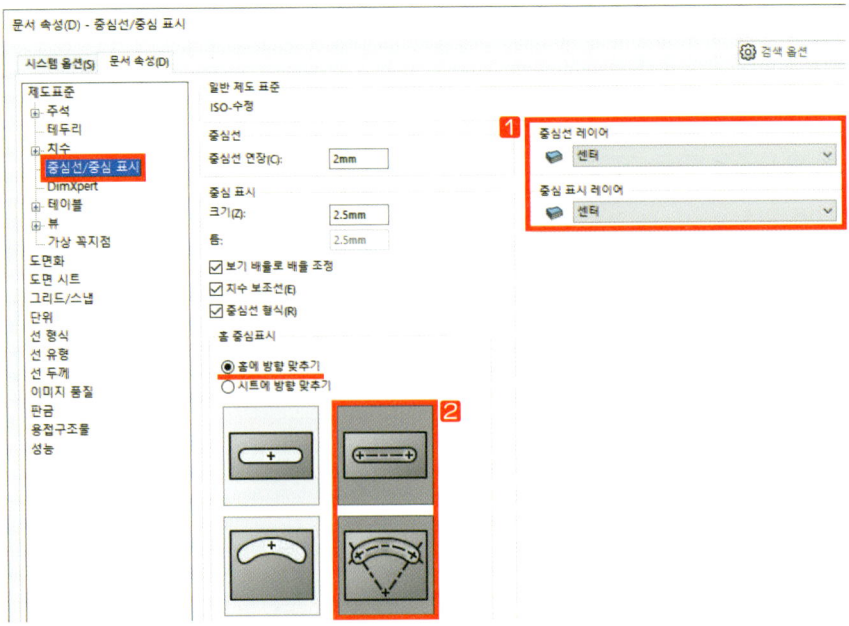

## 05 뷰 - 단면도

작성하는 **단면도의 커넥터 옵션**을 변경할 수 있습니다. 커넥터의 유무를 회사의 작업 환경에 맞추어 선택합니다. **커넥터 포함 옵션을 기본값으로 사용합니다.**

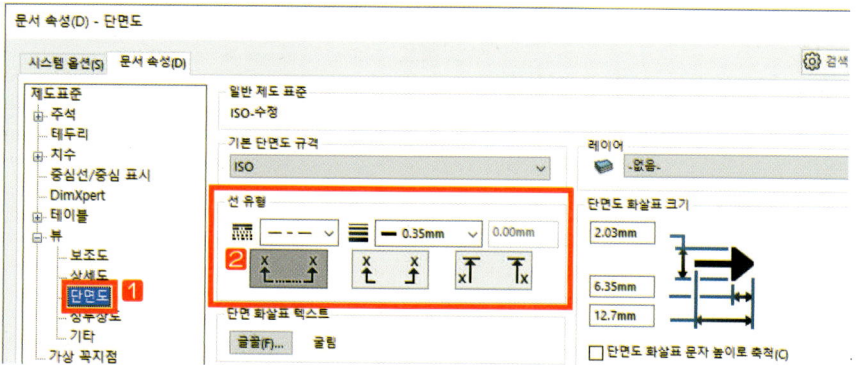

## 06 도면화

**도면 작업 시 자동으로 작성되는 주석**에 대한 옵션입니다. 유용한 옵션인 듯 보이나, **도면의 방향에 따라 중심표시가 적용되지 않고 무조건 수평/수직 방향으로 작성된다는 단점**이 있으므로, **모든 항목을 체크해제 하고, 작업자가 별도로 작성하는 방법을 권장합니다.**

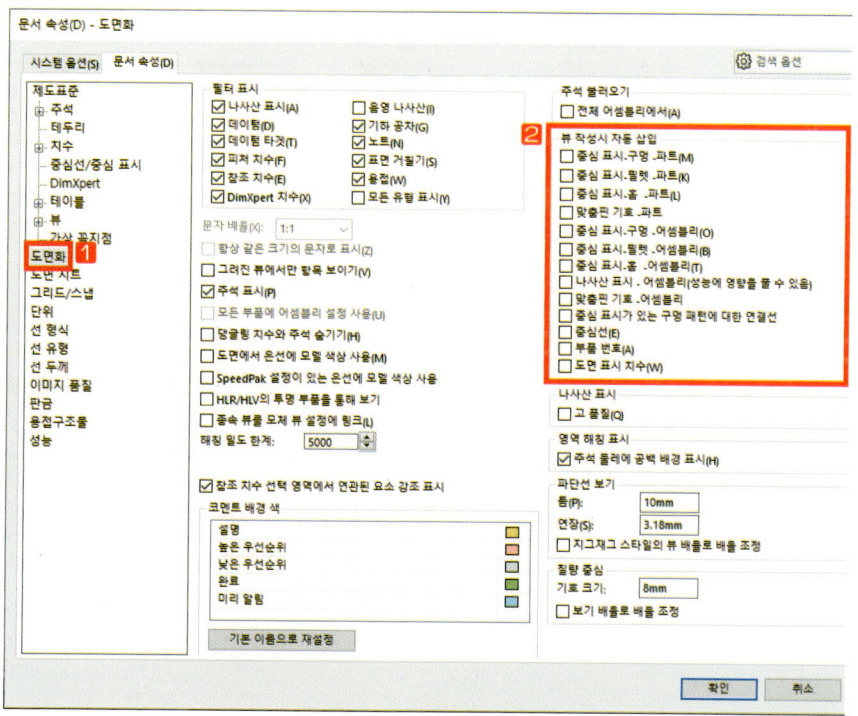

## 07 단위

**MMGS 단위**로 설정되어 있는 지 다시 한번 확인해 줍니다. 소수점 올림은 기본값을 사용합니다.

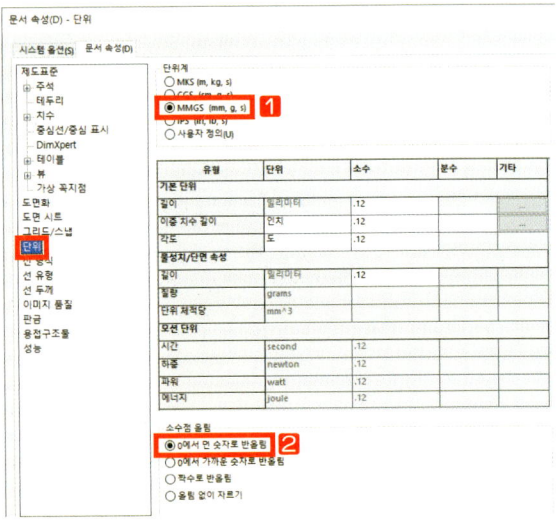

## 08 선 형식

도면에 사용하는 선의 종류에 따라 굵기와 종류를 변경하는 옵션입니다. 기본값을 사용합니다.

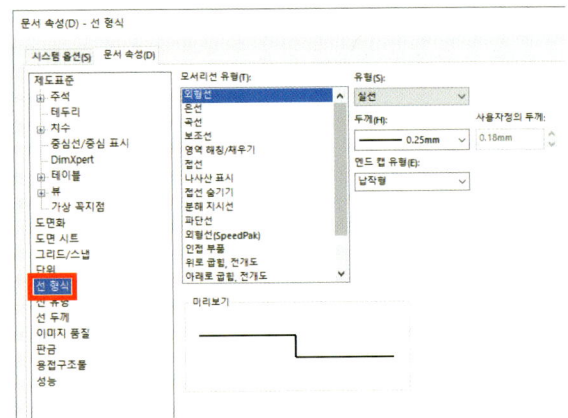

## 09 선 유형

점선과 쇄선의 간격을 조정하는 옵션입니다. 기본값을 사용합니다.

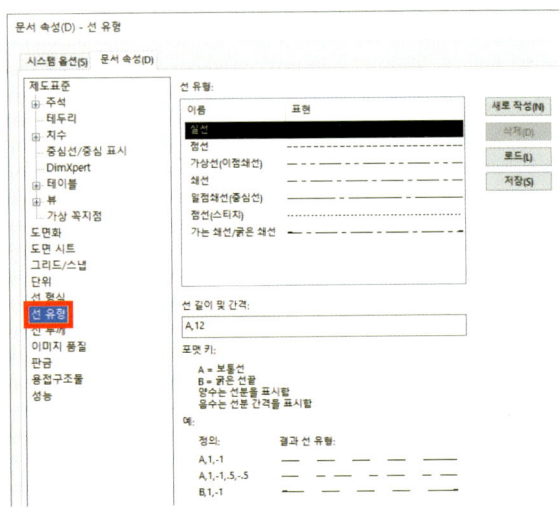

## 10 선 두께

도면에 사용하는 선의 종류에 따른 굵기를 변경하는 옵션입니다. 기본값을 사용합니다.

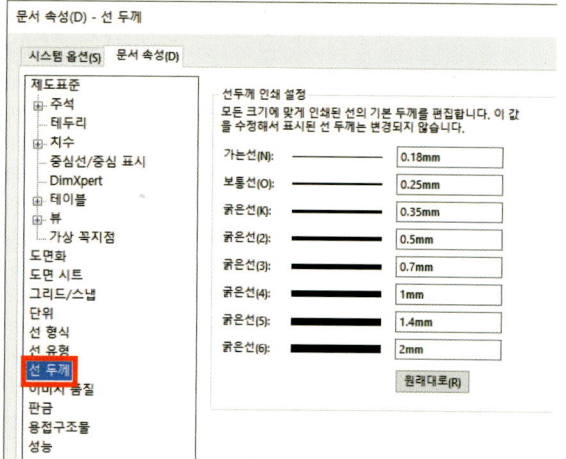

## 11 이미지 품질

**도면의 곡선 해상도**를 높여서 좀 더 정교하고 매끄럽게 표시해 주는 옵션입니다. 다음과 같이 고품질로 해상도를 조정하고 **모서리 최적화 옵션을 체크**해 줍니다.

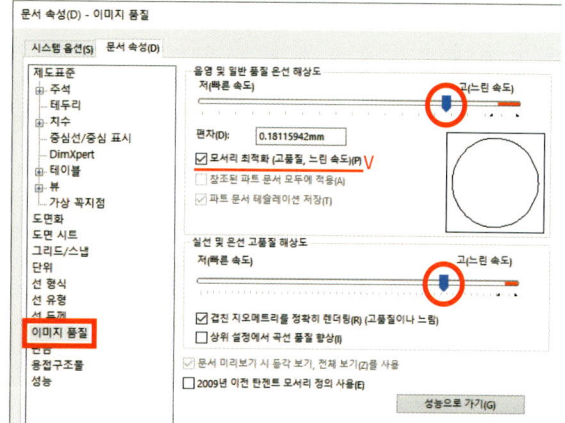

MEMO ✓

## 03 2D 도면 시트 작성하기

[1] 2D 도면 문서를 실행한 상태에서 시스템 옵션과 문서 속성이 모두 적용되었습니다. 현재 문서에 **표제란을 포함한 도면 시트**를 작성해 봅시다.

도면 시트를 작성하려면 **도면 작업창을 우클릭**하여 **시트 형식 편집** 모드를 실행[1]하거나, 도구모음의 시트 형식 탭에서 **시트 형식 편집** 도구를 실행[2]합니다.

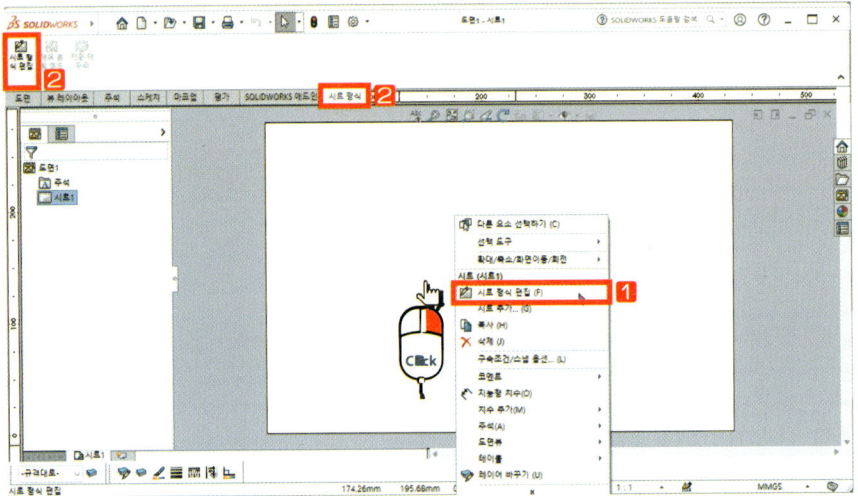

[2] **시트 형식 편집 모드**를 실행하면 오른쪽 상단에 **편집 모드 마크**[1]가 표시됩니다.

먼저, 레이어를 **표제란 레이어**로 변경한 다음, **스케치 도구모음 - 사각형 스케치** 도구를 사용해서 도면 시트의 외곽선을 작성해 봅시다.

도면 작업에는 원점이 표시되지 않으므로 완전정의 상태를 만들기가 쉽지 않습니다. 그러므로, 다음의 **두 군데 꼭지점의 좌표를 지정하고 고정 구속조건을 사용해서 외곽선을 완성해 줍니다.**[2]

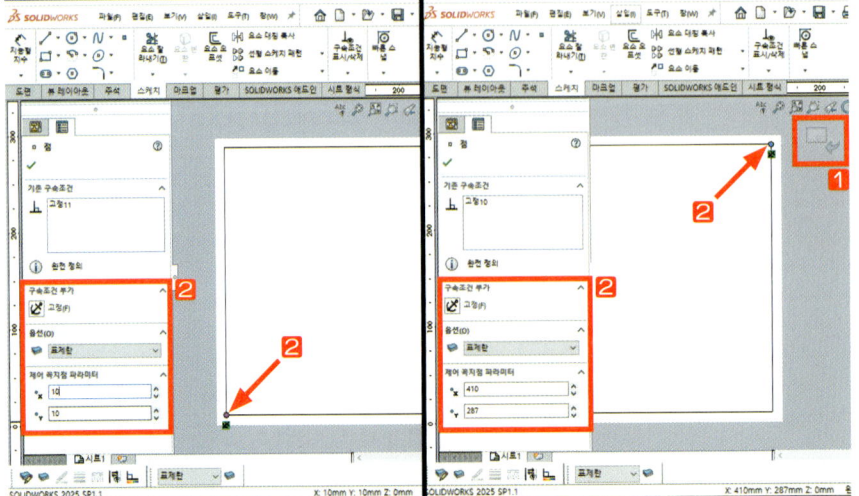

[3] 도면 테두리를 작성한 후, 스케치 도구를 사용해서 다음의 **표제란**을 그려줍니다. 교재와 동일한 표제란이 아니더라도, 여러분의 회사에서 사용하는 도면 양식에 맞추어 표제란을 작성해도 좋습니다.

표제란 치수는 숨김 상태로 변경해 주어야 하므로, **빠른 보기- 주석 숨기기/ 표시 모드**를 클릭하여 활성화 해 줍니다.

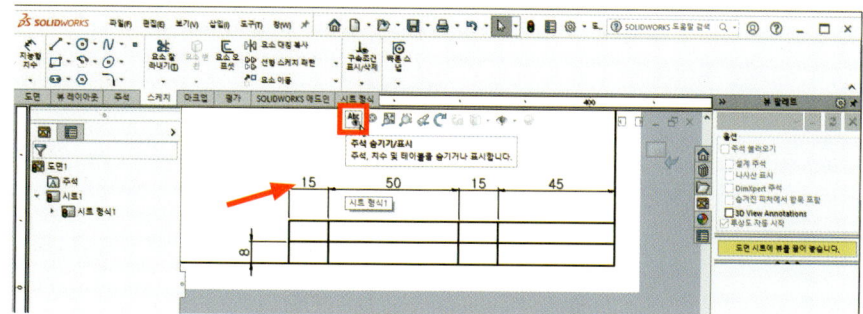

[4] 숨김 처리할 치수를 마우스로 클릭하면 다음과 같이 회색 상태로 변경됩니다.[1] 모든 치수를 선택한 후, **주석 숨기기/표시 모드를 비활성화**[2]하면 선택한 치수들이 모두 숨김 처리됩니다.

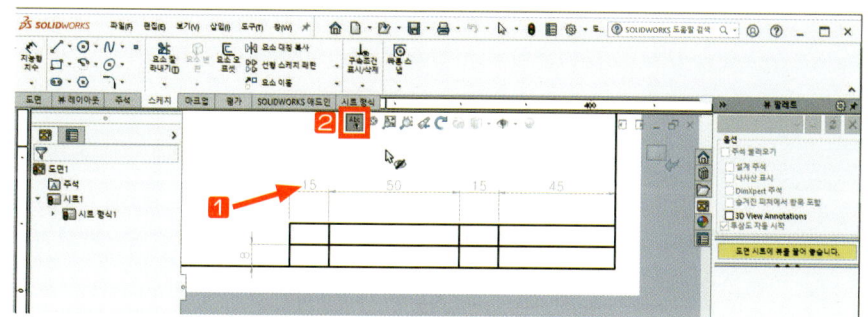

[5] 표제란의 항목들을 작성해 볼까요? 레이어를 **노트 레이어로 변경**하고, 주석 도구모음에서 **노트** 도구를 실행합니다. 그리고 빈 화면을 클릭하여 표제란에 입력할 항목들을 작성합니다.

입력항 항목들은 다음과 같이 표제란에 임의의 위치로 자유롭게 배치해 줍니다. **그렇다면 표제란의 가운데 정렬은 어떻게 해야 할까요?**

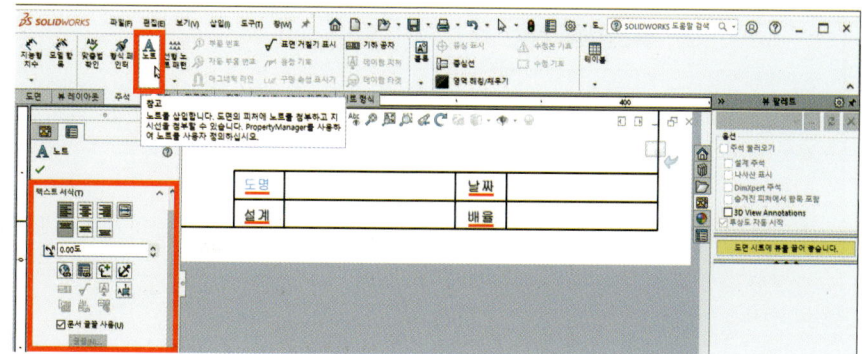

6️⃣ **표제란의 항목을 정렬하는 방법**은 여러가지 방법이 있습니다. 그 중에서도 가장 간단하고 편리한 방법을 소개합니다.

다음과 같이 표제란과 항목을 드래그해서 전체 선택한 상태에서 우클릭해 봅시다. 팝업 메뉴에서 **맞춤 - 선 사이 맞춤** 항목을 선택하면 **모든 항목들을 한번에 정가운데로 배치할 수 있습니다.**

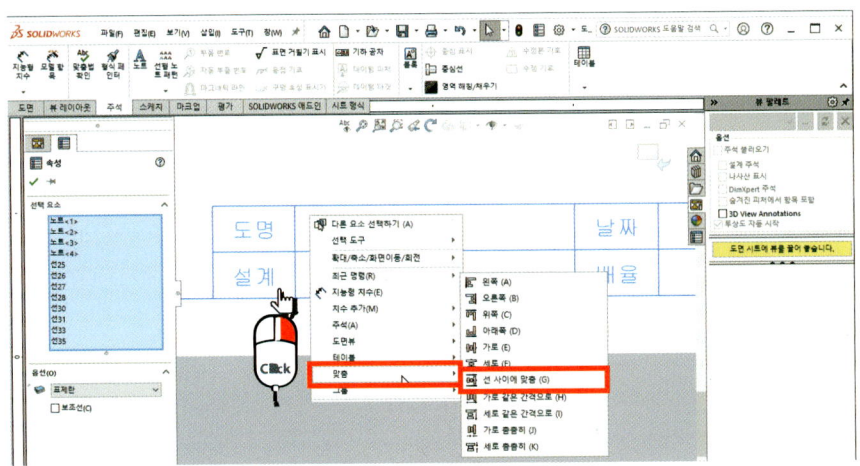

7️⃣ 표제란에 입력하는 항목에 **도면뷰의 속성값을 링크로 걸어두면** 도면 작업 시 표제란을 자동으로 작성할 수 있습니다. 새로운 노트를 작성할 때, 왼쪽 옵션창에서 **속성에 링크** 항목을 선택합니다.

다음과 같이 팝업창이 표시되면 **현재 문서** 항목에서 **작성 날짜**를 선택합니다. 간결한 날짜 형식이 나오도록 하위 옵션도 변경해 줍니다. **같은 방식으로 두 개의 속성값을 추가해 봅시다.**

1️⃣ 속성에 링크 - 현재 문서 - 작성 날짜 - 짧게/ 시간표시 해제
2️⃣ 속성에 링크 - 현재 문서 - 시트 배율

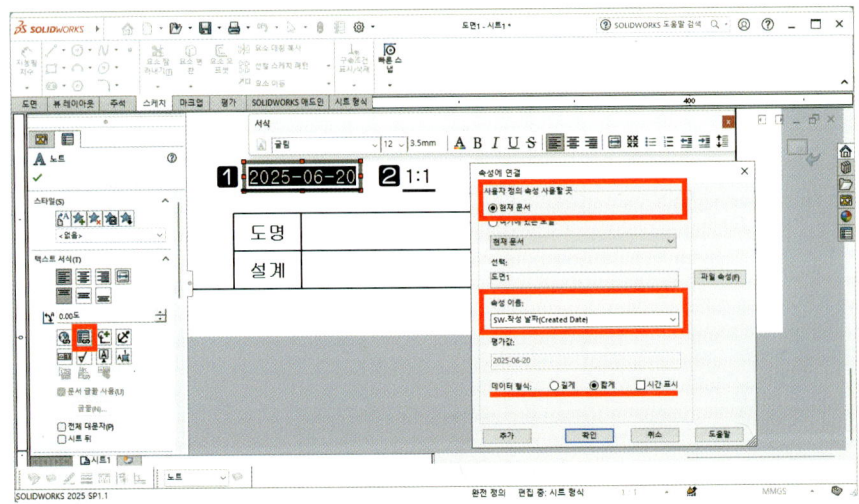

8  속성에 링크로 작성한 두 가지 항목 외에도 설계자, 회사이름 등의 필수 항목을 미리 입력해 줍니다.

표제란을 수정해야 할 경우에는 **주석 숨기기/표시** 도구를 사용해서 표제란의 가로 길이를 조정한 후, 치수는 다시 숨김 상태로 변경해 줍니다.

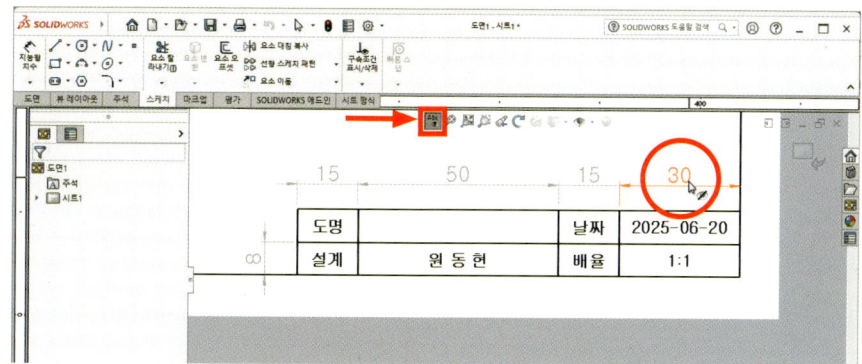

9  추가한 항목들은 다시 한번 표제란에 정가운데 배치해 준 다음, **시트 형식 편집 모드를 종료** 합니다.

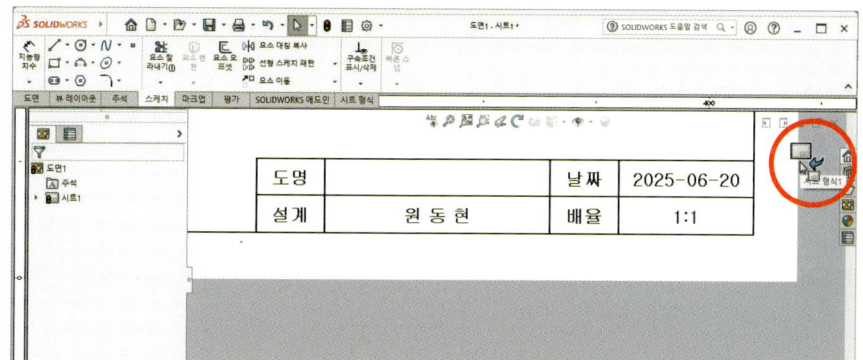

## [TIP] 도면의 세 번째 옵션 - 도면 속성 옵션

2D 도면 작업은 옵션들이 상당히 많습니다. **마지막 세 번째 옵션**인데요, **도면 속성 옵션**을 살펴 봅시다. **도면 속성 옵션은 한번에 표시되지 않는다는 단점이 있습니다.**

도면 용지를 우클릭한 다음, 표시되는 팝업 메뉴를 확장해서 **속성** 항목을 선택합니다.

**참고) 우클릭 - 팝업 메뉴 - 메뉴 사용자 정의 항목을 선택해서 속성 항목이 항상 표시되도록 체크해 주는 것을 권장합니다.**

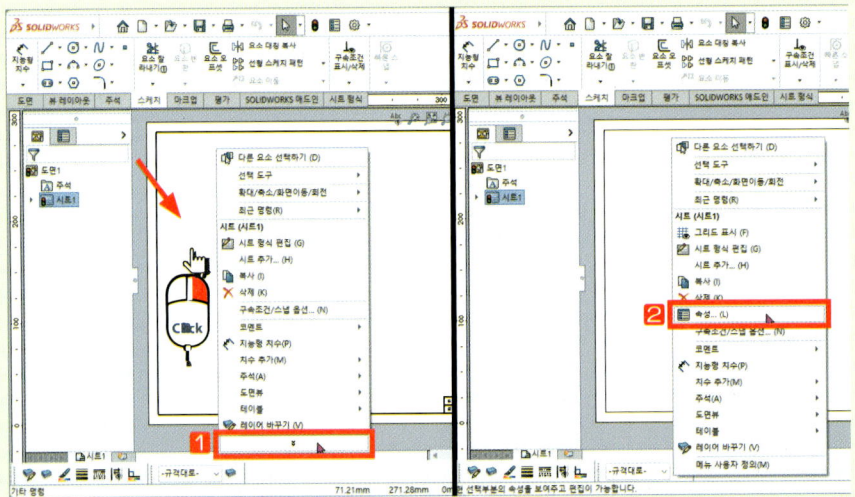

도면 속성에는 배율과 투상법, 시트를 변경할 수 있는 옵션이 표시됩니다.

하나의 도면 문서 내 여러 개의 도면 시트 - **멀티 시트로 도면을 작성할 때 서로 다른 도면 시트를 사용해야 하는 경우** 도면 속성에서 개별 지정해 줍니다.

또는 두 번째 도면 시트를 추가해도 회사 도면 시트가 표시되지 않는 경우 이 곳에서 찾아보기하여 적용해 줍니다.

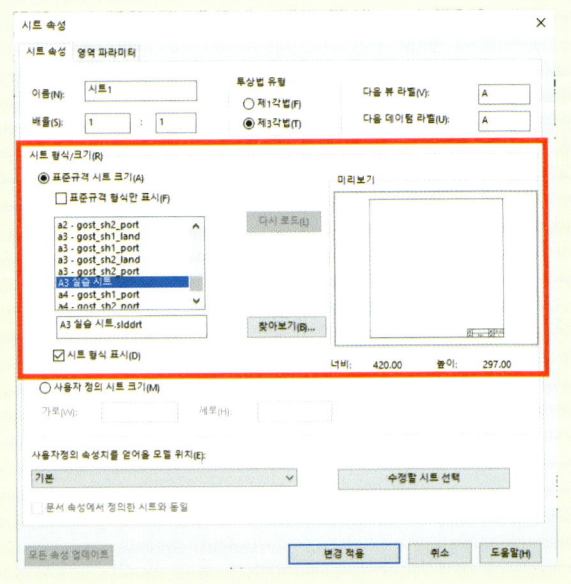

# 04  2D 도면 작업 환경 저장하기

이로써 도면 작업을 위한 옵션 설정과 도면 시트가 완성되었습니다. **작업 환경은 다음의 두 가지로 저장합니다.**

① **도면 시트 형식 = 도면 시트만 저장**
② **도면 템플릿 형식 = 도면 시트와 문서 속성을 묶어서 저장**

## 1) 도면 시트 형식 저장하기 = 도면 시트만 저장

**별도로 저장해 놓은 도면 시트**는 멀티 시트를 작성할 때나, 동일한 도면 시트에 다른 문서 속성값을 사용해야 할 때, 회사 내 다른 동료들과 시트 형식을 공유하는 등 활용도가 많습니다.

저장하기 전에 **레이어는 규격대로 모드**로 변경한 상태에서 **메뉴바 - 파일 - 시트 형식 저장** 항목을 선택하면 시트 형식이 저장될 위치가 자동으로 표시됩니다.

용지 규격과 이름을 제목으로 입력한 후 저장합니다.

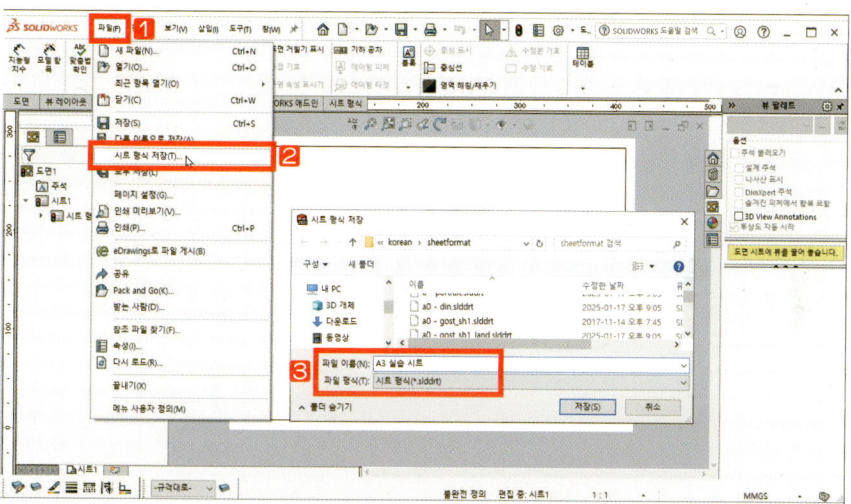

참고 ) 시트 형식은 기본적인 저장 위치가 아닌, 별도의 폴더를 만들어서 저장해도 좋습니다. 그러나 외부 폴더에 저장한 경우에는 다음과 같이 시스템 옵션 - 파일 위치 - 시트 형식 폴더에 추가해서 연결해 주어야 정상적으로 사용할 수 있습니다.

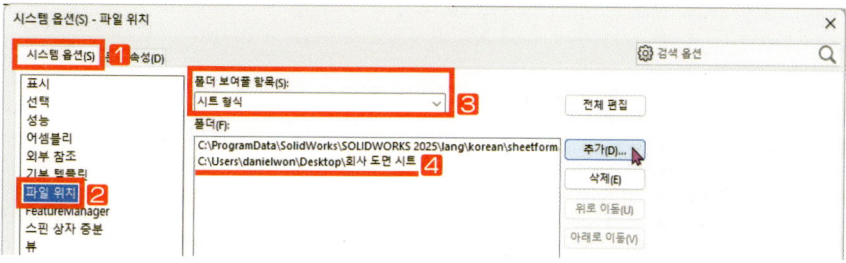

저장한 도면 시트를 기본 도면 시트로 지정하려면, 다음과 같이 **문서 속성 - 도면 시트 - 새 시트의 시트 형식**을 지정해 줍니다. 새 도면 문서를 실행할 때 템플릿에 관계없이 지정한 도면 시트가 기본값으로 실행됩니다.

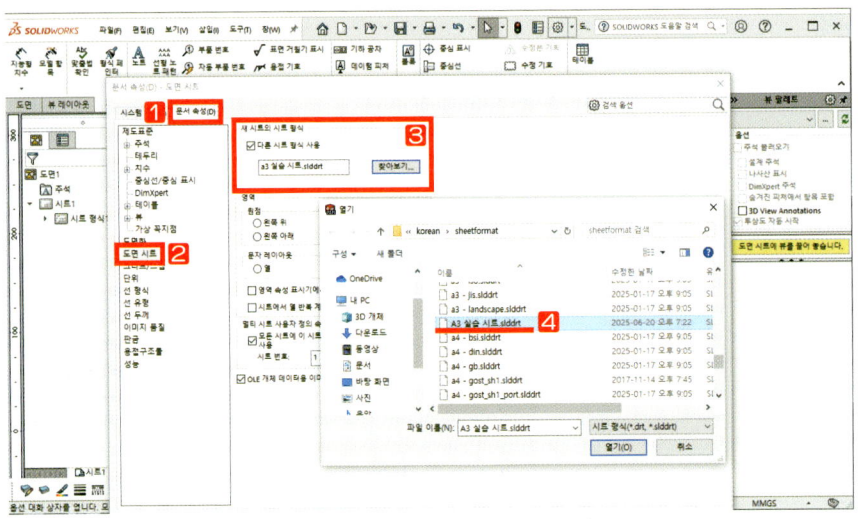

## 2) 도면 템플릿 저장하기 = 도면 시트와 문서 속성을 묶어서 저장

도면 시트와 옵션을 함께 묶어서 **도면 템플릿**으로 저장해 봅시다. **메뉴바 - 파일 - 다른 이름으로 저장** 항목을 선택합니다.

하단부에서 파일 확장자를 **도면 템플릿 [ .DRWDOT ]** 확장자로 변경하면 저장 위치가 자동으로 변경됩니다. 저장 위치를 변경해서 **어셈블리 템플릿이 저장된 폴더를 지정**하고, 도면 템플릿의 이름은 용지 규격을 사용해서 이름을 입력하고 저장해 줍니다.

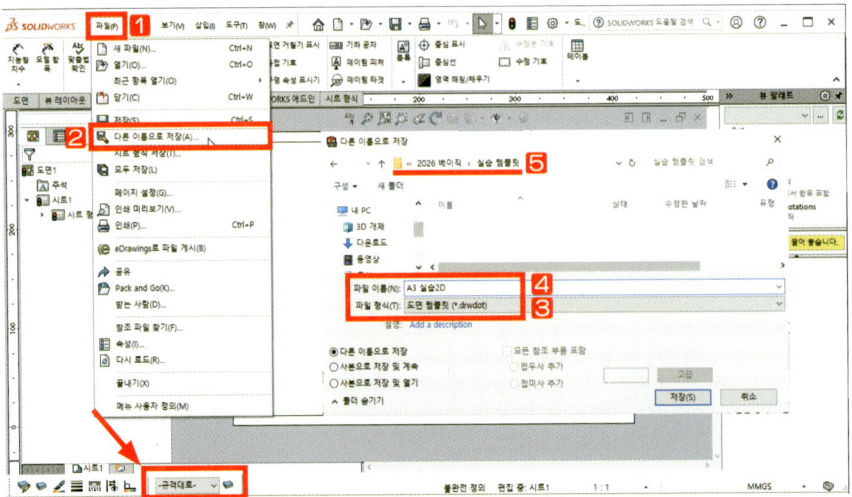

새 문서를 실행한 후, 저장된 도면 템플릿을 확인해 봅시다. 도면 시트가 미리보기로 표시됩니다.

이로써 파트, 어셈블리, 도면 작업 환경이 모두 준비되었습니다.

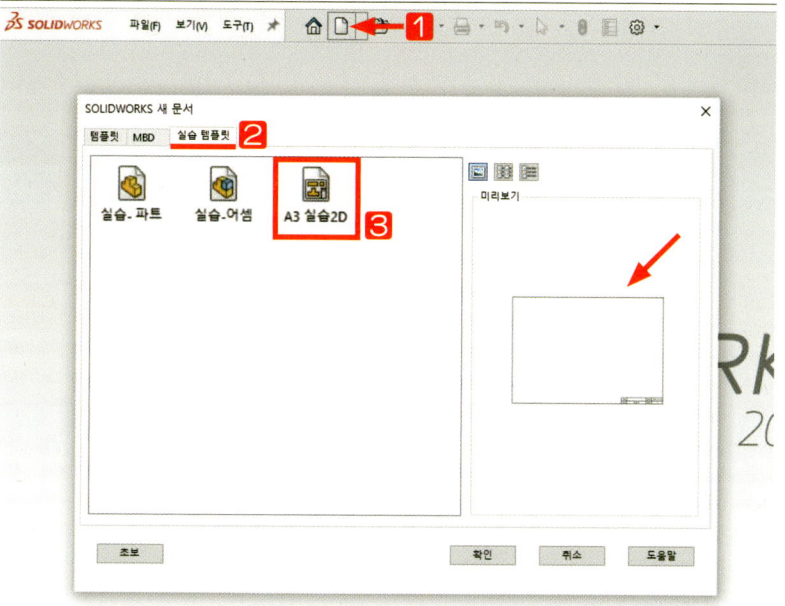

MEMO✓

# MEMO ✓

# chapter 05

## 2D도면 1단계
## 파트 도면 작성하기

01 기본적인 3각법 도면뷰 작성하기
02 응용 도면뷰 작성하기
03 치수 입력하기
04 주석 입력하기
05 도면 인쇄 및 저장하기

# 01 기본적인 3각법 도면뷰 작성하기

본격적인 2D 도면 작업을 시작해 볼까요? 3각법에 맞추어 정투상도를 작성하는 방법과 단면도, 상세도 등 다양한 응용 도면뷰를 작성하는 방법을 익혀 봅시다. **도면 작업에 필요한 3D 모델링 파일은 부록 파일에서 확인하실 수 있습니다.**

**1** 교재 부록파일이 저장된 폴더를 솔리드웍스의 설계 라이브러리에 연결합니다. 그리고 저장해 놓은 도면 템플릿을 선택하여 **새 도면** 문서를 실행합니다.

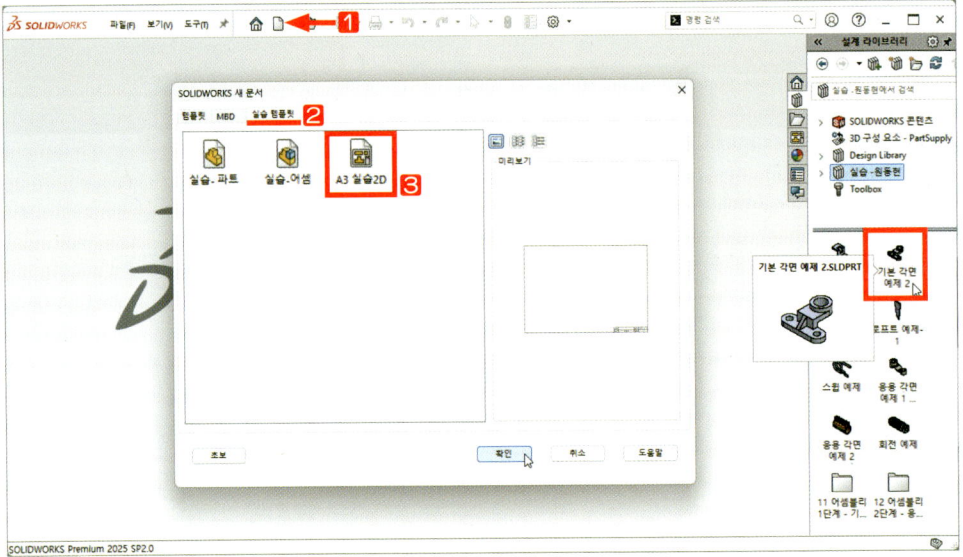

**2** 템플릿에 포함된 도면 시트가 표시됩니다. **왼쪽 화면에 표시되는 옵션창은 종료**합니다.

3  첫 번째 도면뷰를 작성하는 기본적인 방법은 두 가지가 있습니다.

① 설계 라이브러리 폴더에서 3D 파일을 도면 위로 드래그
② 뷰 팔레트에서 3D 파일을 지정한 후 미리보기로 표시되는 도면뷰를 드래그

두 가지 방법 중 작업자의 편의에 맞추어 사용합니다. 처음 작성하는 도면뷰는 작성할 도면의 기준이 되며, **첫번째로 작성하는 도면뷰를 모체뷰** 라고 부릅니다.

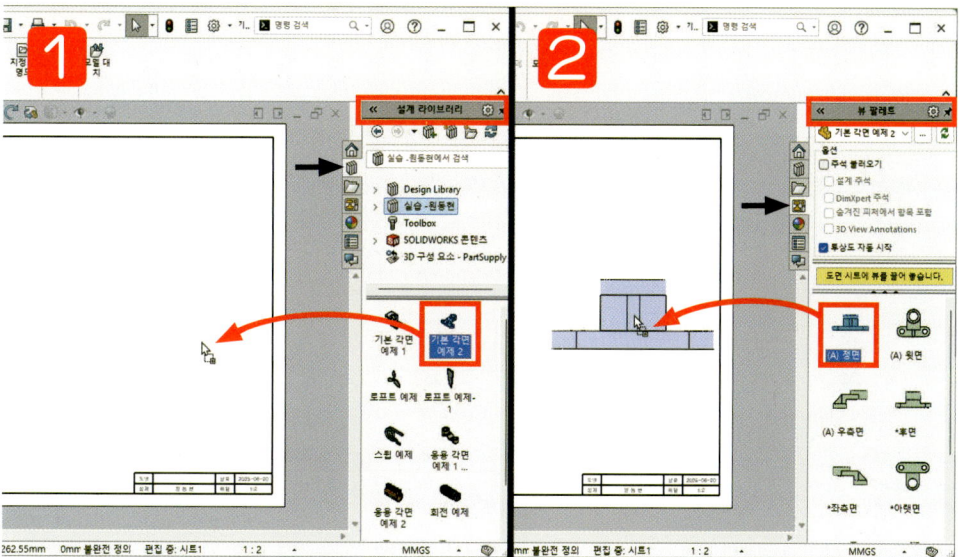

4  **첫 번째 방법 - 설계 라이브러리에서 3D 파일을 드래그**하면 도면뷰의 미리보기가 즉시 표시되지 않습니다. 그러므로 다음과 같이 **다중 뷰 옵션을 체크 해제**[1]하고 **미리보기를 체크**[2]해 주어야 첫 번째 도면뷰가 정상적으로 표시됩니다. 정면도가 기본적으로 지정되어 있으며, 이 곳에서 다른 방향으로 변경할 수 있습니다.

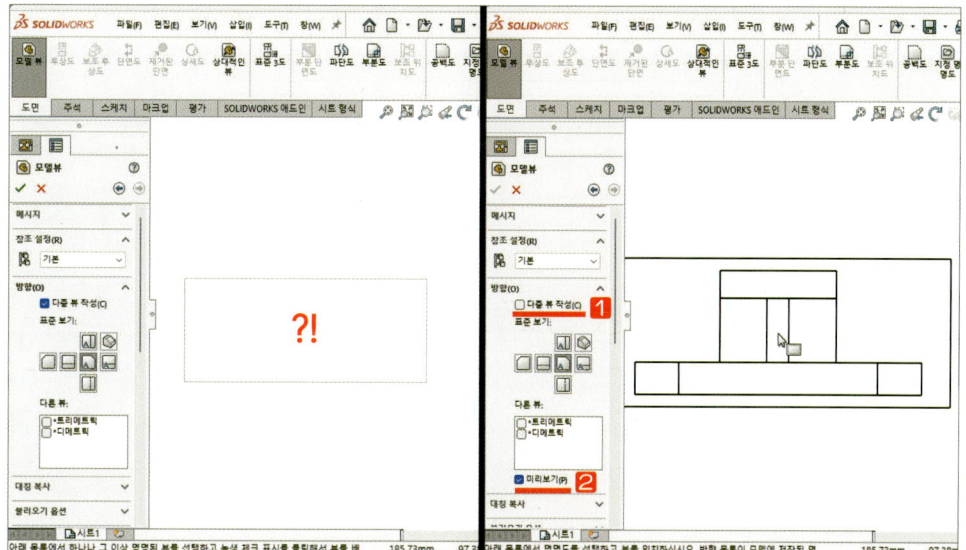

5️⃣ **두 번째 방법 - 뷰 팔레트에서 3D 파일을 지정하면 각 방향의 도면뷰**가 팔레트에 표시됩니다. 이 곳에서 **정면도를 클릭 - 드래그해서 도면 시트로 삽입합니다.**[1]

정면도가 생성된 상태에서 곧바로 마우스를 상단으로 움직여 보면 **평면도**가 미리보기로 표시됩니다.[2] 마우스를 클릭해서 평면도의 위치도 지정합니다. **작성하는 평면도는 정면도에 종속됩니다.**

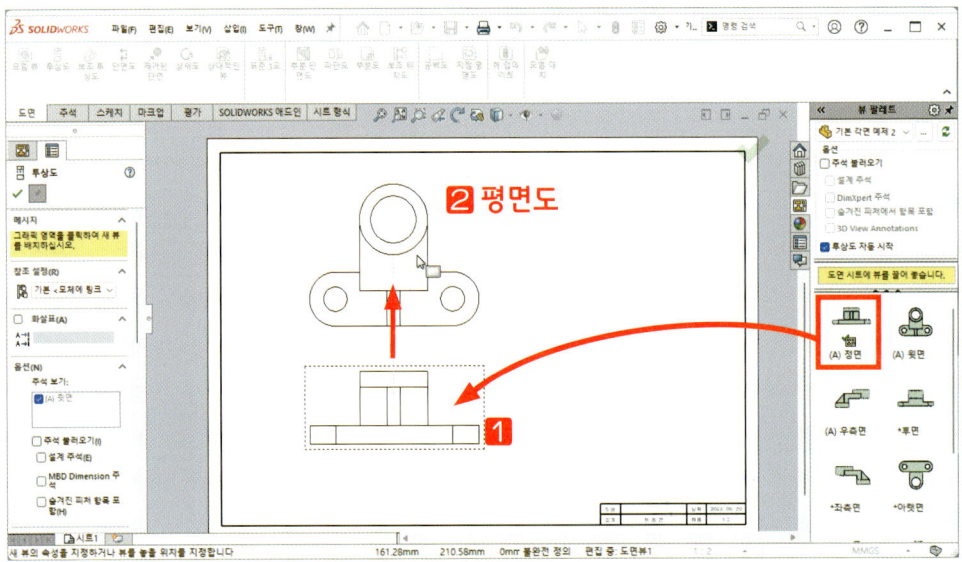

6️⃣ 평면도를 삽입한 후에는 곧바로 마우스를 우측으로 움직여 볼까요? 우측면도가 미리보기로 표시됩니다. 같은 방법으로 빈 화면을 클릭해서 **측면도**의 위치를 지정합니다.

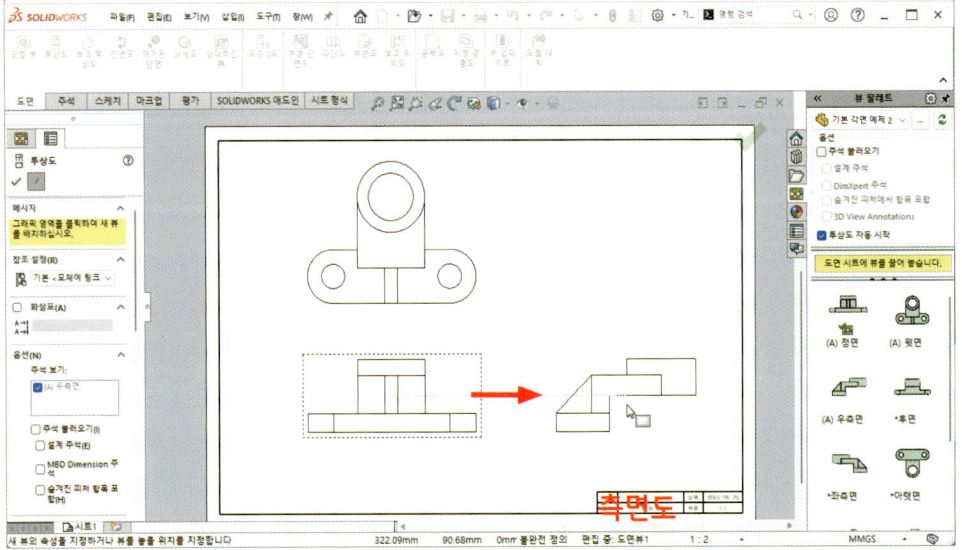

7  다시 마우스를 대각선으로 - 우측 상단으로 움직여 봅시다. **등각투상도**가 미리보기로 표시됩니다. 마우스를 여러 방향대로 움직여보면 **처음 작성한 첫번째 뷰를 기준으로 각각의 방향에서 바라보는 도면뷰를 미리보기로 확인할 수 있습니다.**

**그러므로, 가장 먼저 작성하는 첫번째 뷰가 중요한 역할 - 모체뷰의 역할을 하게 되는 것입니다.**

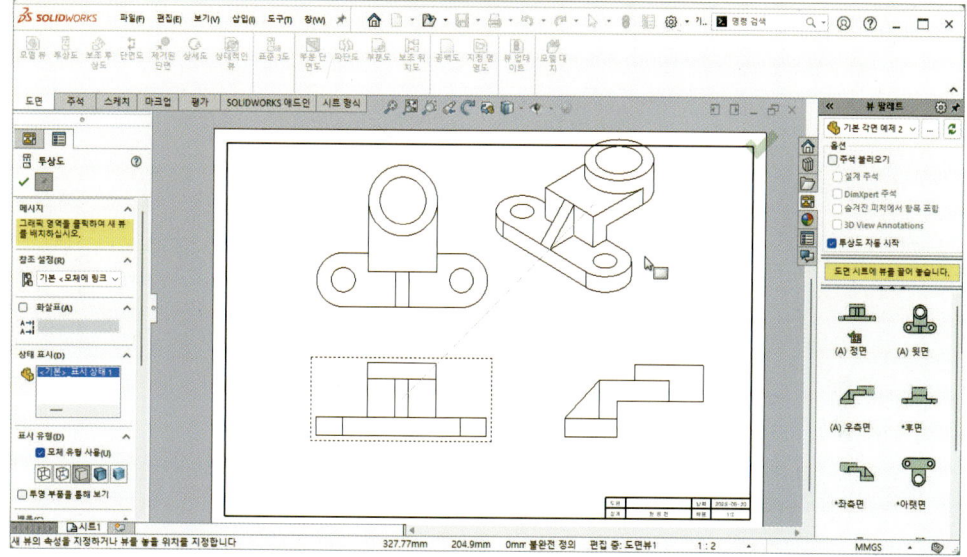

8  3각법의 기본 도면뷰가 작성되었습니다. 작성된 도면뷰는 왼쪽 디자인트리에 기록되어 있습니다. 만약 작성하는 도면뷰의 크기가 시트보다 크거나 작아서 배율의 변경이 필요하다면 다음과 같이 **작업창의 하단부에서 시트 배율을 변경**해 봅시다.

시트 배율을 변경하는 즉시 모든 도면뷰의 배율이 일괄 변경됩니다. **그렇다면 도면 시트와 도면뷰 간에 어떤 관계가 맺어져 있을까요?**

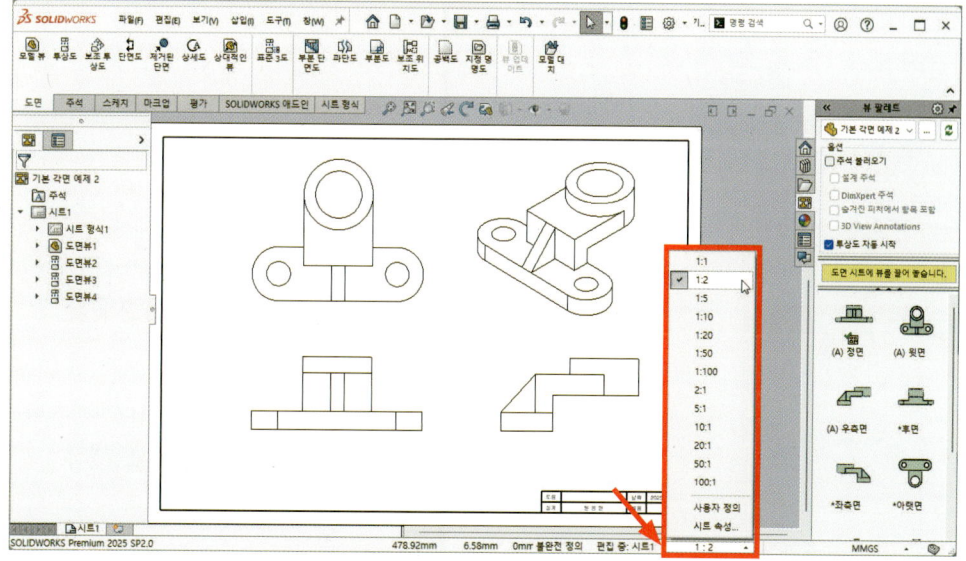

9  가장 먼저 작성한 정면도를 선택한 후 왼쪽 옵션창에서 **배율 옵션**을 살펴보면 도면 시트와 도면 뷰 간의 연결고리를 알 수 있습니다.

**독립적인 배율( 사용자정의 배율 ) 이 아닌, 시트 배율에 연결**되어 있기 때문에 **시트 배율에 따라 자동으로 변경되는 구조입니다.**

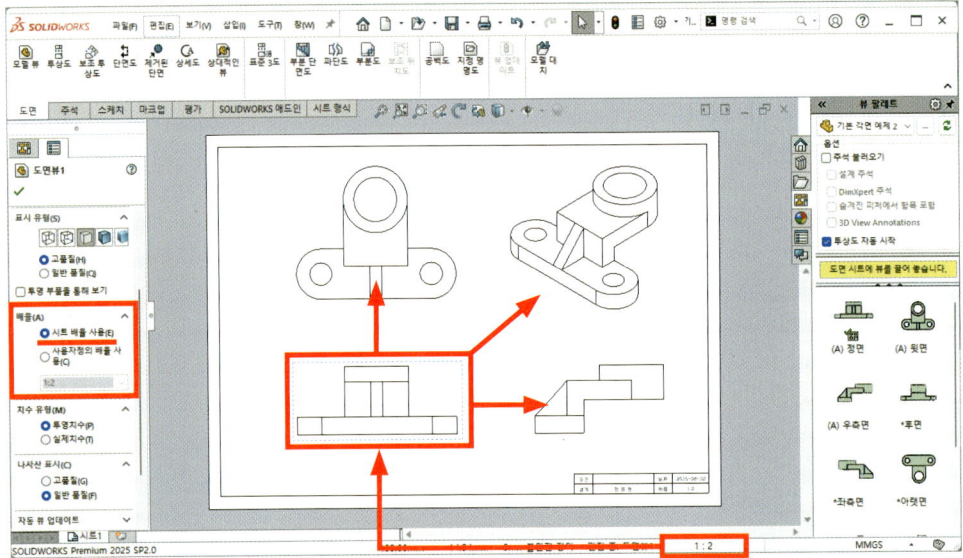

10  그렇다면 첫 번째 도면뷰 - 모체뷰에서 생성된 나머지 도면뷰를 **종속뷰** 라고 부르는데, 종속뷰를 선택해서 왼쪽 옵션을 살펴 봅시다. 다음과 같이 두 가지 항목이 모체 뷰에 연결되어 있습니다.

1 표시 유형 : 모체뷰와 동일한 표시 상태로 동기화 됩니다.
2 배율 : 모체 배율에 동기화 됩니다.

즉, 모체뷰와 종속뷰 간의 관계를 이해하는 것이 도면 작업의 기본이 됩니다.

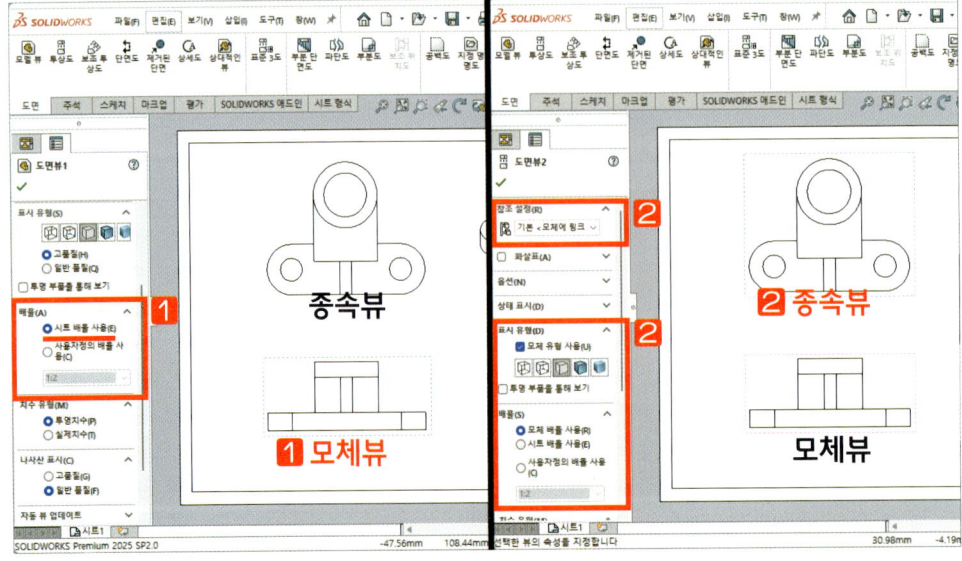

## [TIP] 도면뷰 작업 시 반드시 알아야 할 2가지! - 접선 표시 & 도면뷰 정렬

솔리드웍스의 2D 도면 작업에서 반드시 알고 있어야 할 두 가지 필수지식을 소개합니다.

### [1] 접선 표시

곡면과 평면이 만나는 경계선 (접선) 은 표시 상태로 작성되는 것이 기본 상태입니다. 그러나 작업자의 필요에 따라 도면뷰를 우클릭해서 접선의 종류를 변경할 수 있습니다.

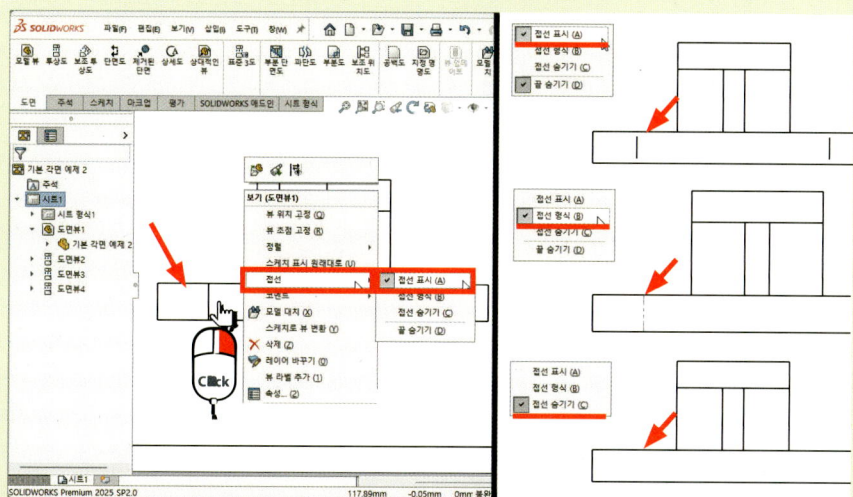

### [2] 도면뷰 정렬

모체뷰를 기준으로 나머지 종속뷰는 모체뷰에 가로/ 세로 정렬되어 작성됩니다. 모체뷰를 드래그할 때 표시되는 회색 보조선이 도면뷰 간의 연결선 입니다.

도면뷰의 정렬은 자유롭게 끊거나 연결할 수 있는데, 다음과 같이 도면뷰를 우클릭하여 정렬 - 배열 분리 항목을 선택해서 자유로운 상태로 배치하거나, 모체뷰에 원점/중심을 기준으로 재정렬 할 수도 있습니다.

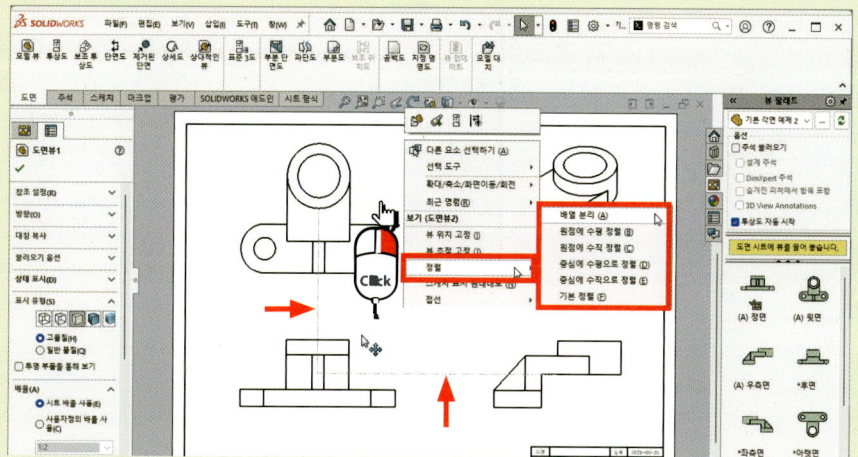

# 02 응용 도면뷰 작성하기

기본적인 3각법의 도면뷰에 이어, 이번에는 다양한 응용 도면뷰를 작성해 볼까요? 도구를 어떻게 작성하는지, 어디에서 편집해야 하는지 작성 방법과 편집 방법을 고려하여 학습해 봅시다.

## 1) 보조 투상도

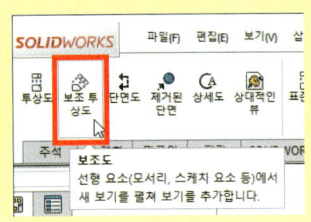

**보조투상도**는 직각 방향의 뷰 이외에 기울어진 직선을 수직으로 내려다보는 도면뷰를 작성합니다.

**보조투상도** 도구를 실행한 후, **기울어진 모서리선을 선택**하면 모서리선에 수직하는 방향의 투상도가 작성됩니다.

모서리선이 아닌 특정 각도에서 수직하는 방향의 투상도를 작성하려면 **별도의 직선 스케치**를 작성해서 모서리의 대체 요소로 사용합니다. ( 직선만 사용 가능합니다. )

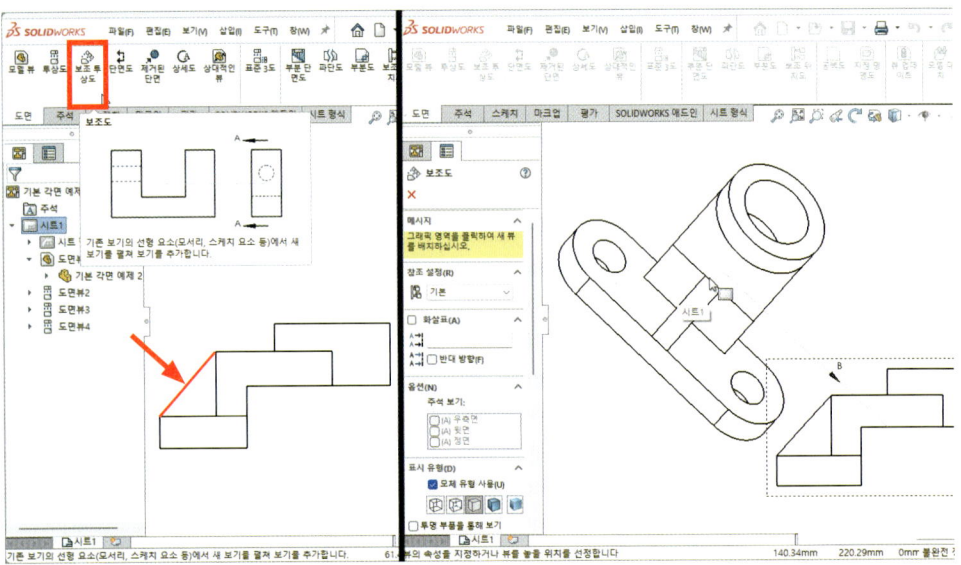

## 2) 단면도

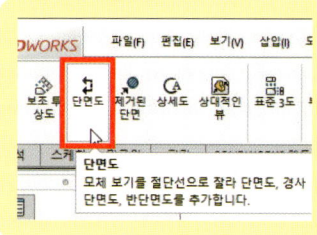

**단면도**는 한 개 또는 여러개의 선분으로 도면뷰의 절단면을 작성하는 도구입니다.

단면도 도구를 실행한 후, 왼쪽 옵션창에서 절단선의 방향을 선택할 수 있습니다. 중간점 스냅을 이용하여 **절단선의 위치를 결정한 후 확인 아이콘을 선택하면 단면도가 작성됩니다.**

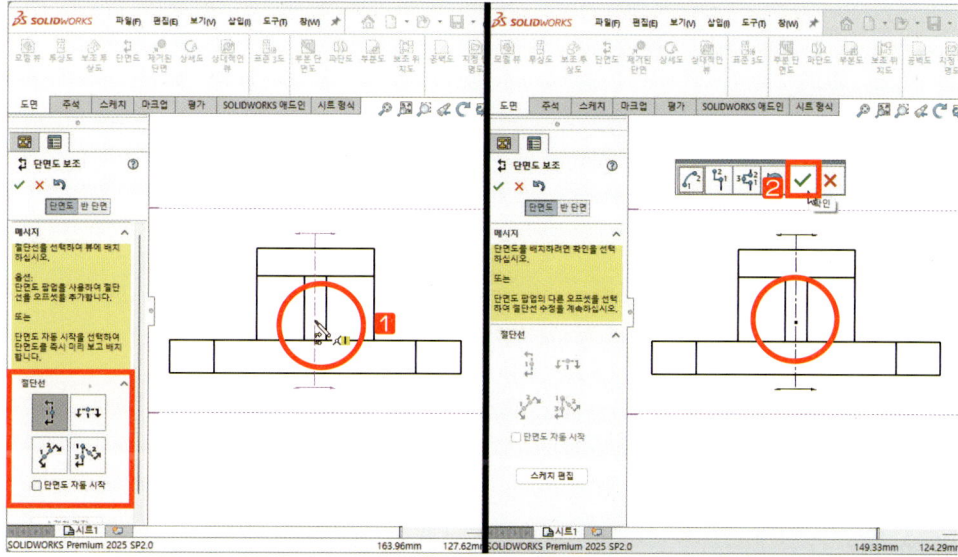

절단선의 위치가 특정 피처 ( 보강대 피처 ) 를 절단하는 경우에는 다음과 같이 **절단면에 포함할 것인지를 묻는 단면 영역 옵션창**이 표시됩니다. **아무것도 선택하지 않고 확인 아이콘을 선택**해 봅시다.

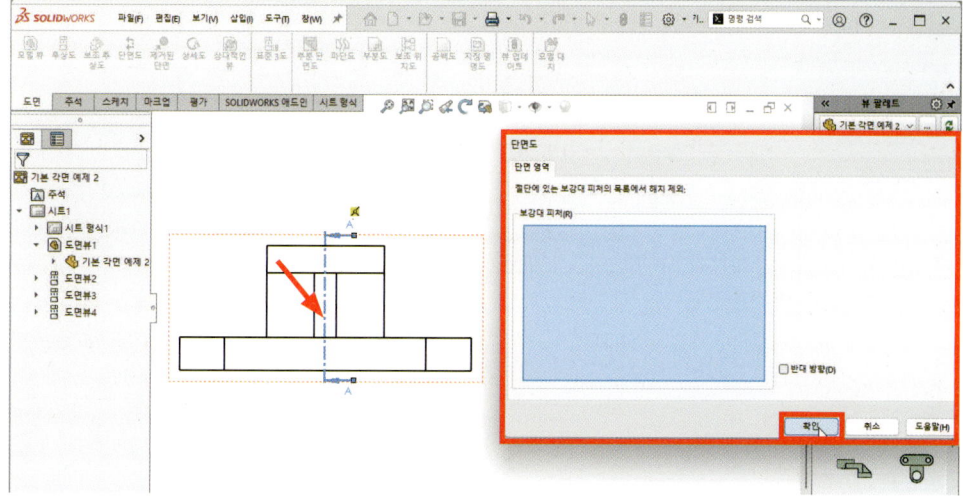

다음과 같이 전체 형상에 대한 단면도가 생성됩니다. 왼쪽 디자인트리의 도면뷰 리스트를 살펴보면 단면도 항목이 별도로 생성되어 있습니다.

단면도를 확장하여 **절단선의 위치를 수정하거나 숨김 처리로 변경**할 수 있습니다.

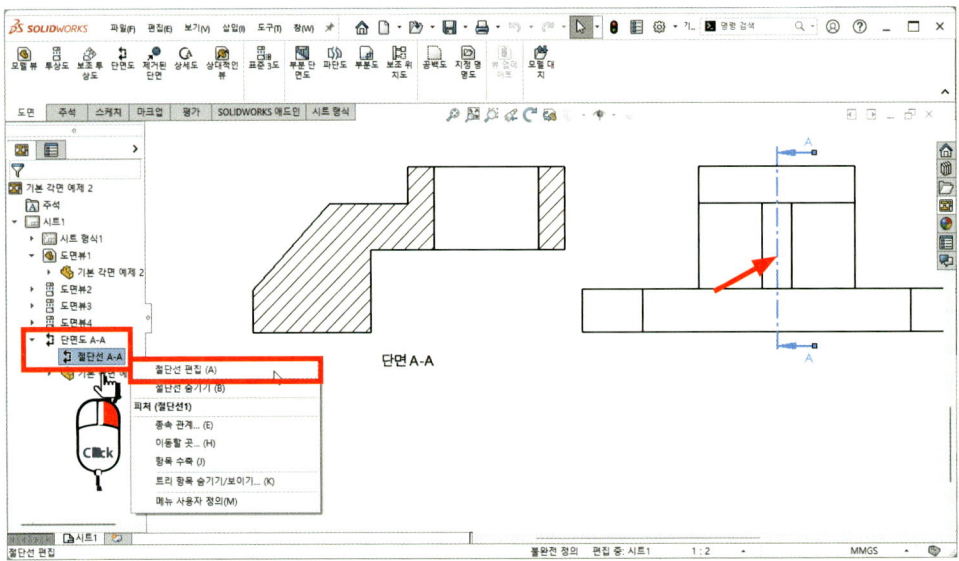

그렇다면 단면도의 자체 옵션을 변경할 수도 있을까요? 다음과 같이 단면도를 선택하면 왼쪽 창에 **단면도 작성 시의 초기 옵션**이 표시됩니다.

하단부 **기타 속성** 항목을 선택하면 **단면 영역에 대한 옵션**이 다시 표시됩니다. 이 곳에서 **단면도에서 제외할 피처 - 보강대 피처를 선택**하고 확인 아이콘을 선택해 봅시다.

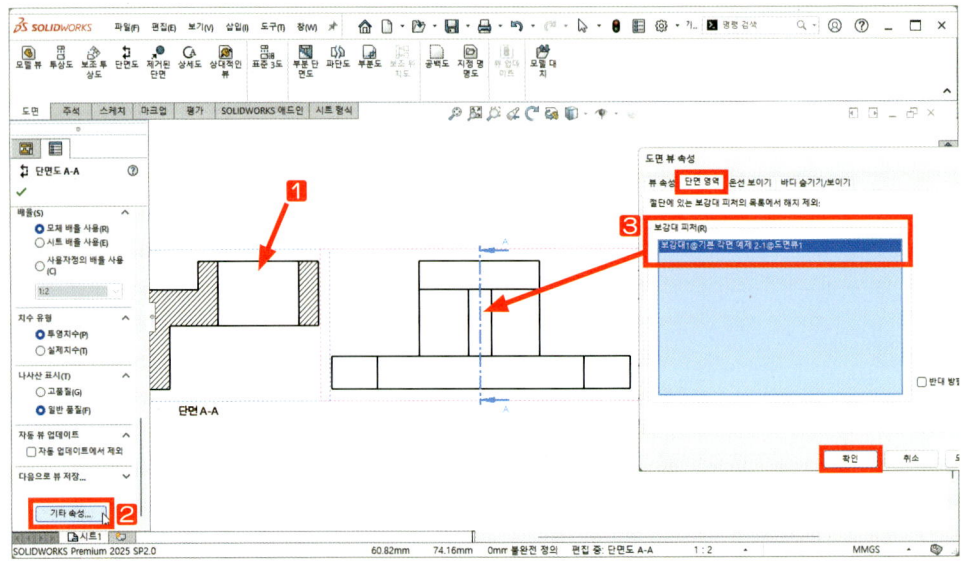

단면 영역 옵션에서 보강대 피처를 포함할 것인지, 제외할 것인지에 따라 단면도는 다음과 같이 생성됩니다.

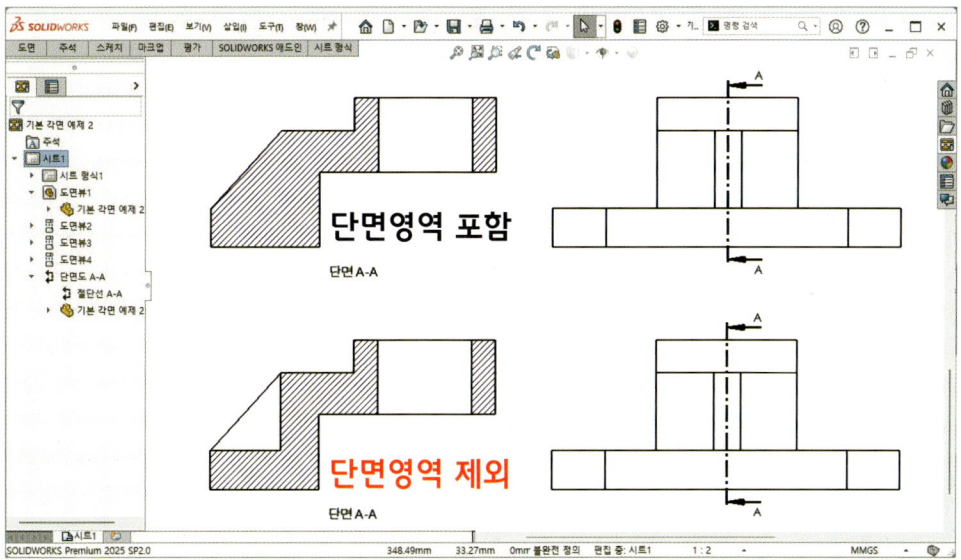

**단면도에 작성되는 영역 해칭**은 재질에 맞추어 자동 입력되어 있습니다. 그러나 필요에 따라 작업자가 임의로 모양이나 비율 등을 변경할 수도 있습니다. **특히 멀티 바디의 단면도를 작성할 때 바디 간의 해칭 방향이나 비율을 변경하여 활용할 수 있습니다.**

다음과 같이 단면도의 해칭 영역을 마우스로 선택한 후, 왼쪽 옵션창에서 **재질 해칭 옵션을 체크 해제** 합니다. 그리고 필요한 항목에 따라 해칭의 종류를 변경하거나 기울기 각도, 밀도 등을 변경해 줍니다.

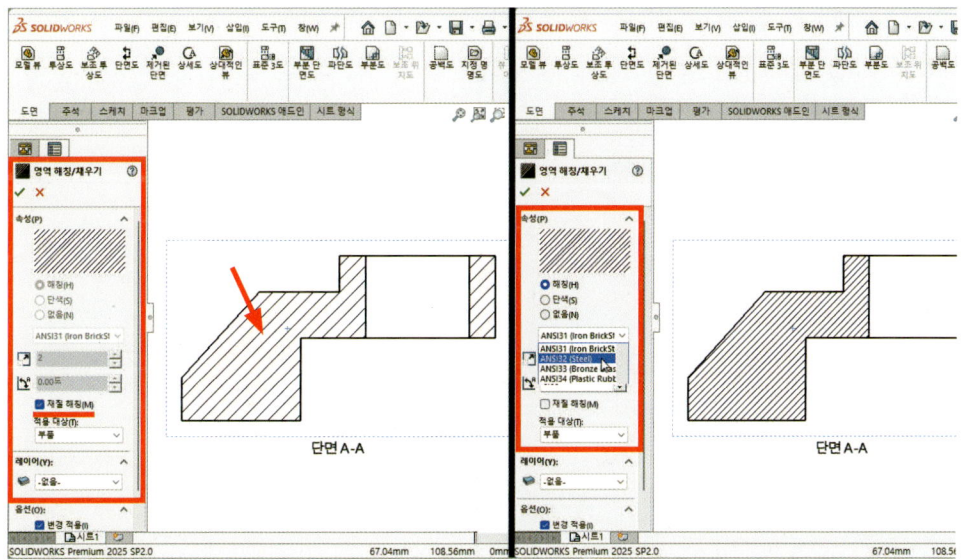

125

## 3) 상세도

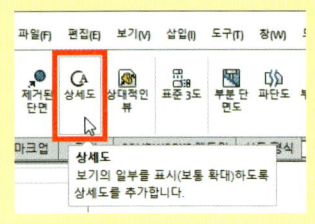

**상세도**는 도면의 부분 확대도를 작성하는 도구입니다. 상세도 도구를 실행하면 원 스케치 도구가 자동으로 실행됩니다.

상세도를 작성하는 스케치는 도구를 실행한 후에 작성하거나, 또는 미리 스케치를 작성해 놓은 후에 상세도 도구를 실행하는 순서로도 작성할 수 있습니다. **2:1 배율**이 기본 설정되어 있습니다.

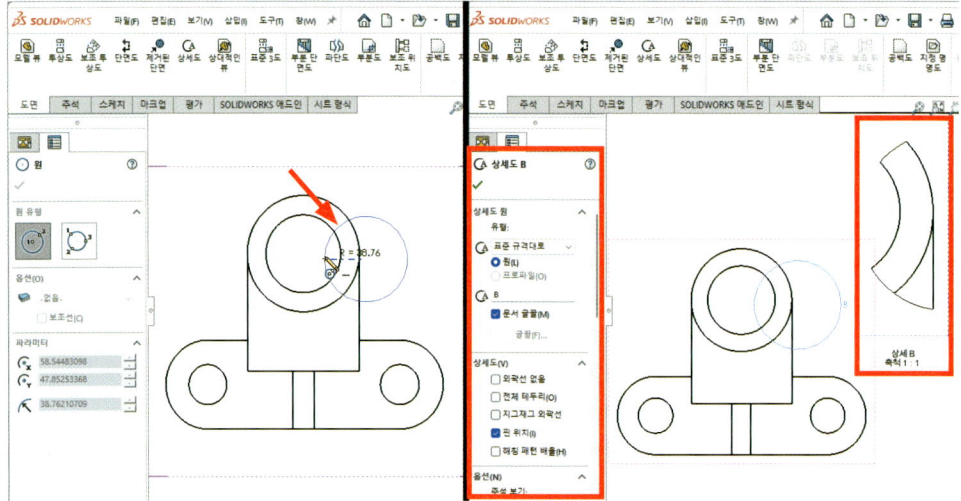

**상세도의 윤곽선**은 다양한 유형으로 변경할 수 있으며, 상세도 역시 디자인트리에 별도의 항목으로 표시됩니다. 상세도의 스케치 역시 자유롭게 편집할 수 있습니다.

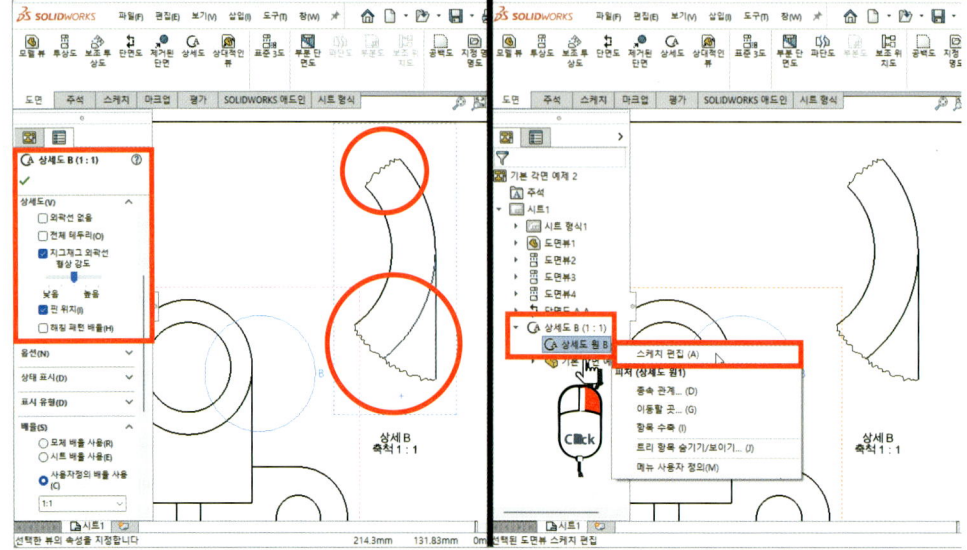

## 4) 부분 단면도

**부분 단면도**는 작업자가 선택한 임의의 영역을 잘라내어 단면을 표시하는 도구입니다. 열린 선이 아닌 닫힌 형태, **폐곡형의 자유곡선 스케치**를 작성합니다.

부분 단면도를 작성하는 스케치는 상세도와 같이 **사전에 작성한 폐곡형 스케치**를 사용하여 작성할 수도 있으며, 단면의 깊이값은 치수 또는 다른 도면뷰의 모서리선을 입력하여 참조값으로 작성할 수 있습니다.

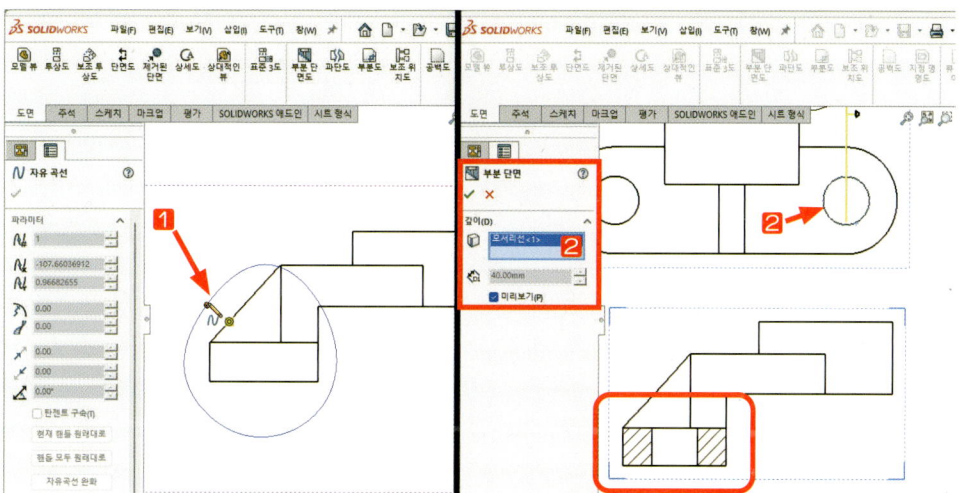

디자인트리를 살펴 볼까요? **부분 단면도는 독립적인 항목으로 표시되지 않고, 모체뷰의 내부에 표시됩니다.** 부분 단면도를 우클릭하여 **단면의 범위(스케치 편집)** 와 **단면의 깊이 (정의 편집)** 를 수정할 수 있습니다.

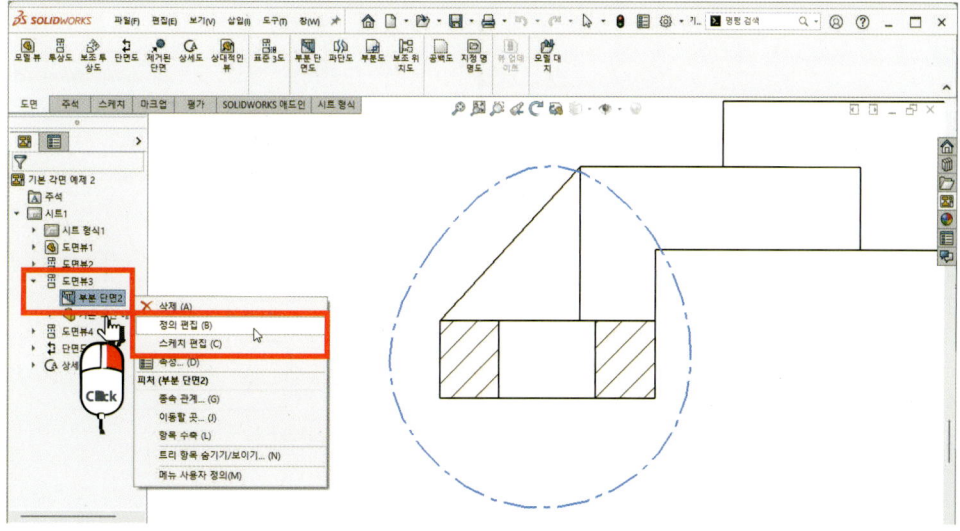

## 5) 파단도

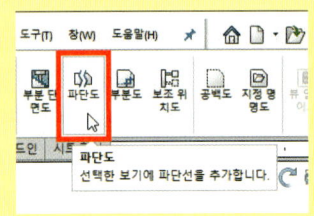

**파단도**는 길이가 긴 도면뷰의 단면을 축소하여 표시하는 도구입니다. 수직 파단선은 가로/ 세로로 변경하거나, 물결 또는 지그재그 등의 특수선으로도 변경할 수 있습니다.

도구를 실행한 후 미리보기를 참고하여 **시작 지점과 끝 지점을 클릭**하면 사이 영역이 다음과 같이 제거된 도면뷰로 업데이트됩니다.

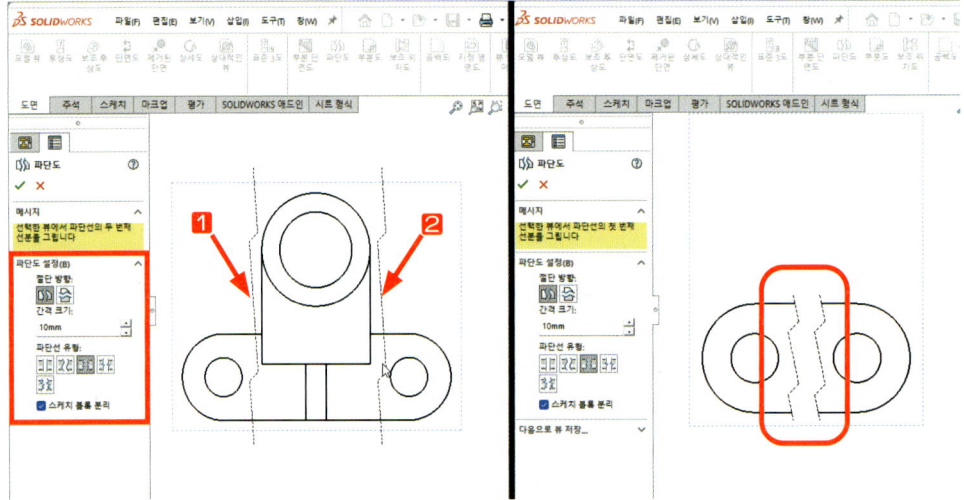

작성한 파단도는 디자인트리에 직접적으로 표시되지 않으며, 모체뷰를 확장해도 표시되지 않습니다. 다음과 같이 **모체뷰를 우클릭해서 팝업 메뉴에만 표시되며, 피처 편집으로 옵션을 변경하거나 또는 파단 이전뷰로 변경할 수 있습니다.** 파단선은 Delete 로 삭제할 수 있습니다.

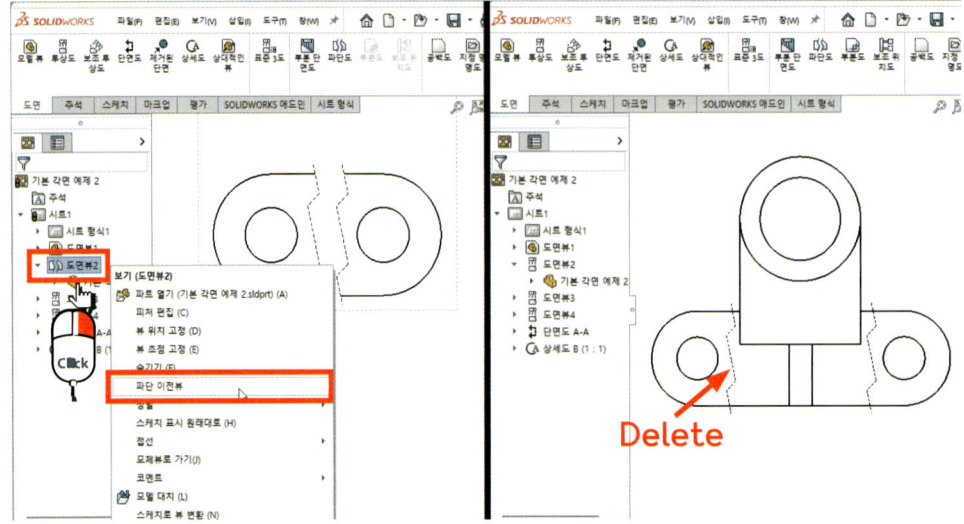

## 6) 부분도

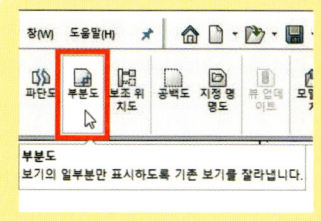

**부분도**는 이미 작성해 놓은 도면뷰에서 작성한 스케치의 안쪽 부분만 남기고 나머지 부분을 제거하는 도구입니다.

**부분도**
보기의 일부분만 표시하도록 기존 보기를 잘라냅니다.

부분도는 미리 폐곡선 스케치를 작성한 후에 도구를 실행하며, 자유곡선 뿐만 아니라 사각형, 원형 등의 도형 스케치도 사용할 수 있습니다.

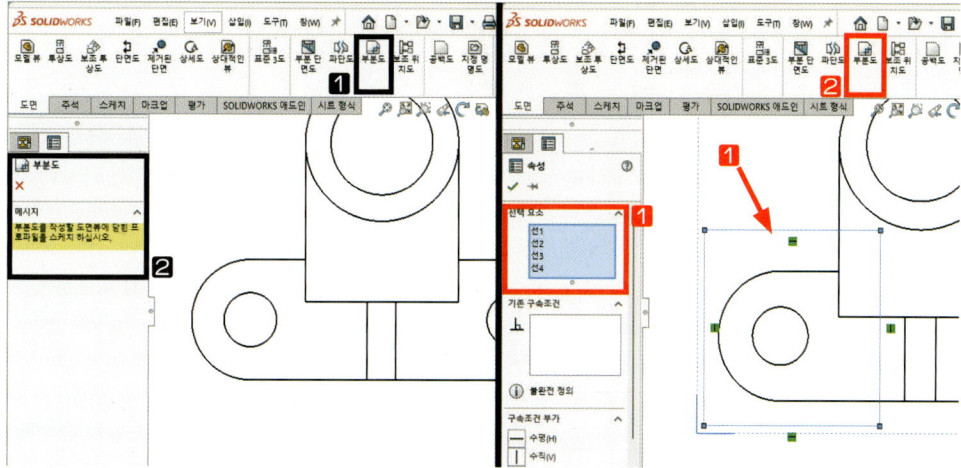

부분도의 외곽선은 다음 옵션에서 표시/ 숨김 상태를 **변경**할 수 있으며,[1] 부분도 역시 디자인트리에는 별도로 표시되지 않습니다. 그러므로 **모체뷰를 우클릭하여 표시되는 팝업창에서 확인하여 수정하거나 삭제할 수 있습니다.**[2]

참고) 솔리드웍스의 일부 하위 버전은 부분도의 윤곽선을 숨길 수 없고 무조건 표시 상태로 작성됩니다.

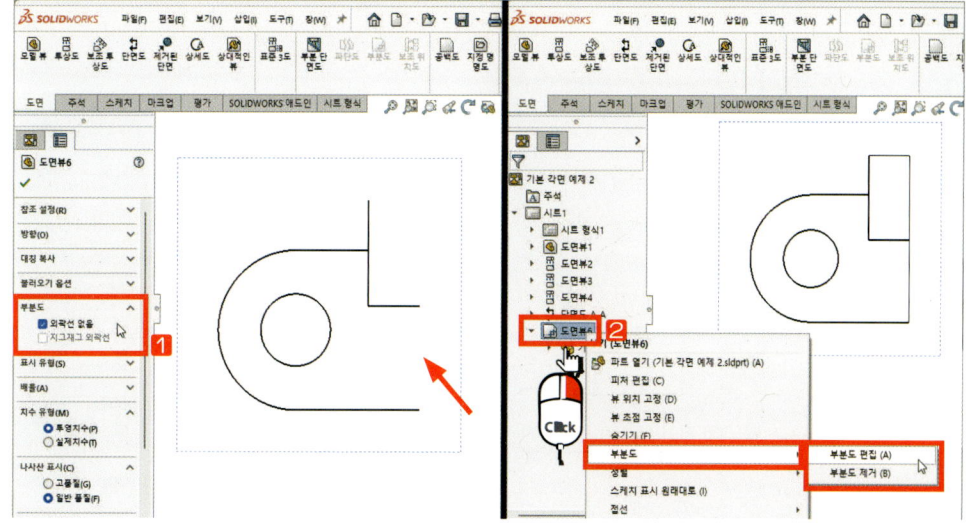

### [TIP] 도면에 사용하는 스케치를 작성할 때 주의사항 (중요)

이와 같이 상세도, 단면도 등 응용 도면뷰는 도면뷰 위에 별도의 스케치를 작성해서 도면뷰를 생성하게 됩니다. 매우 중요한 작업이지만, 오류가 가장 많이 발생하는 포인트이기도 합니다. 바로 **"스케치를 어디에 그리는가"** 에 원인이 있습니다.

도면뷰에는 스케치를 작성할 때 자동으로 표시되는 **도면 영역** 이라는 라인이 있는데, 도면뷰가 근접하게 배치되어 있으면 이 도면 영역이 겹쳐져 있을 확률이 매우 높습니다. 그러나 **작업자가 이러한 사실을 모르고 스케치를 다른 도면의 영역에 작성하게 되면 문제가 발생하는 것입니다.**

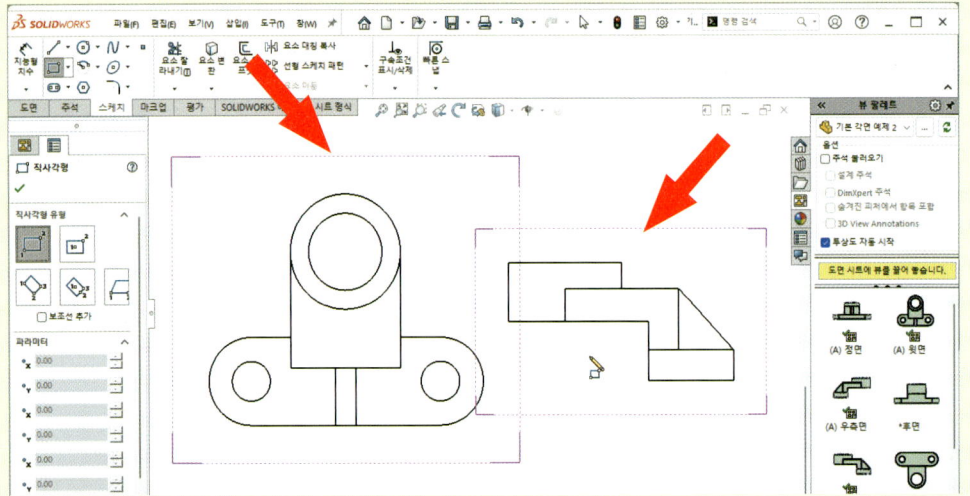

스케치를 작성해서 도면뷰를 작성할 때 오류가 발생한다면, 다음과 같이 **도면뷰를 클릭해서 드래그해 보면** 스케치가 어느 도면뷰 영역으로 작성되어 있는 지 확인할 수 있습니다.

나도 모르게 실수할 확률이 높으므로, **도면뷰의 스케치를 작성할 때 도면 영역을 꼭 확인해 주세요.**

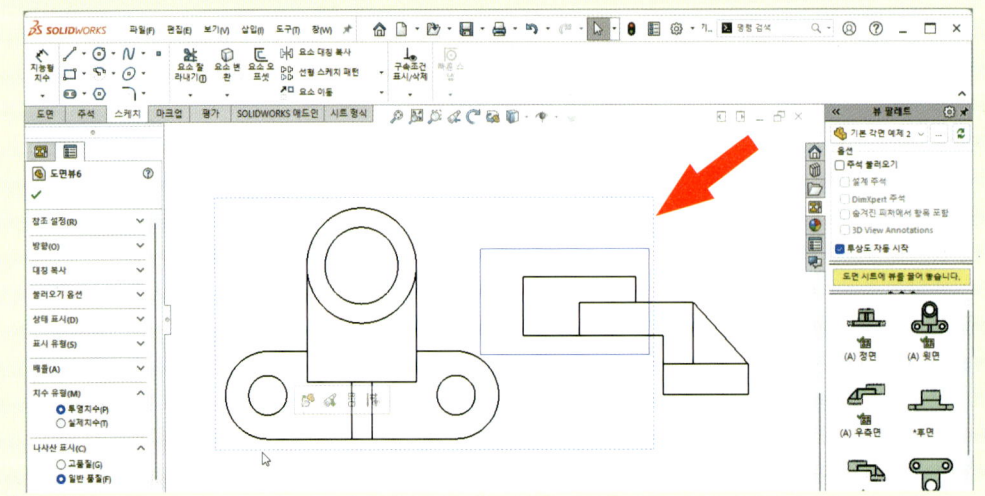

# 03 치수 입력하기

**치수를 입력하는 방법에는 두 가지가 있습니다.** 먼저 치수 작업을 위한 예제 도면을 만들어 봅시다.

기본 예제 2 파일을 실행한 상태에서 곧바로 2D 도면을 작성할 수 있는데, 다음과 같이 파트에서 도면 작성 항목을 선택하면 도면 템플릿을 선택하는 옵션창이 표시됩니다. 이 곳에서 미리 작성해 놓은 실습 도면 템플릿을 선택합니다.

**참고) 플레이! 솔리드웍스 2026 파트베이직에 수록된 예제이며, 교재 부록 파일을 다운로드하여 사용할 수 있습니다. ( 예제 파일 다운로드 방법은 본 교재 11P 를 확인해 주세요. )**

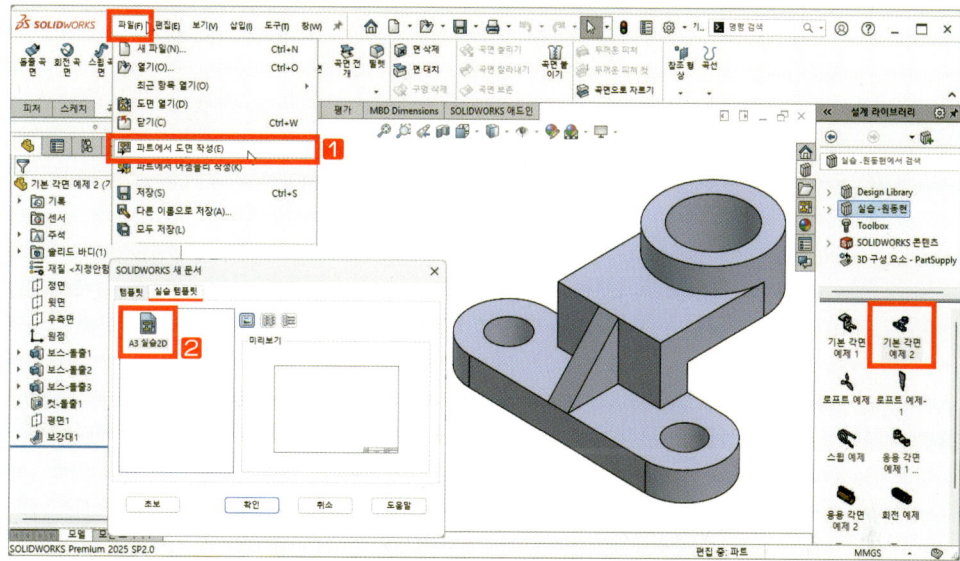

그러나 템플릿 선택 옵션이 표시되지 않고 바로 일반 템플릿으로 자동 선택된다면, 기본 템플릿 옵션창에서 **템플릿 선택 메세지를 표시하도록 변경**해 주어야 합니다.

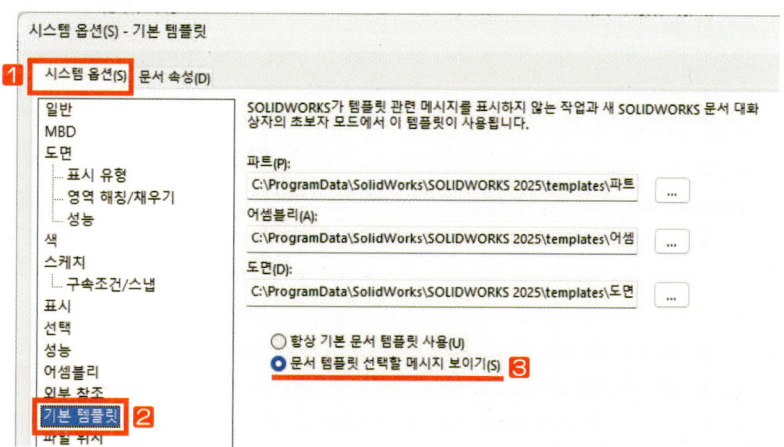

2D 도면 템플릿을 선택하면 오른쪽 탭의 뷰 팔레트가 활성화 됩니다. **정면도**를 선택하여 작업창으로 드래그하여 **첫 번째 도면뷰를 작성합니다.**

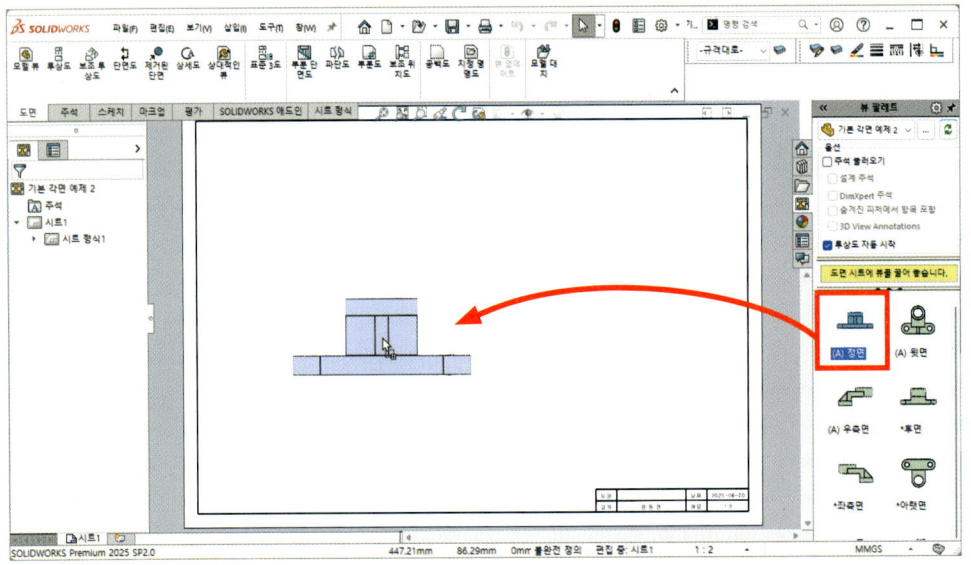

정면도를 기준으로 다음의 **3각법 도면뷰**를 작성해 봅시다. 정면도를 작성한 직후에 연결되는 도면뷰를 추가하는 방법, 개별 도면뷰를 뷰 팔레트에서 드래그하여 추가하는 방법 모두 사용해도 좋습니다.

이렇게 해서 치수 작업을 위한 도면뷰가 준비되었습니다. 본격적인 치수 작업을 알아봅시다.

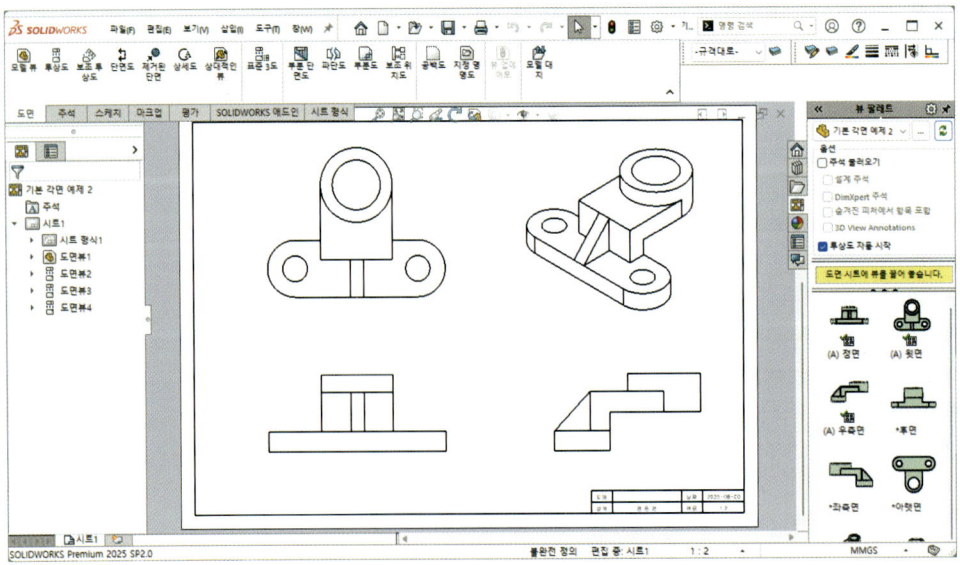

참고) 치수 작업을 위한 샘플 도면뷰는 교재에 사용된 예제가 아닌 다른 파트 파일을 사용해도 좋습니다.

## 1) 지능형 치수

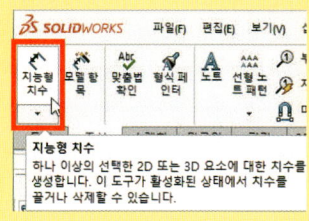

**지능형 치수**는 가장 기본적인 치수 입력 도구입니다. 파트 모델링 작업 시 사용하는 치수 입력 방식과 같습니다.

**치수 작업 전에 먼저 레이어를 변경해 줍니다.**[1] 치수를 작성할 때 표시되는 **위치 버튼**을 사용하면 보다 쉽게 치수의 위치를 결정할 수 있습니다. **( 빠른 치수 조정 )**[2]

또한 치수의 수정이 불가하므로, **치수 덮어쓰기** 방식으로 표기만 변경할 수 있습니다.[3]
참고) 모델링의 치수는 변경되지 않습니다.

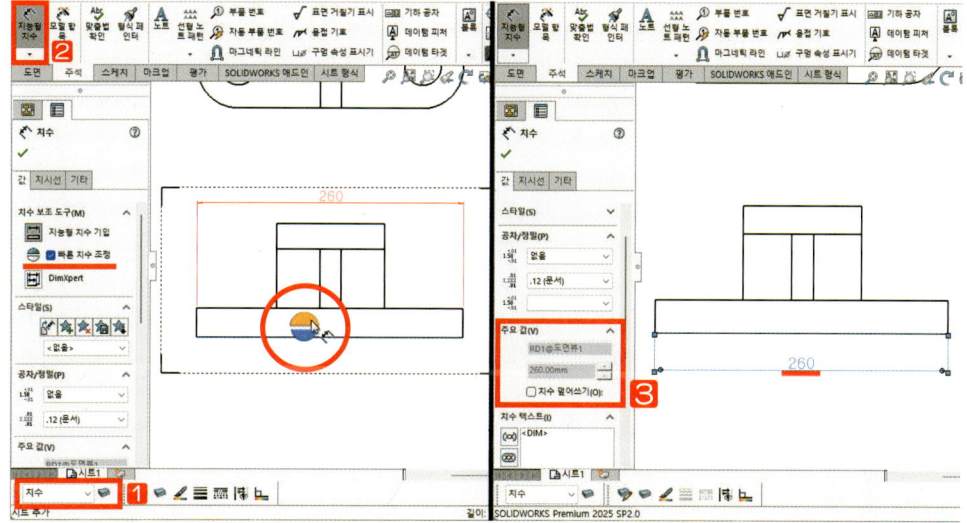

치수를 클릭하면 **작은 탭**[1]이 표시되는데, 이 곳에 마우스를 접촉하면 **기호와 공차를 입력할 수 있는 팝업창**이 활성화 됩니다. 또는 왼쪽 옵션창의 **치수 텍스트 입력창에서 수량 표시, 관통 표시 등을 추가**할 수도 있습니다.[2]

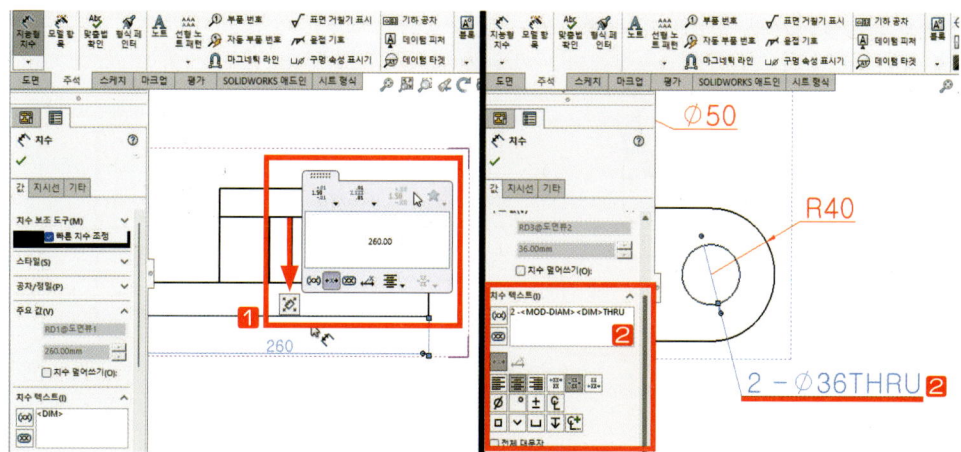

작성한 치수를 선택한 후 왼쪽 옵션창을 좀 더 자세히 살펴볼까요?

① 두 번째 탭 [ 지시선 ] : 화살표의 종류와 지시선 유형 등을 변경합니다.
② 세 번째 탭 [ 기타 ]　: 치수 글꼴과 레이어를 변경합니다.

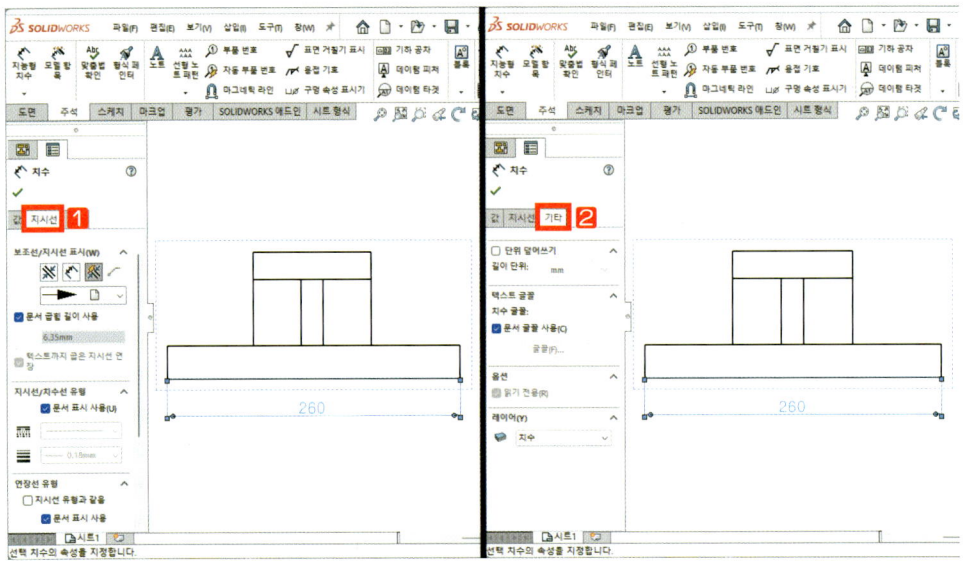

치수의 화살표는 옵션창에서 바꾸는 방법 외에도 작업 화면에서 변경할 수 있습니다. 치수의 화살표를 클릭하면 **점**이 표시되는데, 이 점을 이용해서 종류를 변경합니다.

① 왼쪽 마우스 - 점 클릭 : 화살표의 방향 변경
② 오른쪽 마우스 - 점 클릭 : 화살표의 종류 변경

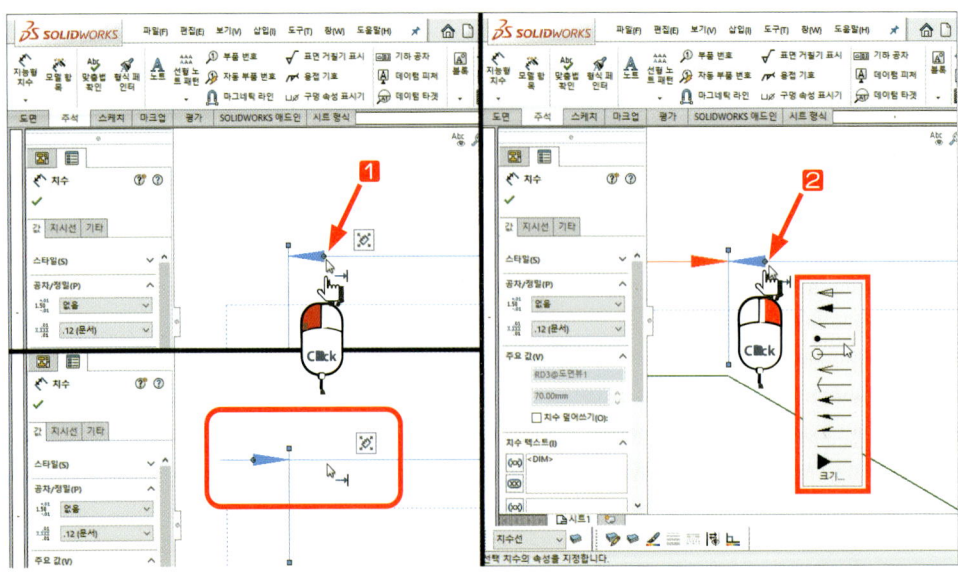

## 2) 모델항목

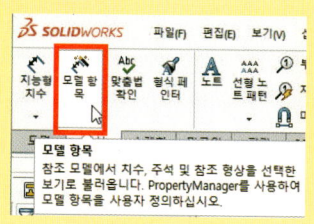

치수를 입력하는 또 다른 방법으로 **모델항목** 이라는 도구가 있습니다. 모델항목 도구는 모델링을 작성할 때 사용했던 치수를 도면에 입력해 주는 도구입니다.

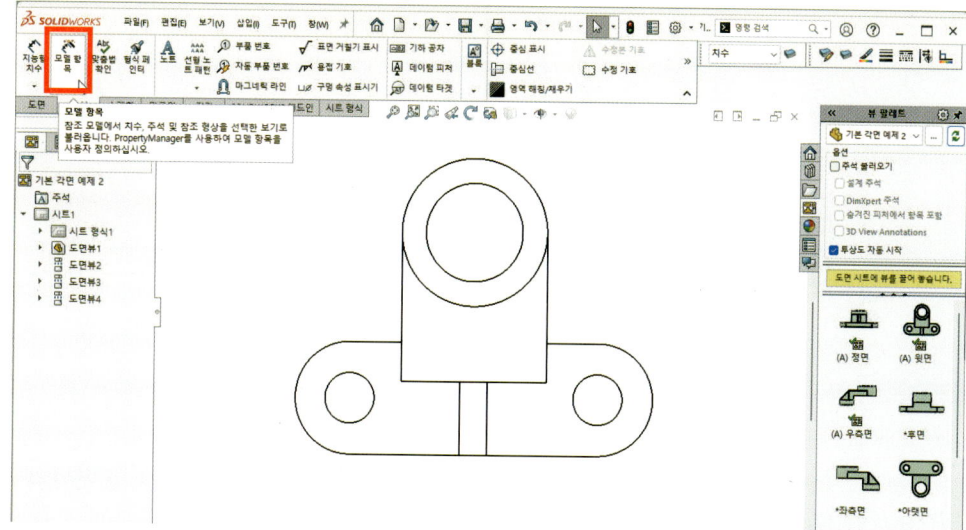

모델항목 도구는 **3D 모델링에 사용한 치수와 주석 등을 도면으로 그대로 연결해서 표시해 주는 도구**입니다. 다음과 같이 치수를 입력할 도면뷰를 선택한 후,[1] 입력할 치수의 종류와 기타 주석 항목들을 선택하고 확인 아이콘을 선택합니다.[2]

다음과 같이 팝업창이 표시되면 [예] 항목을 선택합니다.[3]

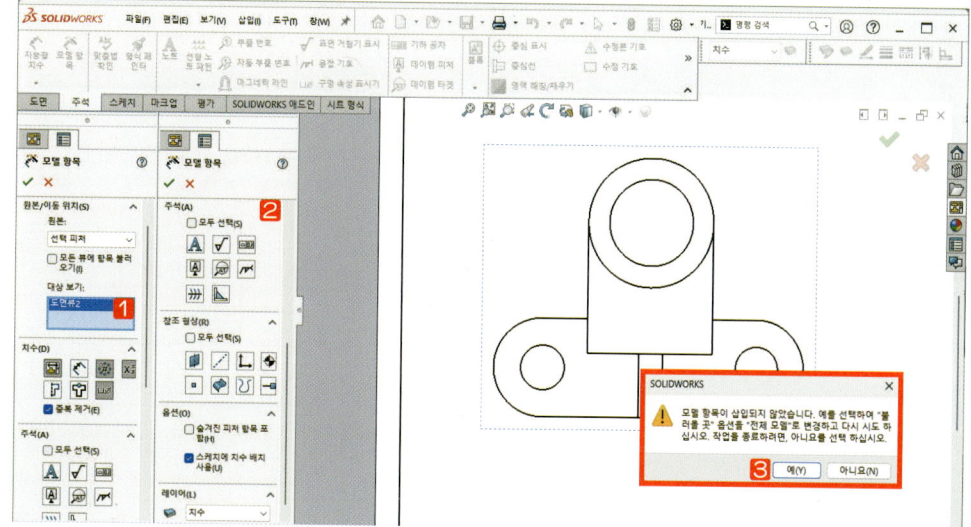

135

다음과 같이 모델링에 사용된 치수들이 자동으로 추가되었습니다. 치수가 다소 어수선한 상태로 삽입되는데, **모델 항목 치수는 지능형 치수와 비교해서 어떤 차이점이 있을까요?**

**가장 큰 차이점은 수정이 가능하다는 점입니다.** 다음 표시된 지름 치수를 더블클릭해 봅시다. 익숙한 치수 수정 팝업창이 표시됩니다. **지름 치수를 50으로 변경해 봅시다.**

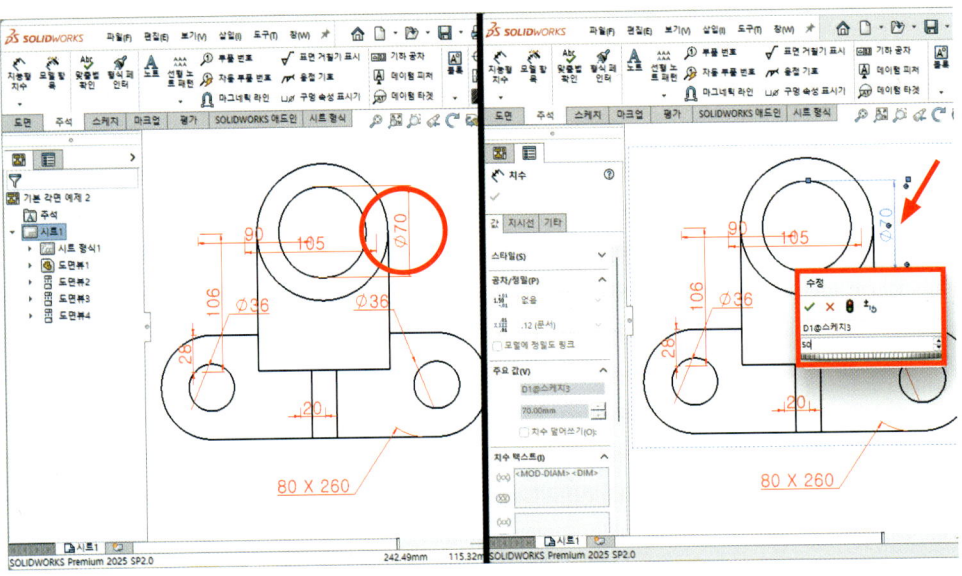

치수를 수정하고 나면 갑자기 모든 도면뷰의 가장자리에 빨간색 빗금이 표시됩니다. **도면뷰의 재생성 - 업데이트가 필요하다는 뜻**이므로, 메뉴바의 **재생성** 도구를 사용하거나, **단축키 Ctrl + B** 를 사용해서 현재 도면 문서를 재생성해 봅시다.

다음과 같이 변경한 지름 치수에 맞추어 도면뷰가 변경되었습니다. 도면뷰가 변경되었다는 뜻은 3D 모델링도 변경되었다는 의미이기도 합니다. **즉, 모델 항목 치수는 모델링에 사용된 치수를 도면으로 표시했기 때문에 2D, 3D 모두 변경할 수 있다는 특징이 있습니다.**

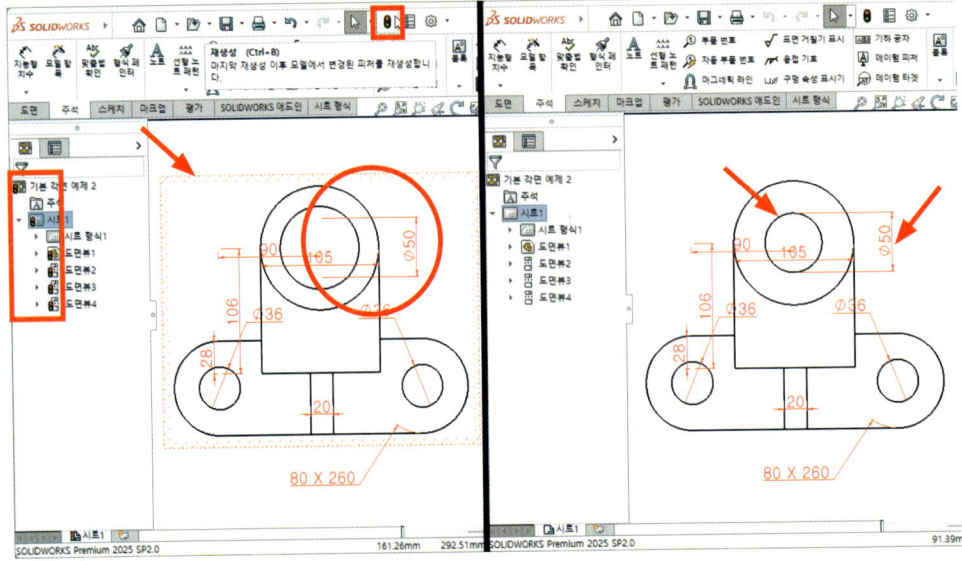

그렇다면 어수선한 상태로 삽입된 치수를 정돈해 볼까요? 작업자가 수동으로 일일이 재배치를 해도 좋지만, 다음과 같이 **모든 치수를 드래그해서 동시선택한 후에 우클릭하면 치수 정렬에 대한 세부 옵션**이 표시됩니다.

여기에서 **자동 정렬** 항목을 선택하면 치수들을 한번에 재배치할 수 있습니다.

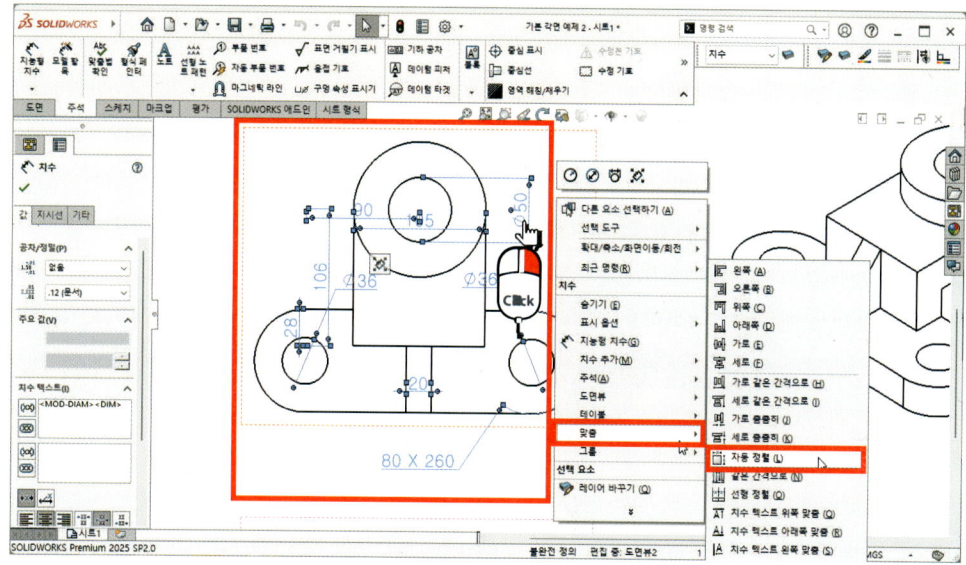

**주의)** 그러나 모델링에 사용된 치수만 표시하는 모델 항목의 특성 상 패턴이나 대칭으로 생성된 부분에는 치수가 표시되지 않는다거나, 불필요한 곳에 치수가 작성된다거나, 중복 치수가 작성되는 등 100% 완벽한 치수가 작성되지는 않습니다.

그러므로 **모델 항목 치수를 작성한 후에는 작업자가 수동으로 지능형 치수를 사용해서 불필요한 치수를 삭제하고 부족한 치수를 추가하는 등 치수를 보완해 주어야 합니다.**

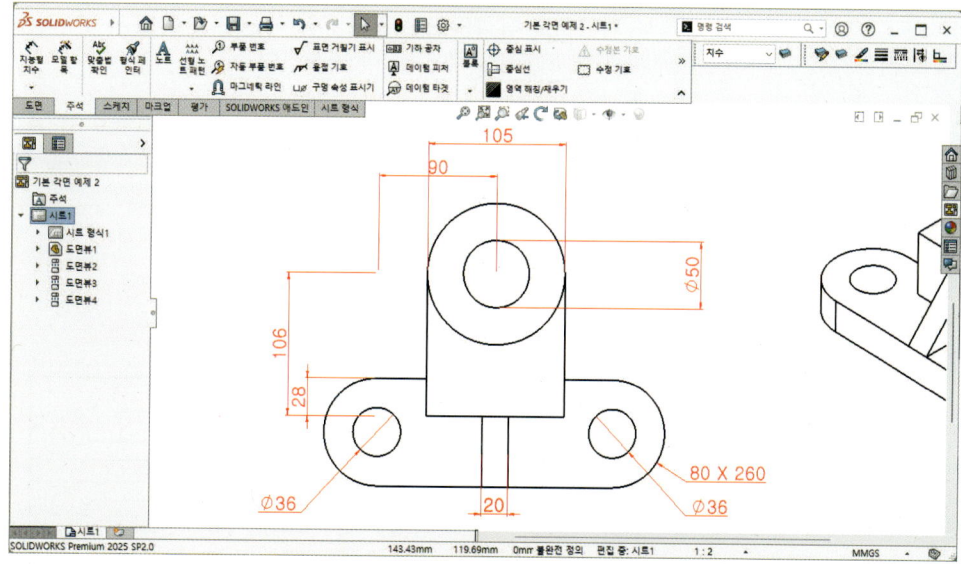

## 3) 구멍 속성 표시

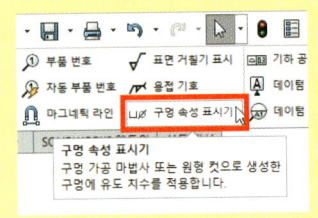

**구멍 속성 표시**는 구멍 가공 마법사로 작성된 구멍의 규격을 도면 치수로 작성하는 데 사용하는 도구입니다.

**구멍 속성 표시 도구**[1]는 일반 구멍에 대한 치수에도 적용할 수 있습니다. 다음과 같이 일반 돌출 컷 피처로 생성된 구멍을 선택하면 다음의 치수 텍스트가 함께 표시됩니다.[2] 또한, 왼쪽 옵션창에서 별도의 기호와 항목을 추가할 수도 있습니다.[3]

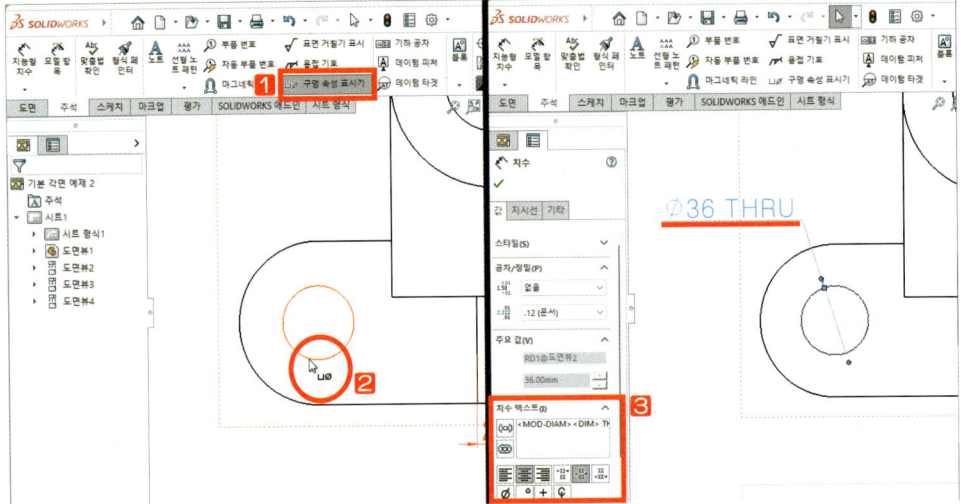

구멍 가공 마법사로 작성된 구멍은 다음과 같이 세세한 속성값이 표시됩니다. 그러나 **작성되는 속성값은 KS 규격이 아닌 ISO 규격을 기반으로 작성되므로 알파벳이 아닌 기호로 표시됩니다.** 속성값은 왼쪽 옵션창의 치수 텍스트 입력창에서 별도로 수정할 수 있습니다.

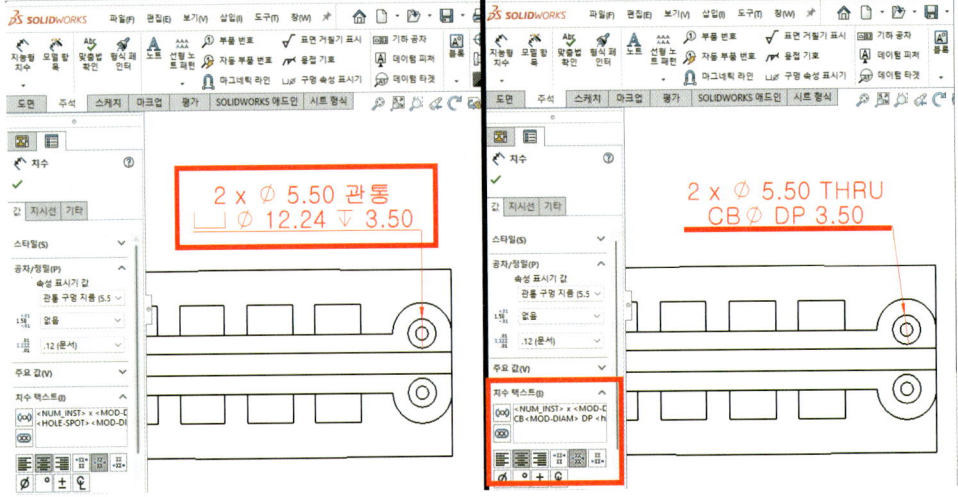

## 4) 치수 공차

작성한 치수에 **공차**를 적용해 볼까요? 방법도 간단합니다. 공차를 표시할 치수를 선택한 후,[1] 왼쪽 옵션창에서 공차의 종류를 선택합니다.[2] 그리고 필요한 치수를 입력하는 순서로 작성해 줍니다.[3]

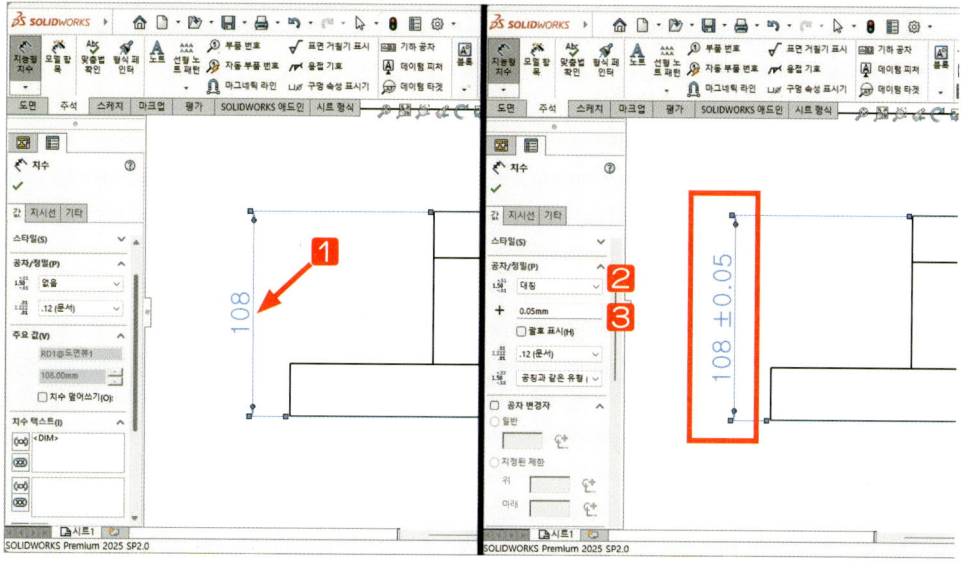

특히 좌우 상칭 공차를 적용할 경우 공차의 글꼴 크기가 본 치수와 동일한 크기로 표시됩니다.

이러한 경우에는 **세 번째 탭 - 기타 탭**을 선택한 후 공차 글꼴 크기에서 자동 적용된 옵션을 모두 체크해제 합니다. 그리고 **글꼴 배율**을 체크한 후 **0.5 배율**을 입력하면 다음과 같은 크기로 변경할 수 있습니다.

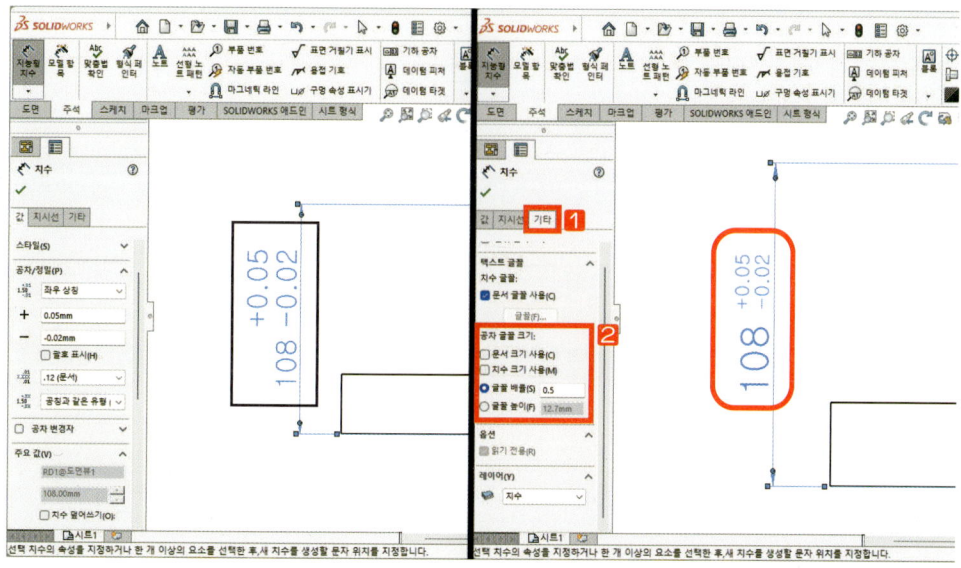

## 5) 데이텀 피처

 **데이텀 피처**는 제품 가공 시 기준이 되는 부분을 표시하는 도구입니다.

데이텀 피처 도구를 실행하면 마우스에 작성될 데이텀 기호가 미리보기로 표시됩니다. 왼쪽 옵션창에서 문자와 기호를 선택한 후, 기준이 될 모서리선이나 치수선을 클릭하여 위치를 결정합니다.

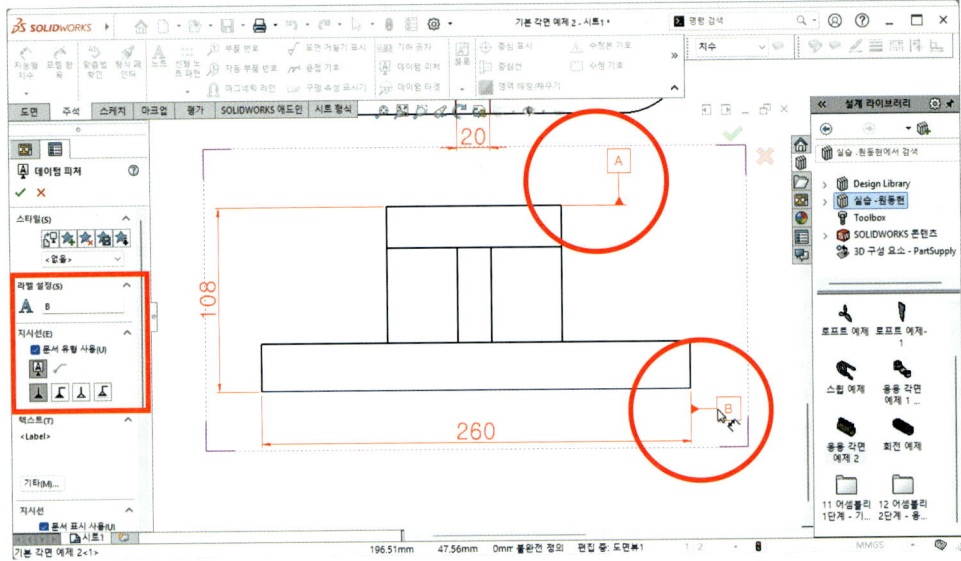

## 6) 기하 공차

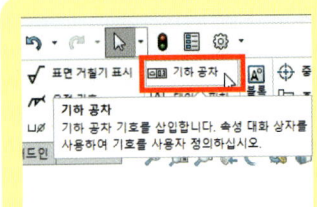 **기하 공차**는 데이텀 기호로 지정한 기준과 공차가 허용되는 부분을 기호로 표시함으로써 제품의 정밀도를 높이고 제작 오류를 방지하는 역할을 합니다.

기하공차 도구를 실행하면 다음과 같은 블록과 팝업창이 함께 표시됩니다. 항목을 추가해야 할 방향의 플러스 버튼을 누른 후 필요한 값을 입력해 줍니다.

① 수직, 평행 등 적용할 공차의 종류에 맞추어 기호를 선택합니다.
② 적용할 공차값을 입력합니다.
③ 공차를 적용하는 기준 - 데이텀 기호를 입력해 줍니다.

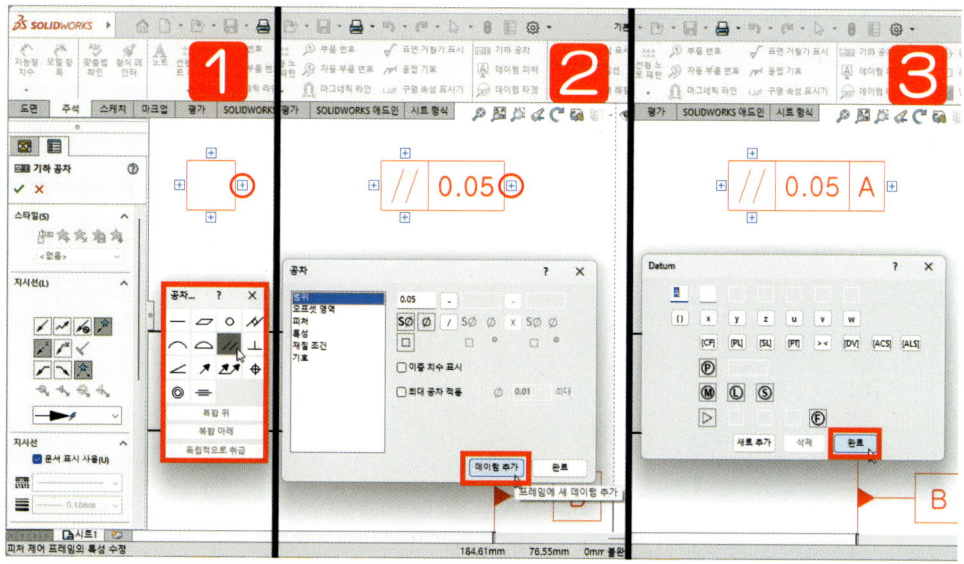

기하 공차가 완성되면 다시 한번 기하 공차 기호를 선택한 후[1] 왼쪽 옵션창에서 **지시선**을 선택해 줍니다.[2] 그리고 화살표의 끝점을 도면뷰의 모서리선이나 치수선에 접촉하여 연결한 후, 지시선의 길이 등을 조정해 줍니다.[3]

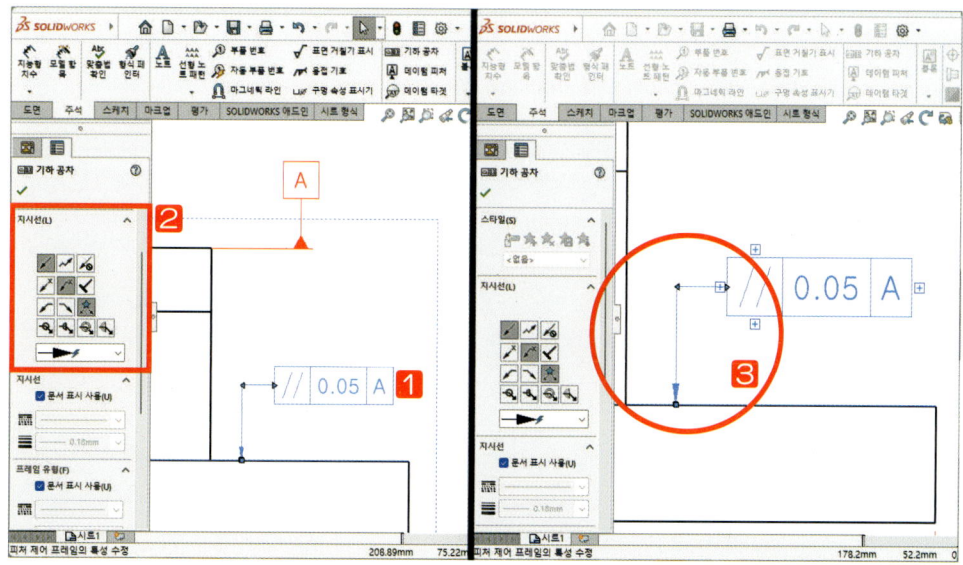

## 7) 치수 입력하기 연습 도면

학습한 치수 도구들을 사용해서 다음의 도면을 완성해 볼까요? 지능형 치수와 모델 항목 중에서 자유롭게 사용하여 다음 치수를 작성해 봅시다.

**치수를 작성한 도면은 다음 단원에서 중심선, 해칭 등의 주석 도구를 연습하기 위한 예제로 사용할 예정이므로 연습 도면을 꼭 완성해 주세요.**

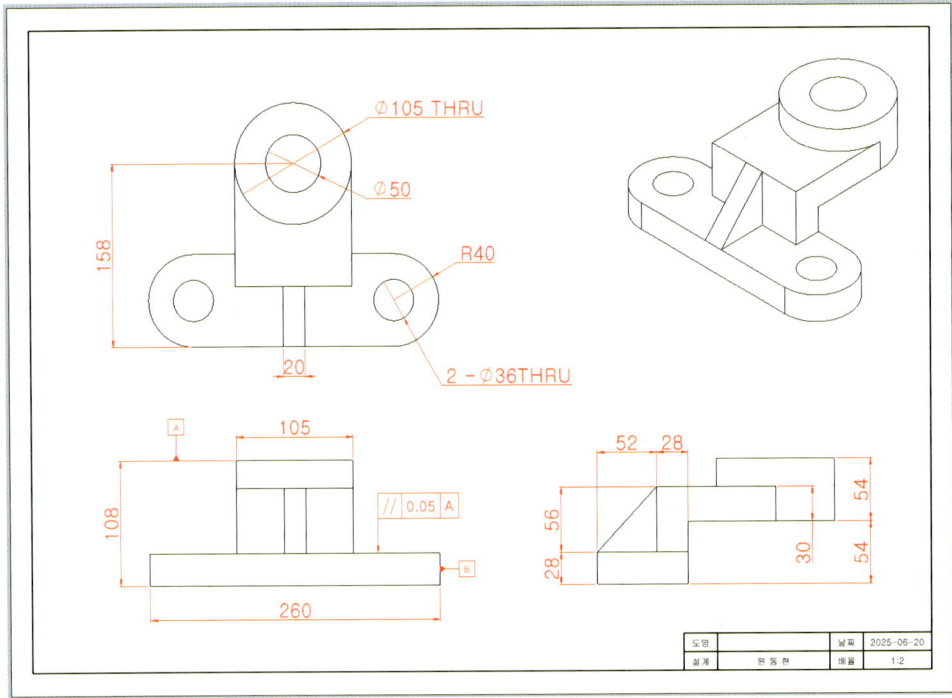

## 04 주석 입력하기

이전 단원에서 완성한 치수 연습도면을 사용해서 다양한 주석 도구를 사용해 볼까요? **대표적인 주석 도구 - 중심선, 중심표시, 영역 해칭, 표면 거칠기, 노트 도구**를 사용해서 연습 도면을 완성해 봅시다.

### 1) 중심선

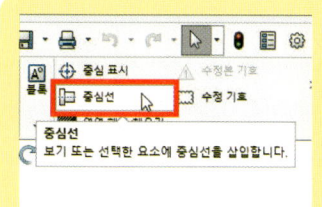

**중심선** 도구는 도면뷰에서 요소의 중심을 일점쇄선으로 표시해 주는 도구입니다.

중심선 도구를 실행한 후, 왼쪽 옵션창에서 **뷰 선택** 항목을 체크합니다.[1] 그리고 정면도를 선택하면 자동으로 중심선이 작성되는데,[2] 중심선은 (히든)은선 표시되지 않은 부분에도 자동 작성됩니다.

**중심선의 길이는 끝점을 드래그해서 자유롭게 조정해 줍니다.**

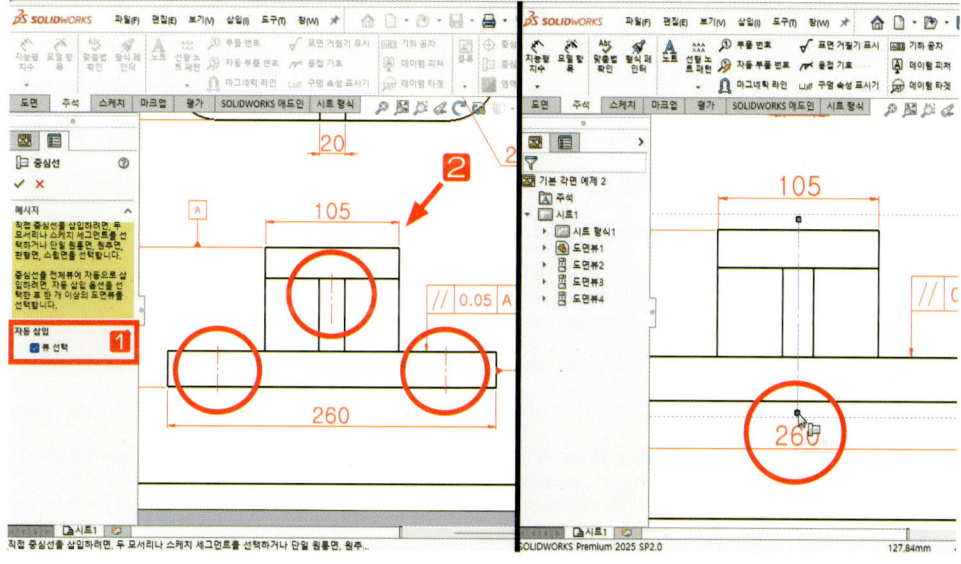

평면도의 경우, 자동으로 작성되지 않는 부분에는 **뷰 선택 항목을 해제하고**[1] 양쪽 모서리선을 선택해서 **수동으로 작성**해 줍니다.[2] 선 스케치 도구를 사용해서 중심선을 표현하기도 합니다.

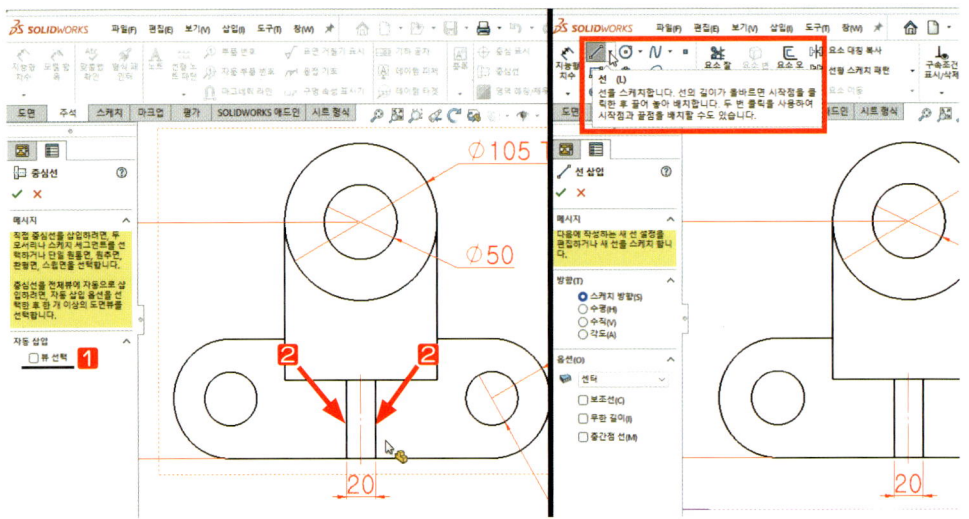

우측면도에는 중심선을 작성하기 전에 먼저 **표시 유형을 (히든) 은선 표시 상태로 변경**[1]해 줍니다. 그리고 **중심선 - 뷰 선택 옵션을 체크**해서 자동 삽입 방식으로 중심선을 작성합니다.[2]

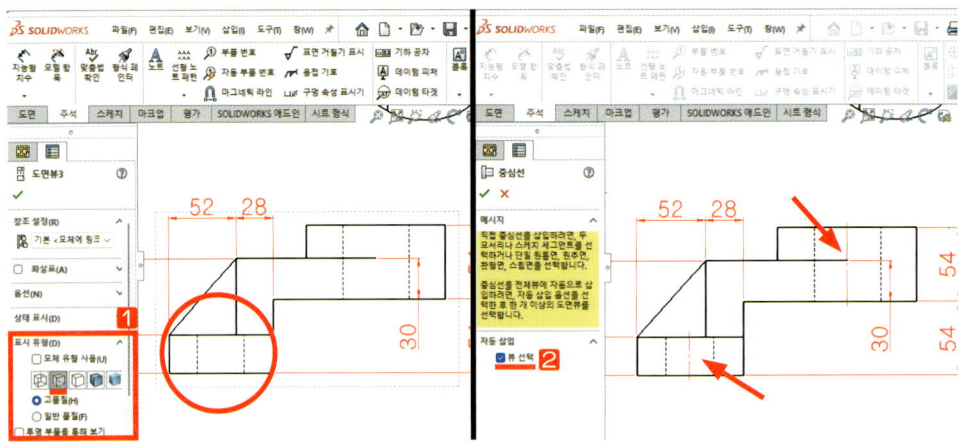

## 2) 중심 표시

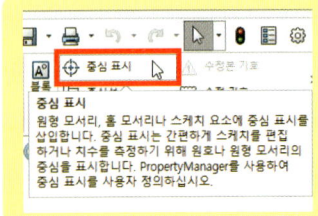

**중심 표시** 도구는 구멍, 필렛 등의 중심점을 일점쇄선으로 표시해 주는 도구입니다.

**왼쪽 옵션창**에서 필요한 항목을 체크한 후에 평면도를 선택하면 중심표시가 자동으로 작성됩니다.[1]

작성된 중심 표시를 한번 더 선택하면 옵션이 표시되는데, 다음과 같이 **문서 기본 사용 항목을 체크 해제** 한 후에 길이와 일점쇄선의 틈 간격 등을 변경할 수 있습니다.[2]

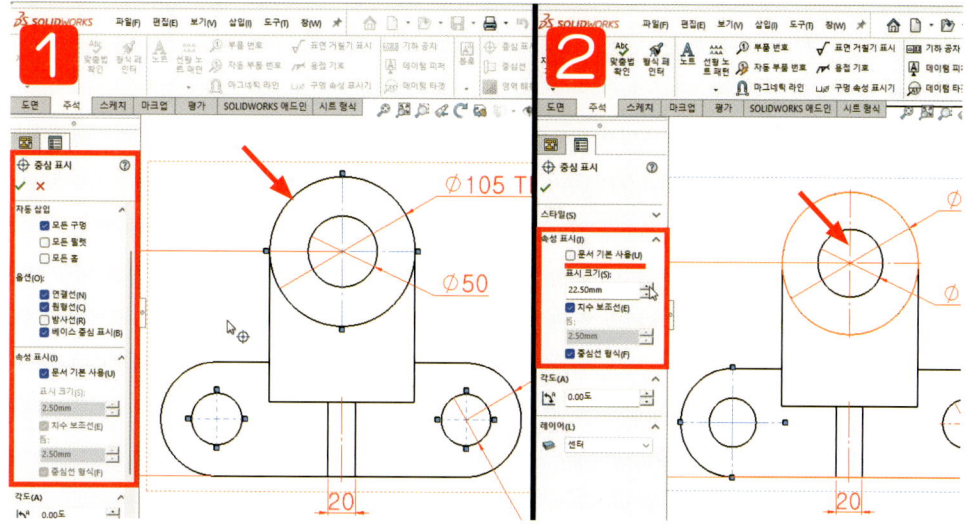

### [TIP] 중심 표시를 자동 삽입으로 작성하면 안되는 이유

솔리드웍스의 도면 옵션에는 반드시 체크 해제해야 하는 옵션이 있습니다. 바로 **문서속성 - 도면화 옵션**인데요. 중심 표시를 자동삽입으로 작성하면 다음과 같이 도면뷰의 방향에 관계 없이 **무조건 수직/수평으로 작성됩니다.**[1] ( 교재 99P 확인 )

이렇게 잘못 작성된 중심선은 결국 작업자가 삭제하고 다시 작성해야 하는 번거로움이 있으므로, **문서속성- 도면화 옵션은 체크 해제하고, 수동으로 작성하는 방법을 권장합니다.**[2]

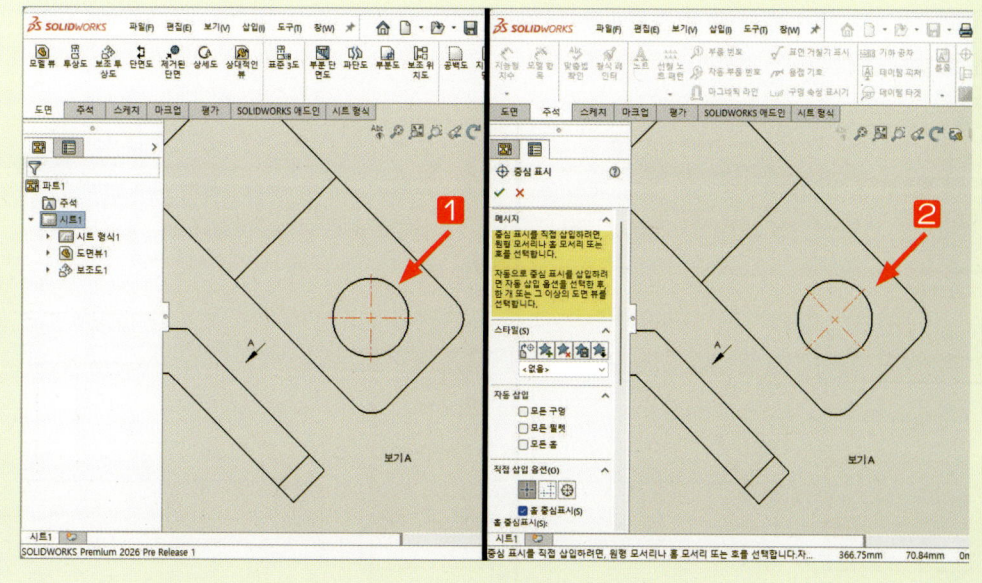

## 3) 영역 해칭

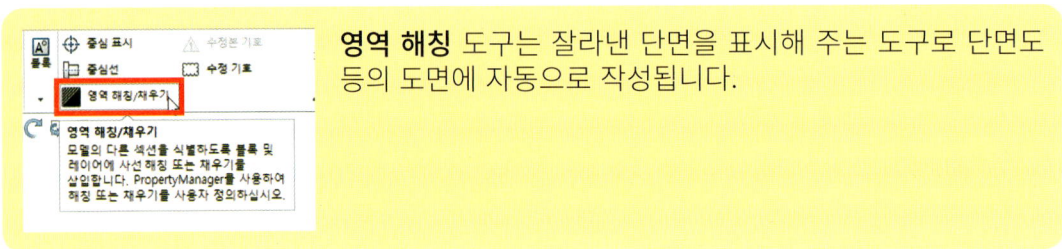

**영역 해칭** 도구는 잘라낸 단면을 표시해 주는 도구로 단면도 등의 도면에 자동으로 작성됩니다.

먼저, 정면도의 왼쪽 하단부 구멍 피처 부분에 **부분 단면도**를 작성해 봅시다. 표시된 부분에 부분 단면도를 작성하면 **영역 해칭**이 자동으로 작성됩니다.

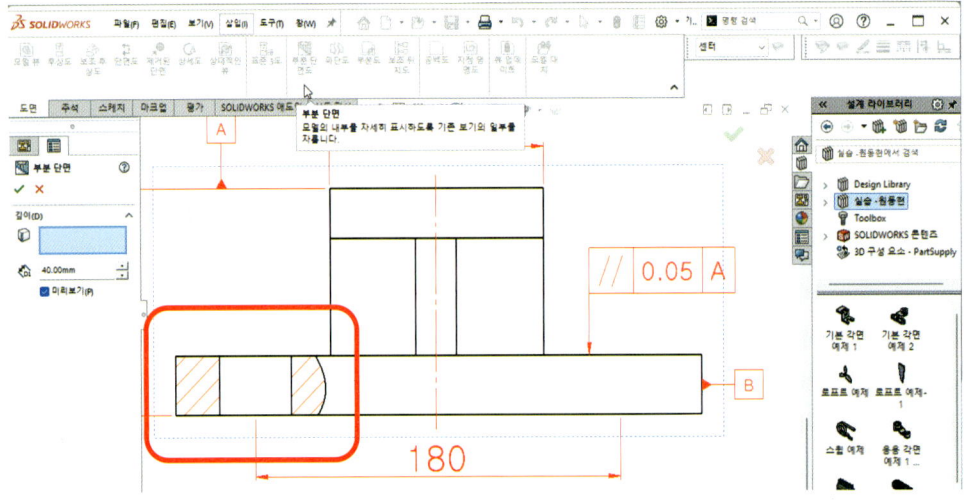

자동으로 작성된 해칭은 모델링의 재질에 맞추어 작성되며,[1] 해칭 영역을 선택하면 왼쪽 옵션창이 표시됩니다. 이곳에서 **재질 해칭 항목을 체크 해제**하면 해칭선의 배율이나 종류, 레이어 등을 변경할 수 있습니다.[2]

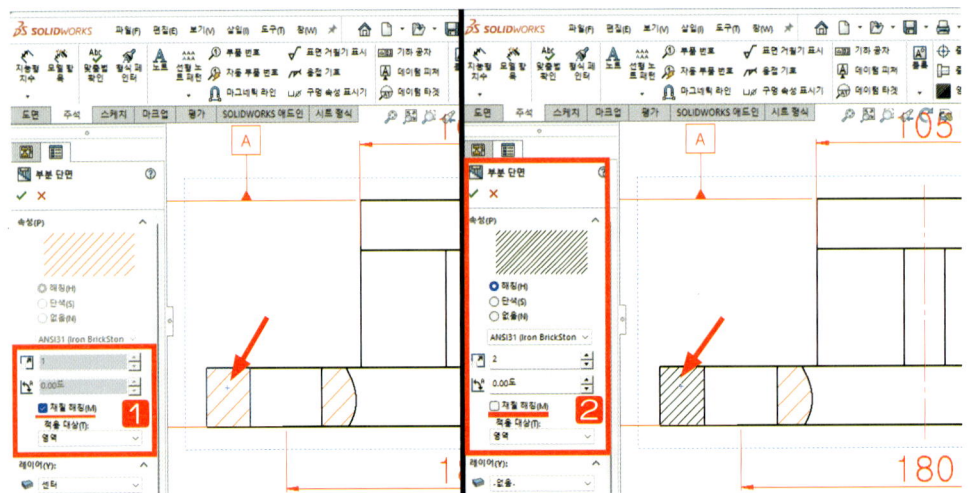

**단면이 아닌 곳에도 해칭 표시를 작성할 수 있는데,** 도면뷰의 평면 영역을 선택하거나, 다음과 같이 원하는 부분에 **스케치를 작성해서 해칭선 또는 단색으로 채울 수 있습니다.**

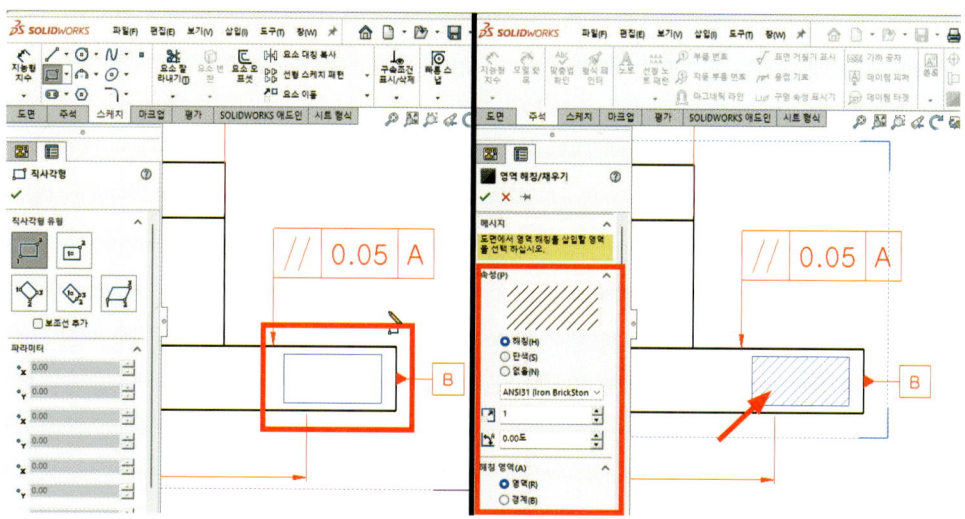

## 4) 표면 거칠기

**표면 거칠기 표시** 도구는 가공 시 표면에 대한 거칠기 기호를 입력하는 도구입니다. 왼쪽 옵션창에서 세부 기호를 입력한 후, 도면뷰의 모서리선을 선택합니다.

평면도에 거칠기 기호를 추가해 봅시다. 모서리선 또는 치수선을 선택해서 작성하며, 기울어진 모서리를 선택하면 기호의 방향은 자동 정렬됩니다. 특정 각도를 입력해서 변경할 수도 있습니다.

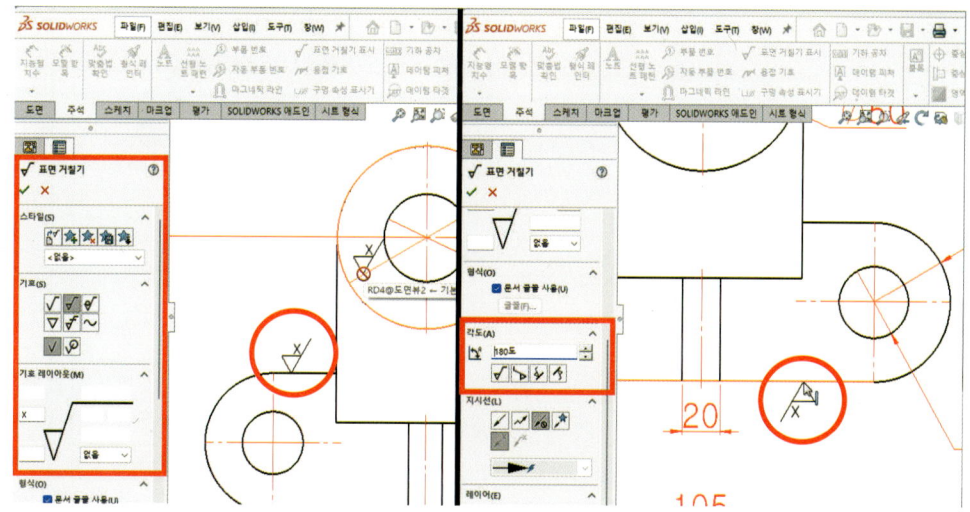

## 5) 노트

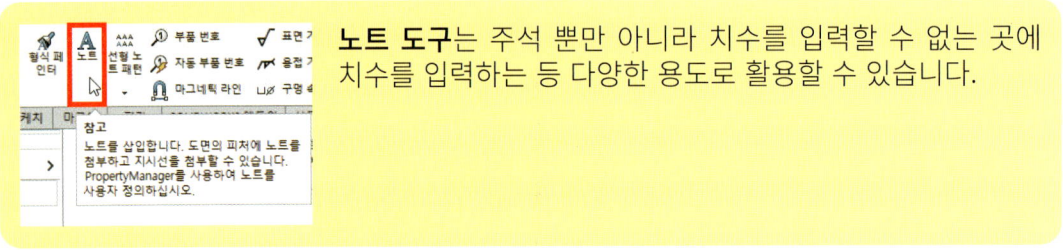

**노트 도구**는 주석 뿐만 아니라 치수를 입력할 수 없는 곳에 치수를 입력하는 등 다양한 용도로 활용할 수 있습니다.

특히 거칠기 기호를 작성할 때 노트에서도 추가할 수 있습니다. 왼쪽 옵션창에서 거칠기 기호 뿐 아니라 기하공차, 데이텀 기호 등을 선택하여 작성할 수도 있습니다.

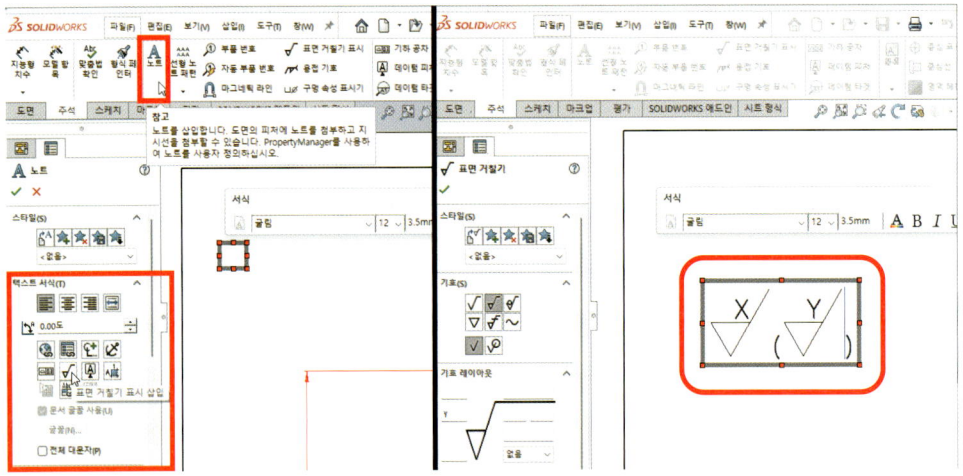

다양한 주석 도구를 사용하여 연습 도면이 완성되었습니다.

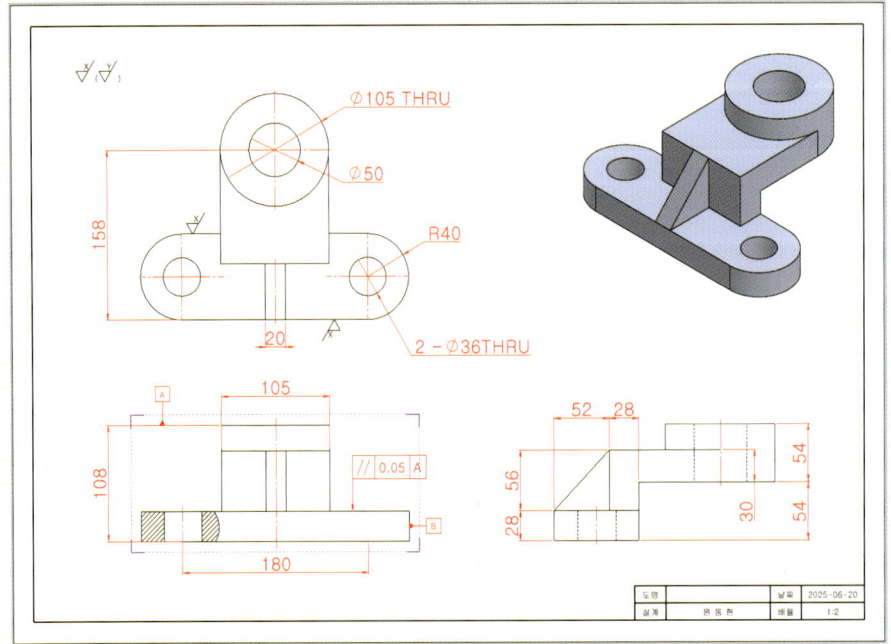

# 05 도면 인쇄 및 저장하기

완성한 2D도면은 다양한 형식으로 저장할 수 있습니다. 도면을 인쇄하는 방법과 저장 형식에 따라 적용하는 옵션들을 함께 살펴볼까요?

## 1) 인쇄하기

완성한 2D도면은 다양한 형식으로 저장할 수 있습니다. 도면을 인쇄하는 방법과 저장 형식에 따라 적용하는 옵션들을 함께 살펴볼까요? 파일 메뉴에서 **도면 인쇄**를 실행해 봅시다.

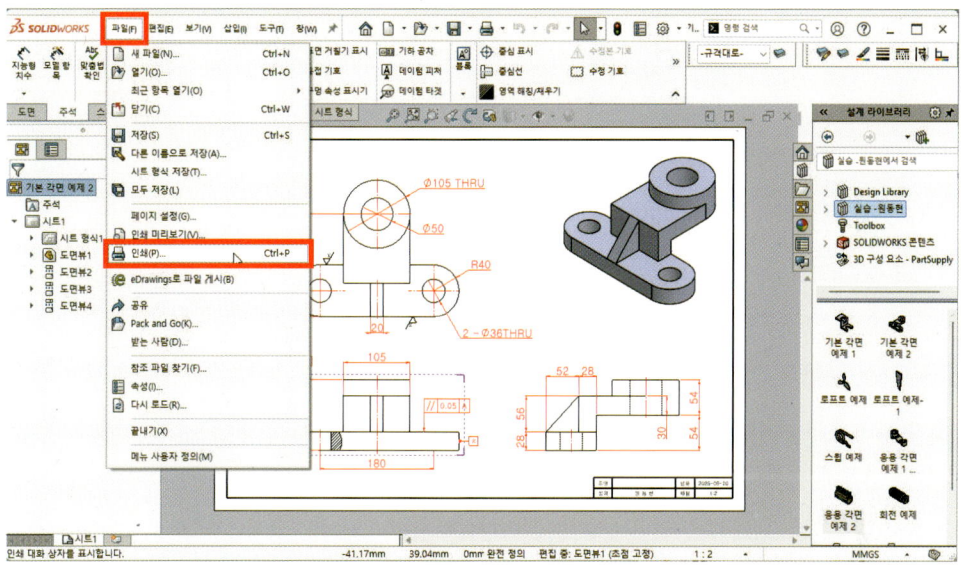

인쇄할 프린터를 선택한 후, **인쇄 범위 - 현재 시트**를 선택합니다.[1] 그리고 **페이지 설정**에서 출력할 프린트의 **용지에 맞춤** 옵션을 체크해야 정상적으로 출력됩니다.[2]

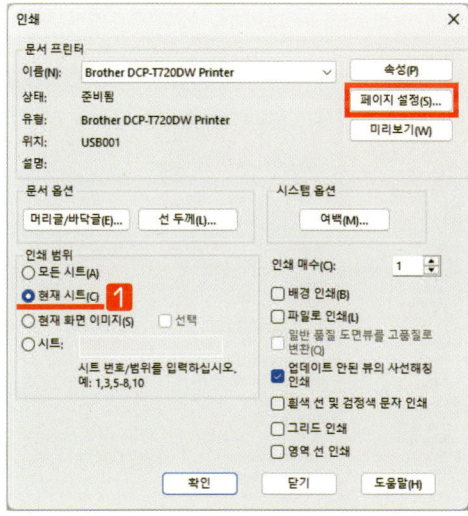
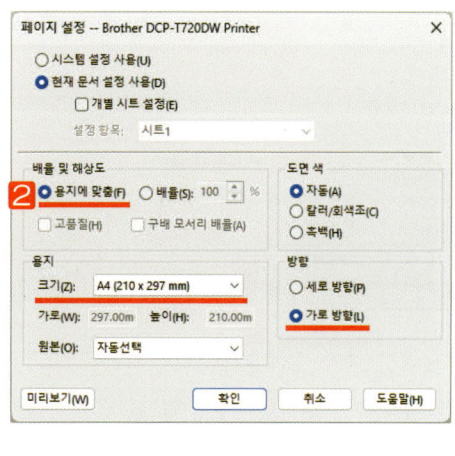

## 2) PDF 저장하기

가장 많이 사용하는 저장 파일은 **PDF** 파일입니다. **다른 이름으로 저장 - 확장자를 PDF 로 변경**하면 옵션창이 표시됩니다. 다음과 같이 고품질로 저장되도록 DPI 해상도를 조정한 후 저장합니다.

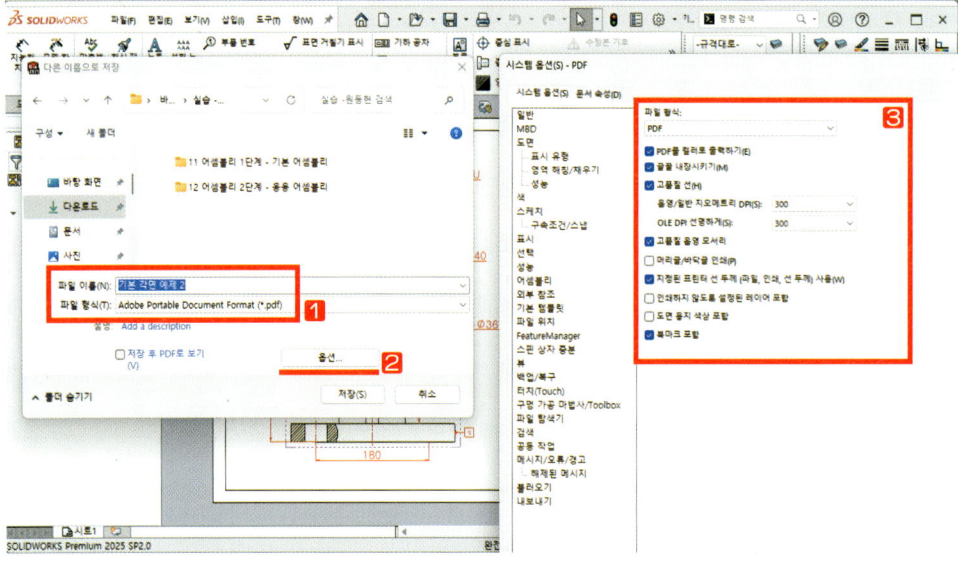

## 3) DWG 저장하기

PDF 와 함께 가장 많이 사용하는 파일 확장자로 **오토캐드 형식의 DWG 파일**이 있습니다. 솔리드웍스의 2D 도면을 작성한 후 DWG 로 내보내기 저장하여 협업하는 방식을 많이 사용하는데, 다음과 같이 확장자를 DWG 로 변경한 후 하위 옵션을 변경합니다.

**특히 배율과 다중 시트 저장 옵션**을 다음과 같이 설정하여 저장하며, **현재 문서의 레이어는 별도의 설정 없이 함께 저장됩니다. 매핑 파일을 별도로 사용하기도 합니다.**

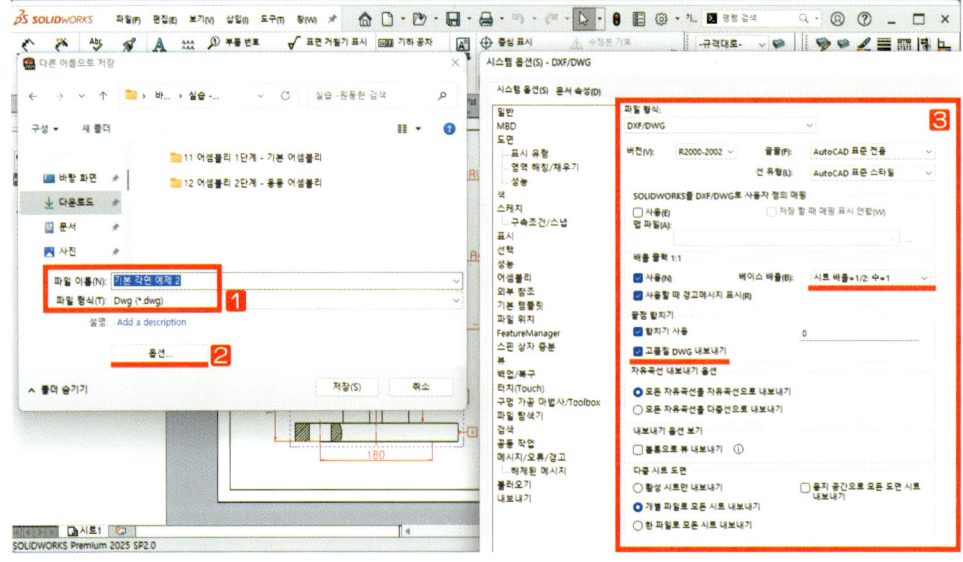

## 4) 전자도면 E-drawing 저장하기

이번에는 전자도면 형식으로도 저장해 볼까요? **전자 도면 E-drawing** 방식은 솔리드웍스가 아닌 별도의 프로그램에서 실행되는 파일입니다. 전자도면 뷰어는 솔리드웍스 공식 홈페이지에서 무료로 다운로드 받을 수 있으며, IOS / 안드로이드 어플도 지원하고 있어서 스마트폰과 태블릿에서도 실행할 수 있다는 장점이 있습니다.

다음과 같이 전자도면 형식으로 저장해 봅시다. **옵션에서 측정 유무와 암호, 첨부파일 추가 등 다양한 편의성을 제공하고 있습니다.**

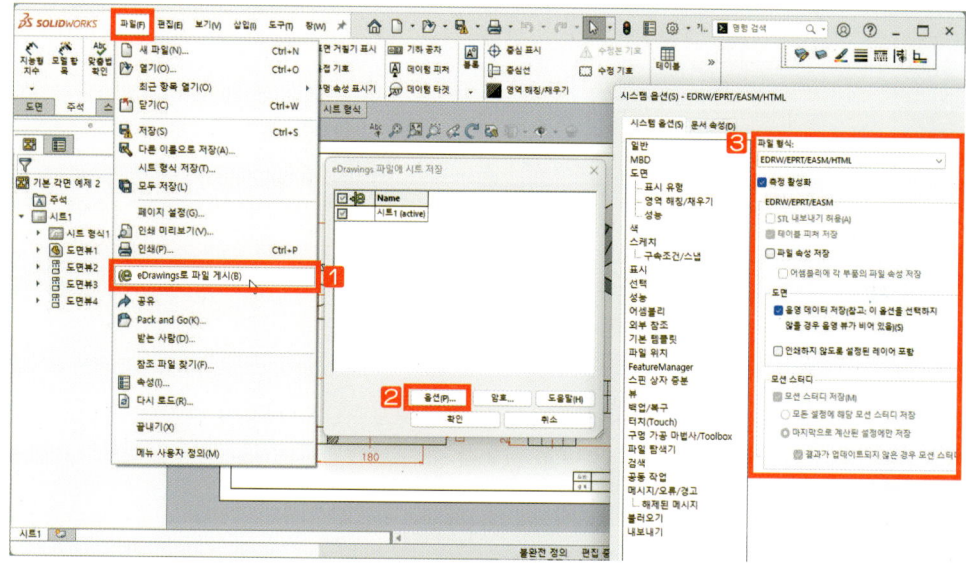

전자도면 프로그램은 솔리드웍스를 설치할 때 함께 설치되며, 저장 시 자동으로 실행됩니다. 측정, 스탬프, 주석 등 다양한 도구를 사용할 수 있습니다.

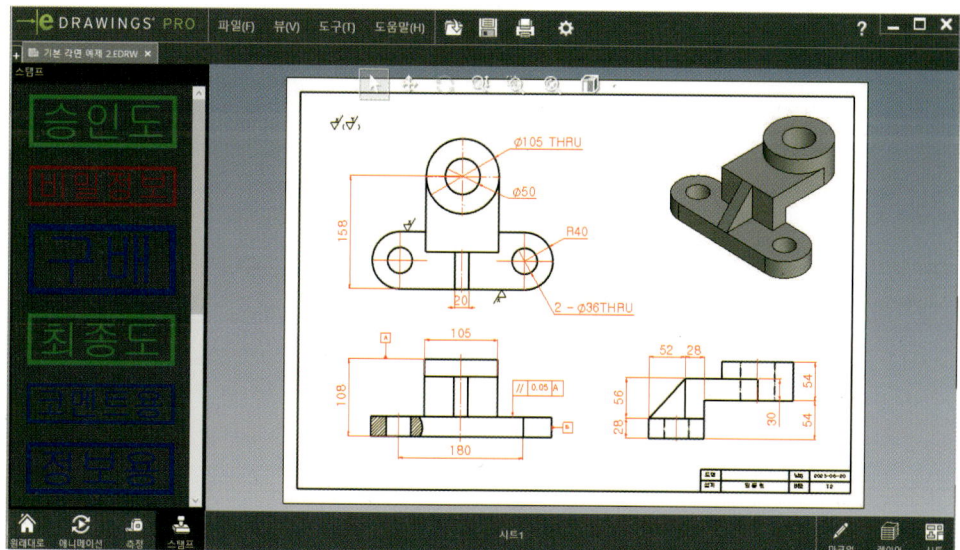

**전자도면 방식의 가장 큰 장점은 바로 저장 형식에 있습니다.** 별도의 뷰어가 설치되지 않은 컴퓨터에서도 문서를 실행할 수 있도록 **exe 형식의 실행 파일과 함께 저장하거나, html 파일로 저장**할 수 있다는 점입니다.

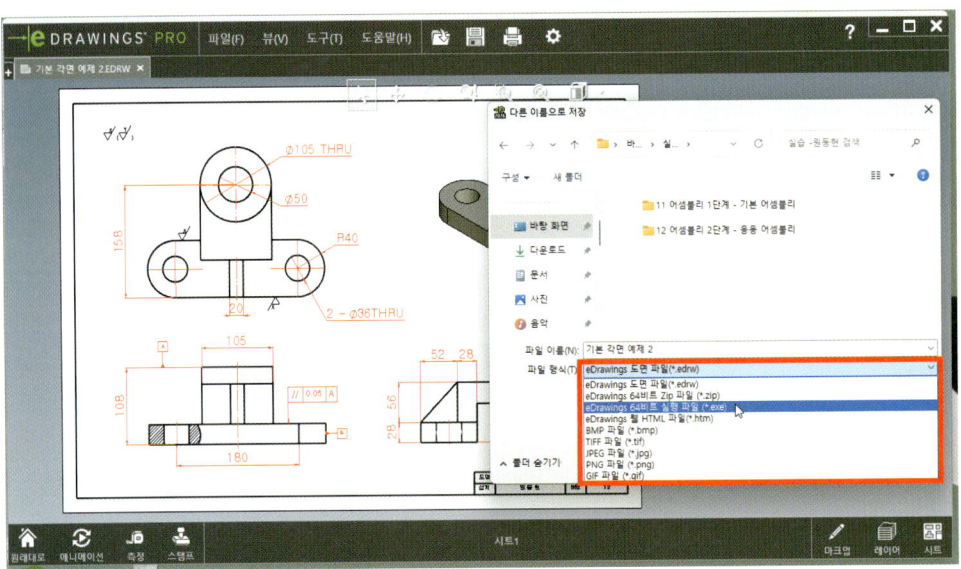

2D 도면 뿐만 아니라, 3D 파트와 어셈블리 문서 역시 전자도면으로 저장할 수 있습니다. 솔리드웍스가 없는 컴퓨터에서도 3D 파일을 실행하고 치수와 주석을 확인할 수 있으며, **솔리드웍스의 뷰어 등으로 널리 활용되고 있습니다.**

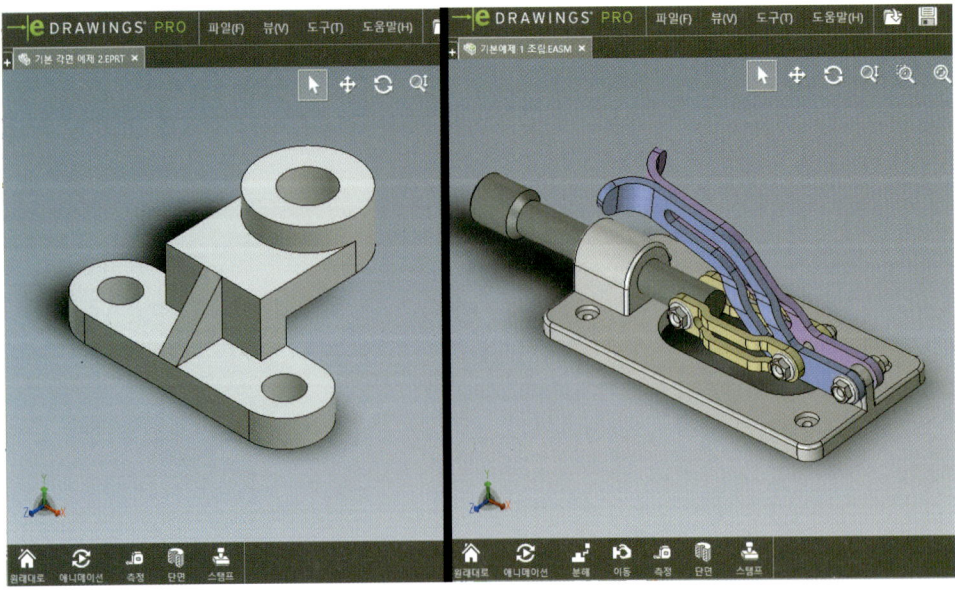

# chapter 06

## 2D도면 2단계
# 어셈블리 도면 작성하기

01 어셈블리 도면뷰 작성하기
02 분해도와 보조 위치도
03 주석 입력하기 -
   부품번호와 마그네틱 라인
04 BOM 테이블 작성하기
05 멀티 시트 추가하기

# 01 어셈블리 도면뷰 작성하기

1️⃣ 두 번째 도면 작업으로 **어셈블리 2D 도면**을 작성해 봅시다. 파트 도면 작업과 달리 어셈블리 도면 작업에서만 작성할 수 있는 도면뷰와 주석이 있습니다.

부록 파일에서 **어셈블리 기본예제 1 조립** 파일을 실행하고, 도면뷰 작성을 위해서 다음의 **평행 메이트를 기능 억제 상태로 변경**해 줍니다.

참고) 플레이!솔리드웍스 2026 파트베이직 교재의 실습 파일을 예제로 사용합니다.

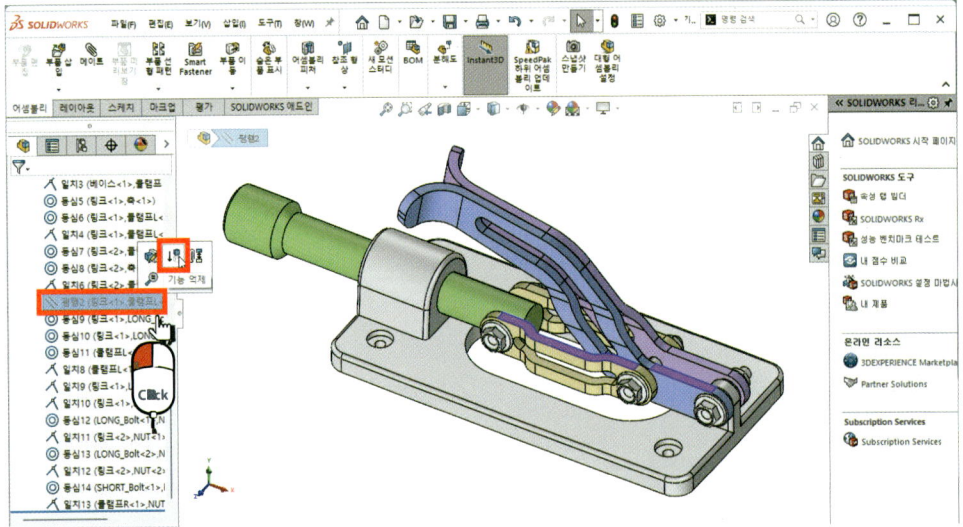

2️⃣ 디자인트리의 세 번째 탭 - 설정 탭에서 현재 **어셈블리의 분해도**가 작성되어 있는지 확인해 줍니다.

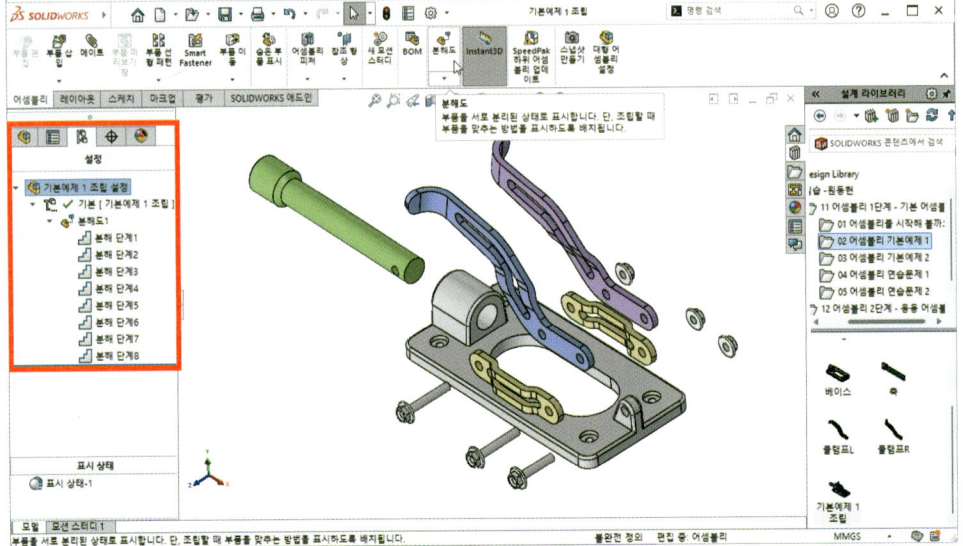

3  어셈블리는 **다시 조립된 상태로 변경**한 후, 현재 어셈블리를 덮어쓰기 저장합니다. 그리고 메뉴바에서 곧바로 도면을 작성해 봅시다. [ 어셈블리에서 도면 작성 ]

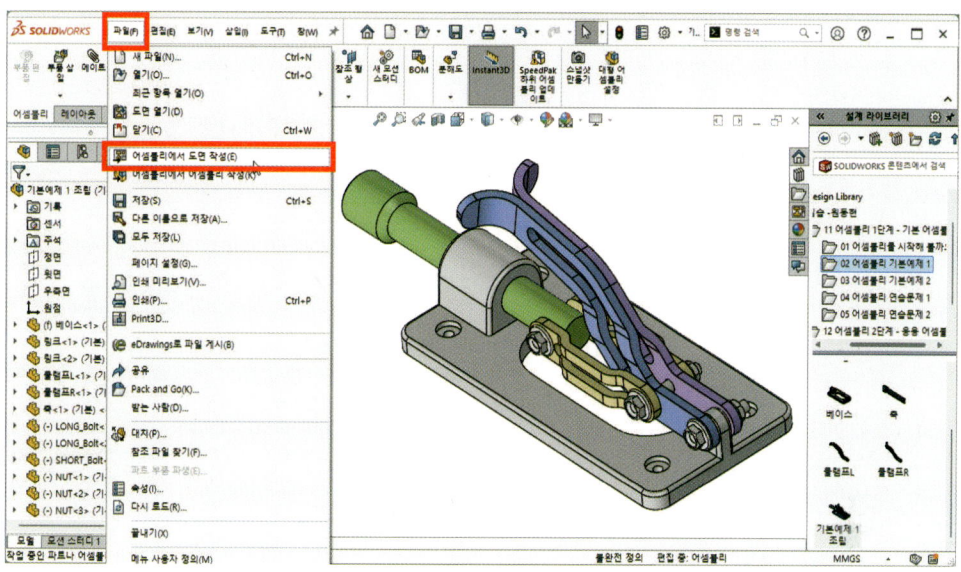

4  미리 만들어놓은 도면 템플릿을 선택합니다.

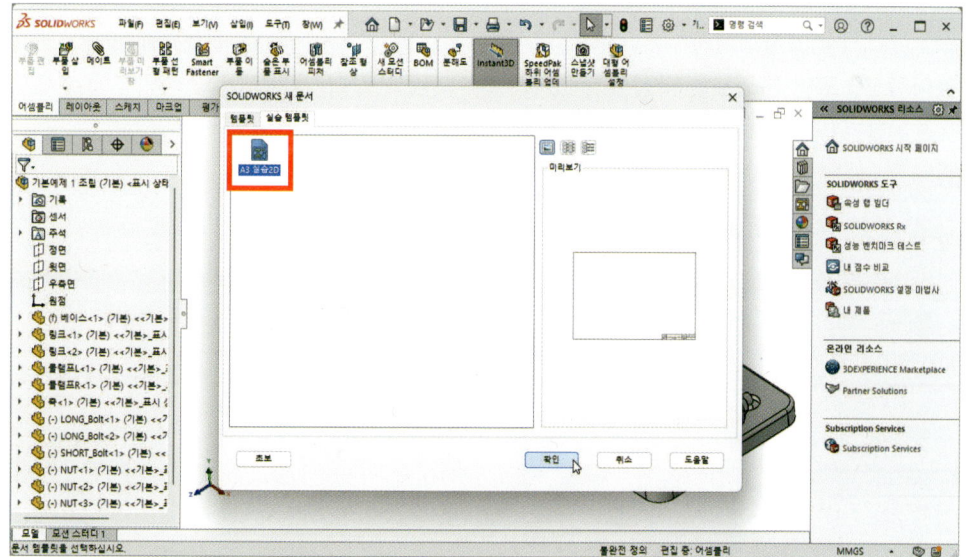

5️⃣ 뷰 팔레트에서 **정면도, 등각투상도, 분해도** 도면뷰를 드래그하여 예제 도면을 작성해 봅시다. 정면도를 제외하고 나머지 도면뷰는 색상 표시 상태로 변경해 줍니다.

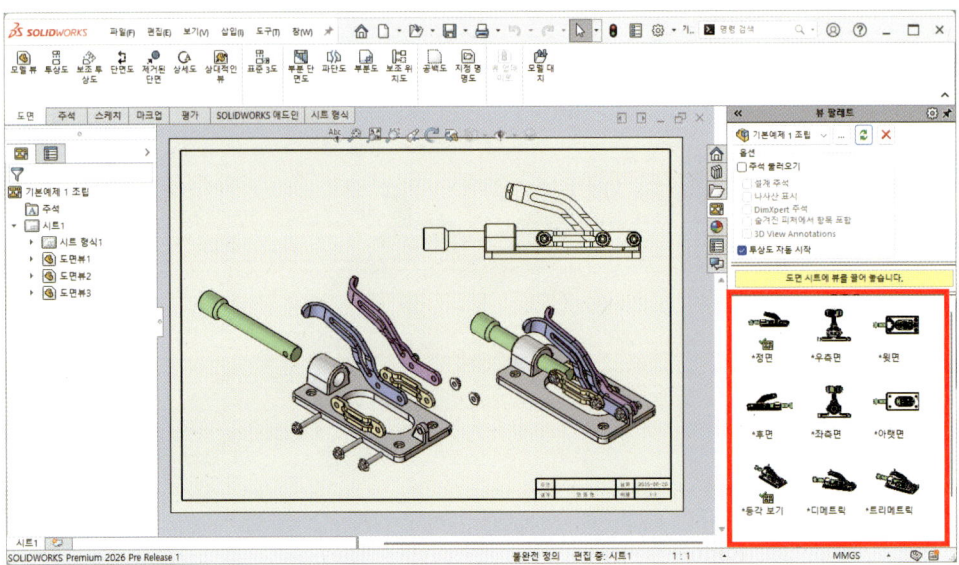

## 02 분해도와 보조 위치도

### 1) 분해도 작성하기

어셈블리 도면의 분해도는 3D 모델링에서부터 시작됩니다. **3D 어셈블리 문서에 분해도가 작성되어 있어야 2D 도면 분해도를 작성할 수 있습니다.** 다음과 같이 뷰 팔레트의 하단부에 분해도가 별도로 표시되어 있으므로, 드래그 앤 드롭 방식으로 손쉽게 작성할 수 있습니다.

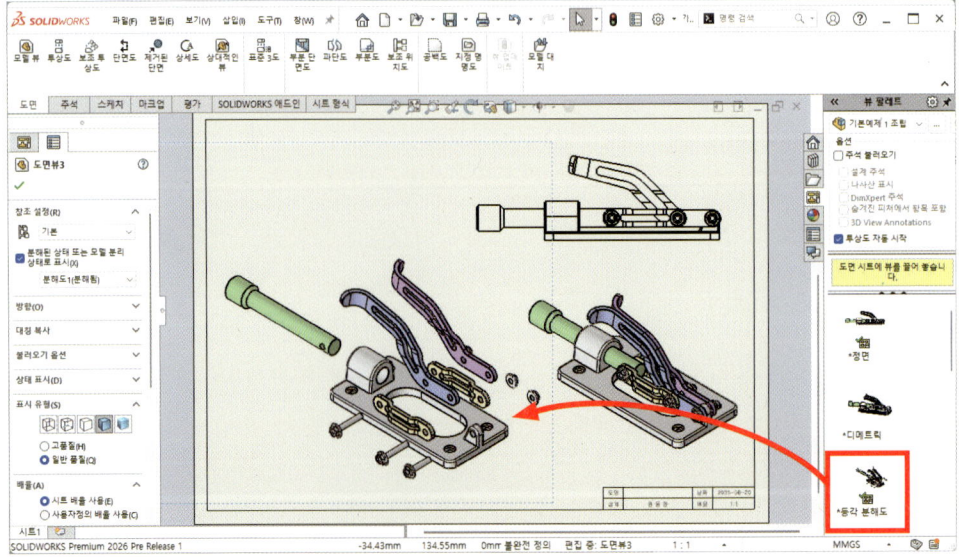

또는 정면도, 등각투상도 등의 일반 도면뷰를 선택하면 왼쪽 옵션창 상단에 **분해된 상태로 표시** 옵션이 있습니다. 이 옵션을 사용해서 분해도 도면뷰로 전환하기도 합니다.

**참고) 3D 어셈블리 문서에 분해도가 작성되어 있지 않으면 분해된 상태로 표시 옵션이 활성화되지 않습니다. 만약 이 옵션이 비활성화되어 있다면 3D 어셈블리 문서를 먼저 확인해 주시기 바랍니다.**

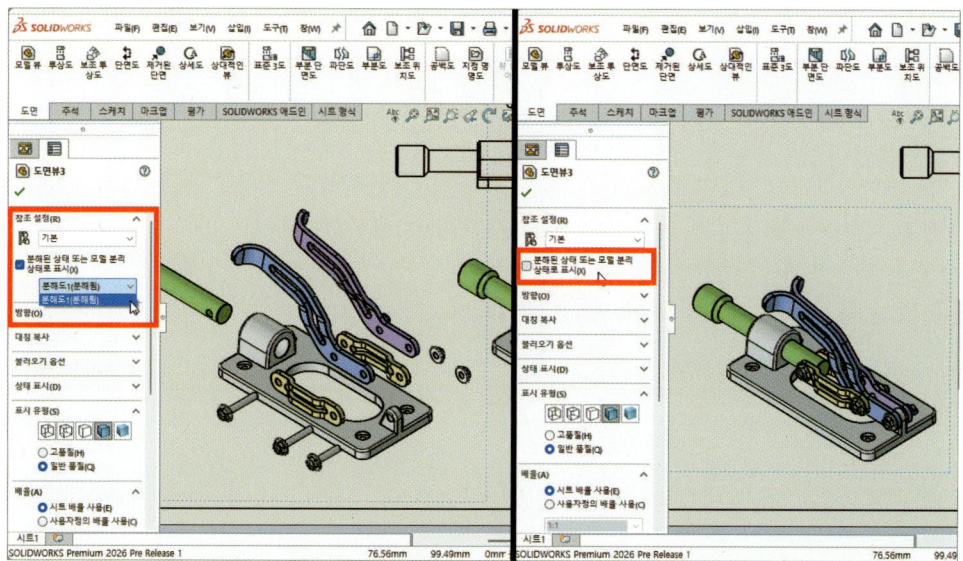

MEMO ✓

## 2) 보조 위치도

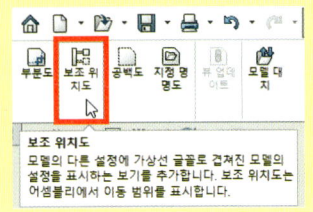

**보조 위치도** 도구는 작동하는 어셈블리의 작동 범위를 2D 도면뷰로 표현하는 도구입니다.

**보조 위치도** 도구를 실행한 후,[1] **어셈블리의 정면도**를 선택합니다.[2] 왼쪽 옵션창에 보조 위치도에 대한 설정 옵션이 표시되면 확인 아이콘을 선택합니다.[3]

참고) 보조 위치도는 작동할 수 있는 어셈블리 도면뷰에 사용하는 도구입니다.

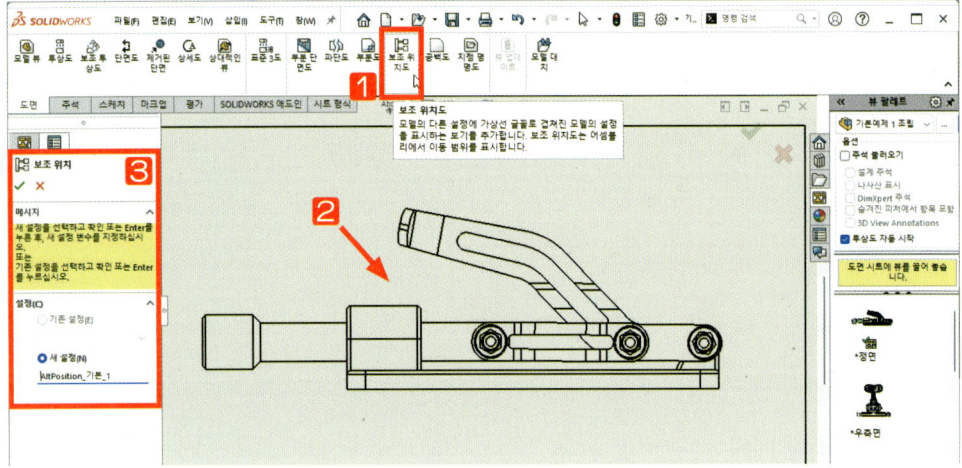

화면이 전환되어 3D 어셈블리 화면이 표시되면 움직이는 위치에 맞추어 부품을 드래그해 줍니다. 그리고 확인 아이콘을 선택합니다.

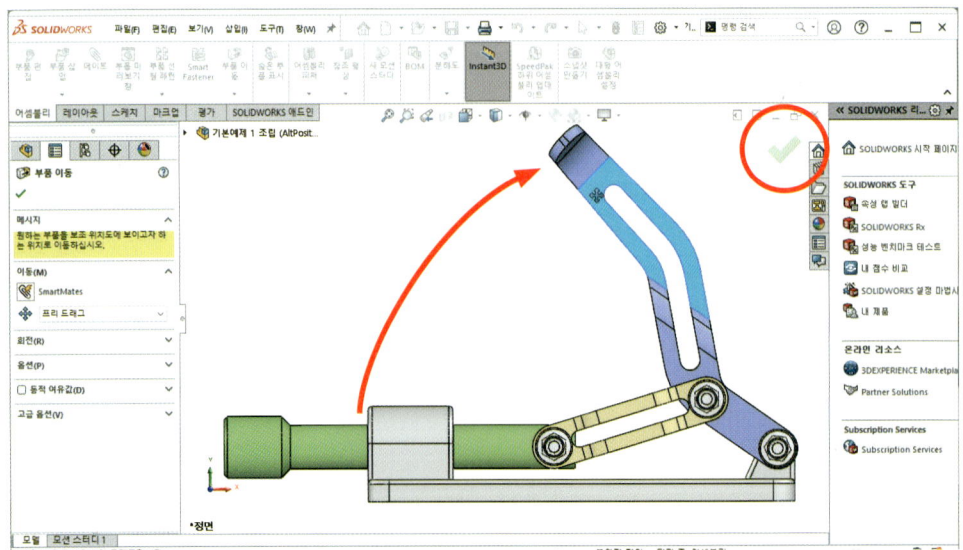

다음과 같이 기존 위치는 실선으로, **드래그한 부품의 위치는 이점쇄선으로 표시되며 보조 위치도가 생성됩니다.** 디자인트리를 살펴보면 보조 위치도는 원본 도면뷰의 내부에 별도로 추가되어 있습니다.

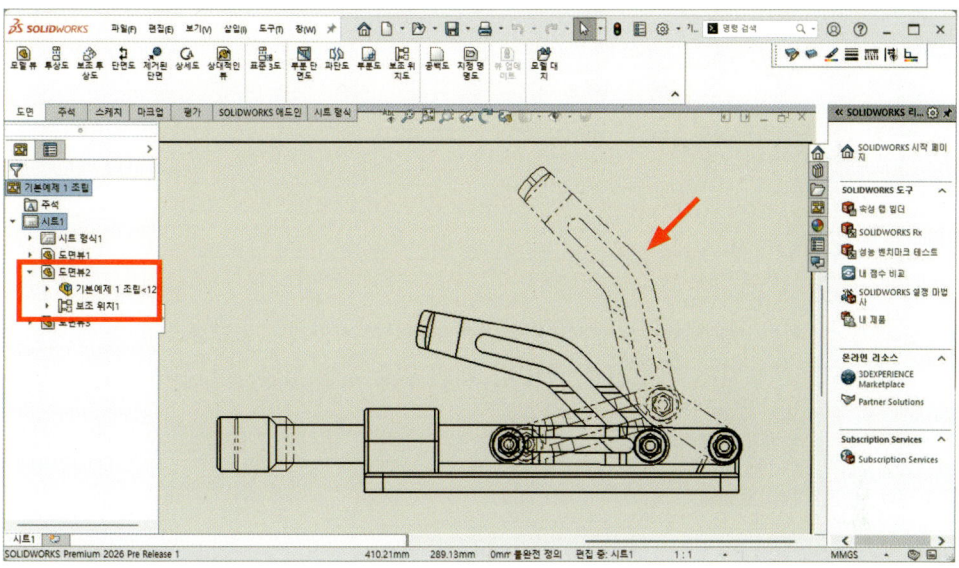

그러나 보조 위치도가 종종 이점쇄선이 아닌 일반 실선으로 표시되는, 원인을 알 수 없는 오류가 발생하기도 합니다. 이러한 경우에는 다음 순서에 따라 보조위치도의 레이어를 변경하는 방법으로 해결할 수 있습니다.

① 이점쇄선 레이어를 별도로 생성합니다.
② 디자인트리- 보조위치도의 모델링을 우클릭하여 부품 선 형식을 실행합니다.
③ 문서 기본사용을 해제하고, 모든 뷰에 이점쇄선 레이어를 적용합니다.

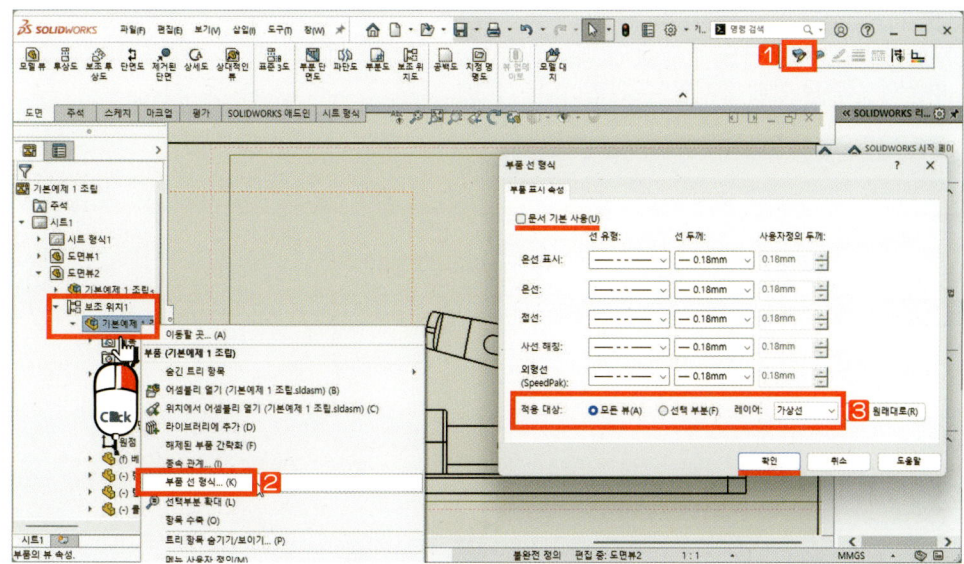

159

## 03 주석 입력하기 - 부품 번호와 마그네틱 라인

### 1) 부품 번호

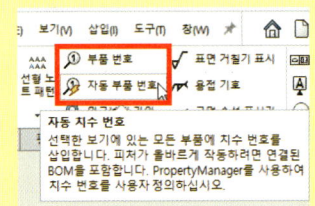

**부품 번호** 도구는 어셈블리의 부품에 번호를 입력하는 도구로, 수동 모드와 자동 모드 두 가지 도구가 있습니다.

**자동 부품 번호** 도구를 실행한 후 분해도를 선택하면 다음과 같이 모든 부품에 부품 번호가 자동 작성됩니다. 자동으로 작성되는 부품 번호는 **가이드라인 위로 자동 정렬**되며, 왼쪽 옵션창에서 배열 옵션을 변경할 수 있습니다.

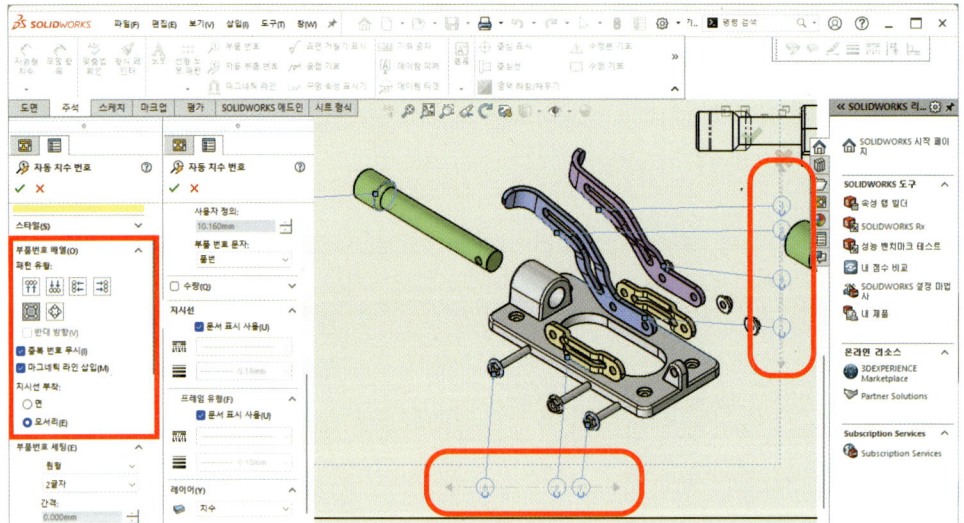

또한 부품 번호 형식은 단순 번호 뿐만 아니라 분할원, 텍스트 등 작업자가 자유롭게 변경할 수 있으며, 부품의 수량을 함께 표시할 수 있습니다.

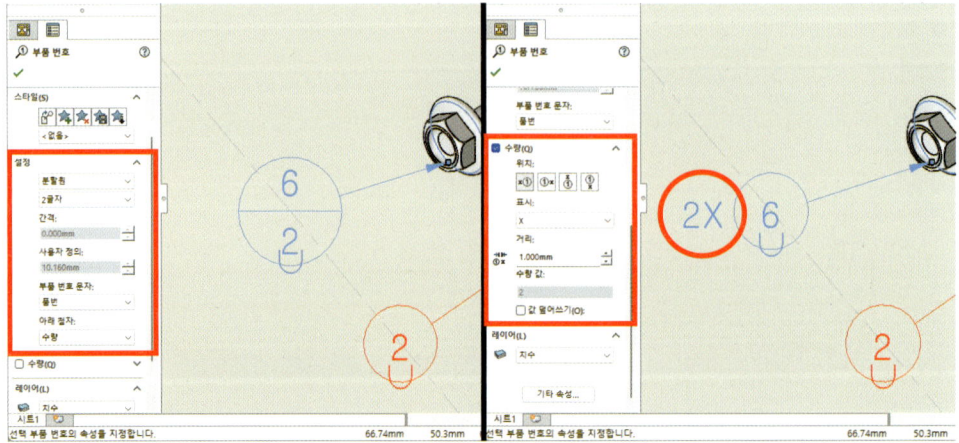

## 2) 마그네틱 라인

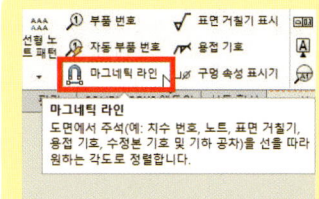

**마그네틱 라인** 도구는 부품 번호를 정렬해 주는 가이드라인 도구입니다. 부품 번호를 작성할 때 자동 생성됩니다.

**마그네틱 라인**은 자동으로 생성되기도 하지만, 별도로 추가할 수 있습니다. 다음과 같이 마그네틱 라인을 작성한 후, 부품 번호를 마그네틱 라인으로 끌어와 정렬하는 방법으로 사용합니다.

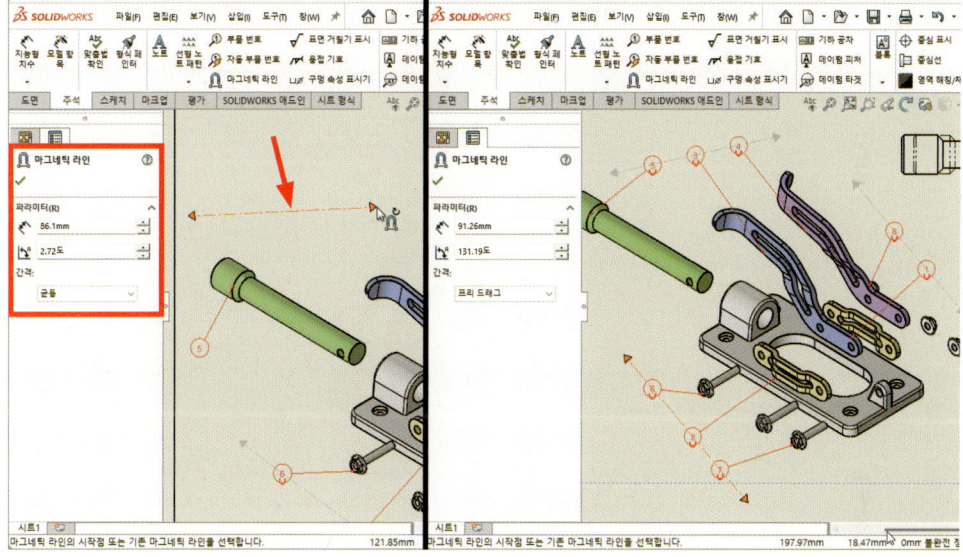

부품 번호 뿐만 아니라 기하공차, 거칠기 표시 등의 기호를 정렬하는 데 활용하기도 합니다. 그러나 2개 이상은 사용할 수 없고 다음과 같이 제한적으로 사용할 수 있습니다.

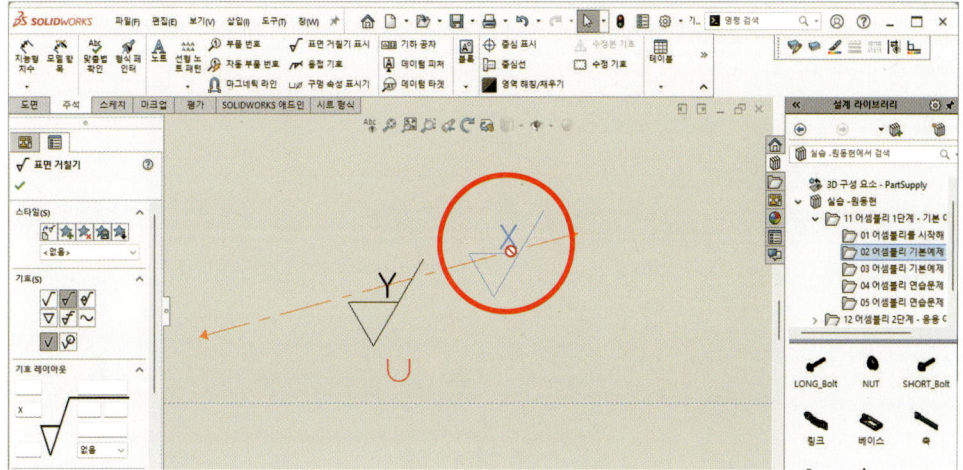

# 04 BOM 테이블 작성하기

## 1) BOM 테이블 작성하기

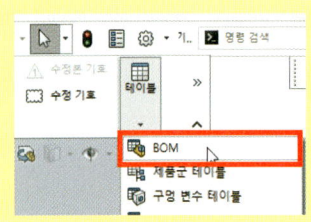

어셈블리 도면에서 가장 중요한 작업이 **BOM (Bill of Material)** 부품 리스트 작업입니다.

BOM 도구를 실행한 후, 도면뷰를 선택하면 왼쪽 옵션창이 표시됩니다. 다음과 같이 설정해 봅시다.

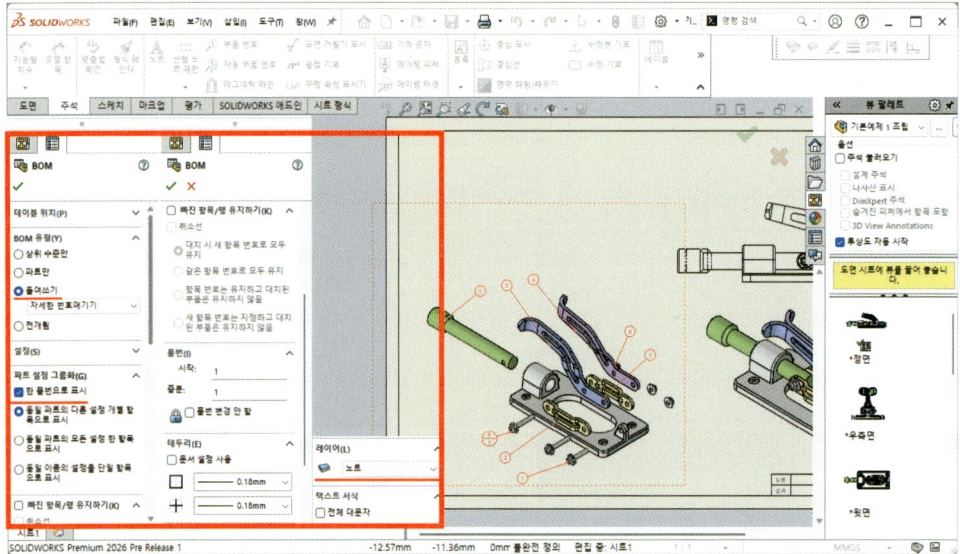

확인 아이콘을 선택하면 다음과 같은 테이블이 생성됩니다. 도면 시트의 왼쪽 상단에 배치해 봅시다. 테이블의 측면 탭을 클릭해서 드래그하면 부품의 순서를 변경할 수 있으며,[1] 상단 탭을 클릭해서 드래그하면 항목의 순서를 변경할 수 있습니다.[2]

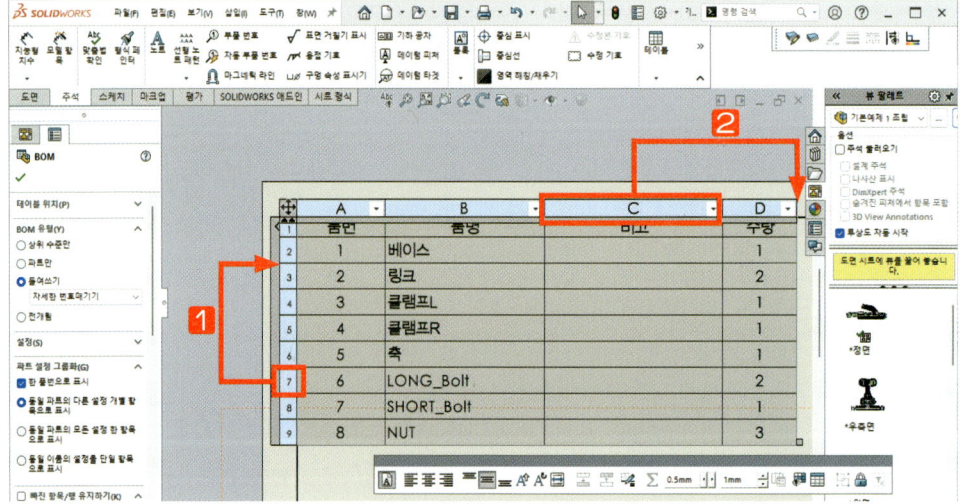

기본으로 생성되는 항목 외에 새로운 항목을 추가하려면 **상단 탭을 우클릭해서 새로운 열을 추가** 삽입해 줍니다. 그리고 항목을 지정해 줍니다.

**그러나 부품의 재질이나 질량, 회사명 등의 필수 정보가 표시되지 않습니다. 그렇다면 작업자가 일일이 수동으로 입력해 주어야 할까요?**

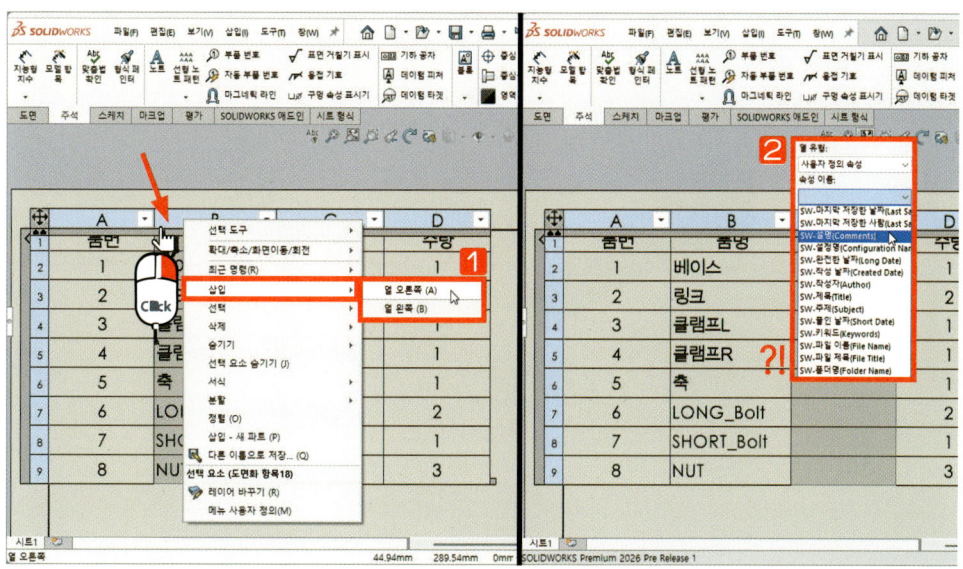

저자가 재직자 교육에서 종종 교육생들에게 설명하는 내용이 있습니다.

" **2D 도면에 무언가를 표현하고 싶으세요? 그럼 3D 모델링 파일에 데이터를 추가해야 합니다** "

BOM 항목이 대표적인 예시입니다. 3D 파일의 사용자정의 속성에 아무것도 적용되어 있지 않기 때문에 BOM 에도 표시할 항목이 없는 것입니다. 다음과 같이 **축 부품**을 파트로 열어서 **사용자정의 속성**을 살펴봅시다.

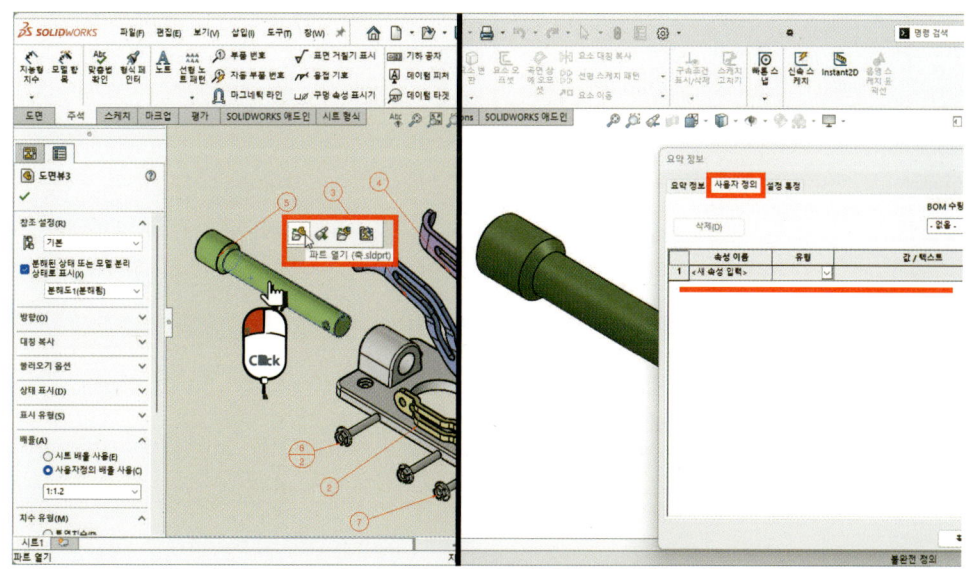

그렇다면 BOM 테이블에 표시하고 싶은 항목들을 임의로 추가해 볼까요? 다음과 같이 **설계자/ 재질/ 질량** 항목을 추가하고, 축 부품에는 **보통 탄소강 Plain Carbon Steel** 재질을 적용합니다.

**현재 파트 문서는 덮어쓰기 저장 후 종료합니다.**

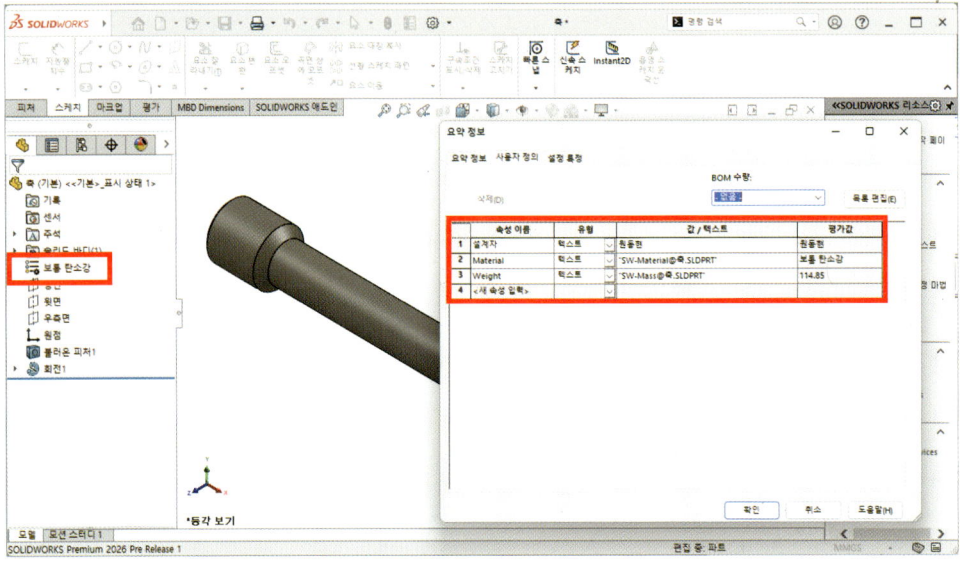

다시 2D 도면 문서로 돌아오면 적용된 재질에 따라 축 부품의 색상도 변경되어 있습니다. 그리고 BOM 에서 새로운 항목을 추가해 보면 사용자정의 속성값에 추가했던 항목이 표시되는 것을 확인할 수 있습니다.

**즉, 2D 도면에 표시하고자 하는 내용들은 3D 모델링 파일에 미리 작성해 놓아야 한다는 점, 꼭 기억해 주세요.**

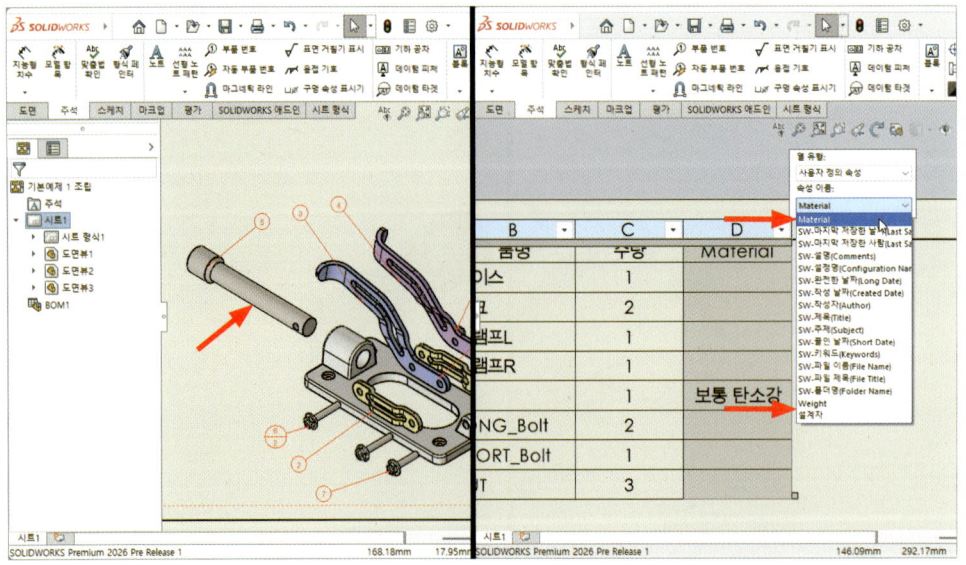

## 2) BOM 테이블을 외부 파일로 저장하기

작성한 BOM 테이블은 외부 파일로 내보내기 저장하여 활용할 수 있습니다.

다음과 같이 BOM 테이블의 상단 코너를 우클릭하여 **다른 이름으로 저장**해 봅시다. 그리고 **확장자를 Excel 파일로 변경**해 줍니다. 하단부 옵션에 **축소판** 항목도 함께 체크해 줍니다.

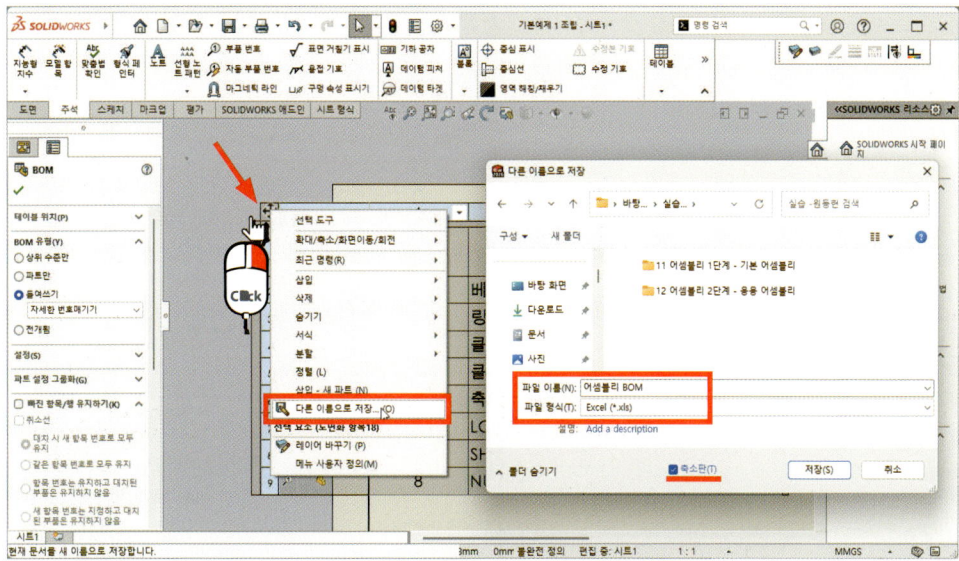

### [TIP] 축소판이 뭐에요?

**어셈블리 도면의 BOM 테이블에는 부품의 썸네일이 기본적으로 생성되어 있습니다.** BOM 의 측면 탭을 확장하면 썸네일이 표시되며, Excel 파일로 저장 시 축소판 옵션을 체크하면 썸네일 이미지도 함께 저장할 수 있습니다.

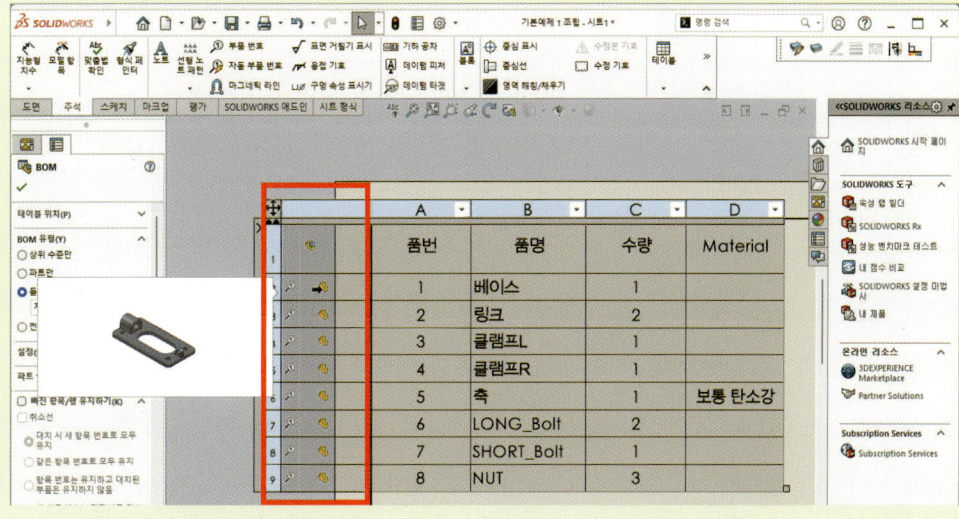

저장된 Excel 파일을 실행해 볼까요? 다음과 같이 BOM 테이블이 썸네일과 함께 저장되어 있습니다.

참고) 함께 저장된 썸네일- 축소판 이미지는 자유롭게 편집하지 못하는 상태로 삽입됩니다.

그러나 Excel 메뉴바 - 검토 - 통합 문서 공유 해제 항목을 선택하면 이미지를 자유롭게 편집할 수 있습니다.

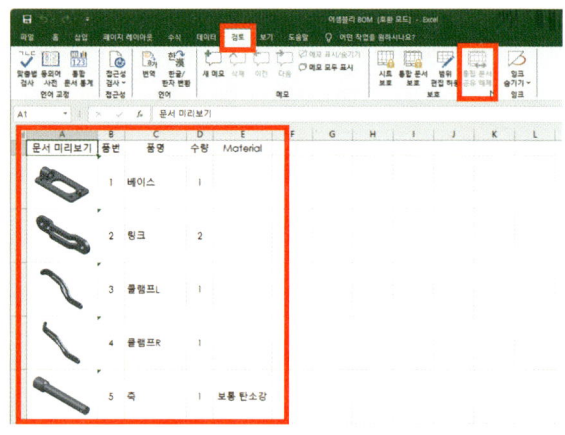

마지막으로, 도면 표제란의 도면 제목을 수동으로 작성해 봅시다. **시트 형식 편집 모드**를 실행하고, 도면 이름을 입력해 줍니다. 그리고 시트 형식 편집 모드를 종료합니다.

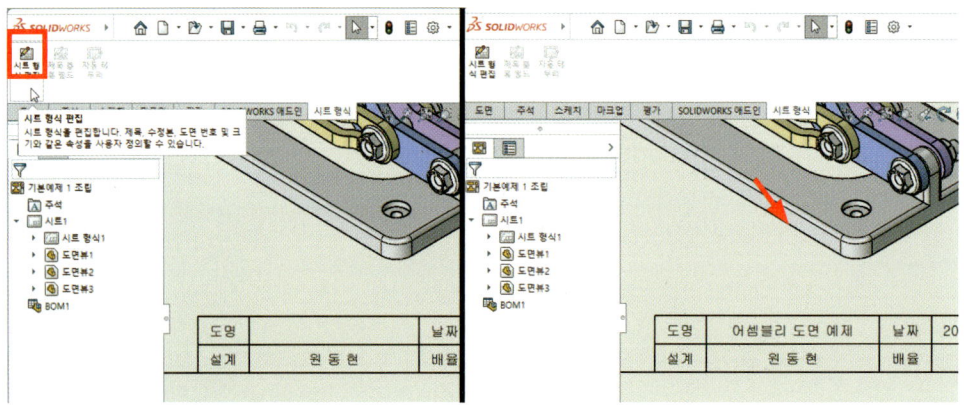

어셈블리 도면 예제가 완성되었습니다.

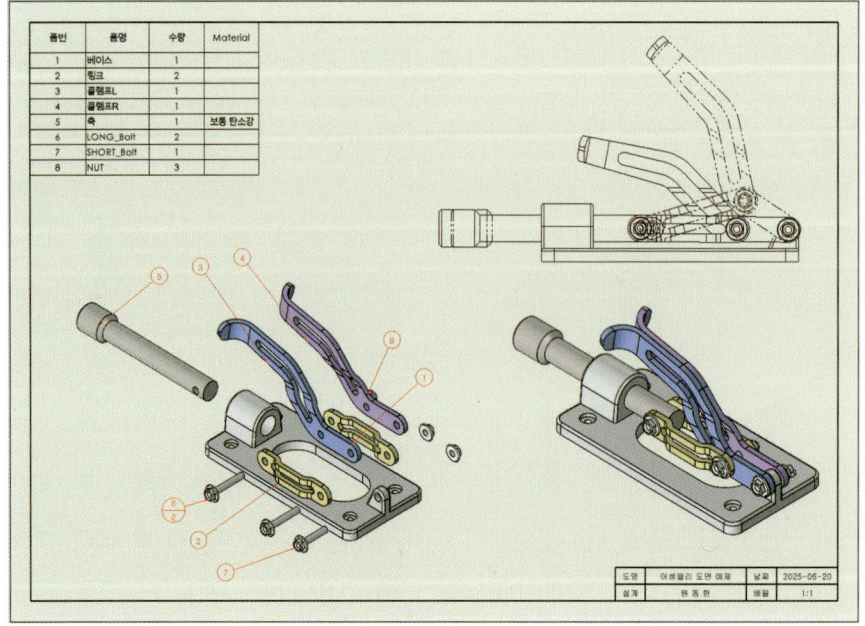

## 05 멀티 시트 추가하기

[1] 솔리드웍스의 2D 도면은 오토캐드와 달리 독립적인 도면 작업 공간을 제공합니다. 마치 Excel 프로그램의 시트 개념과 동일하게 별도의 도면 시트를 제공하는데, 다음과 같이 작업 창 하단부에서 **시트 추가** 아이콘을 선택[1]하면 새로운 시트가 추가됩니다.

그러나 도면 용지는 기본 시트가 표시되므로, 다음과 같이 **도면 속성에서 규격에 맞는 시트로 교체해 주어야 합니다.**[2]

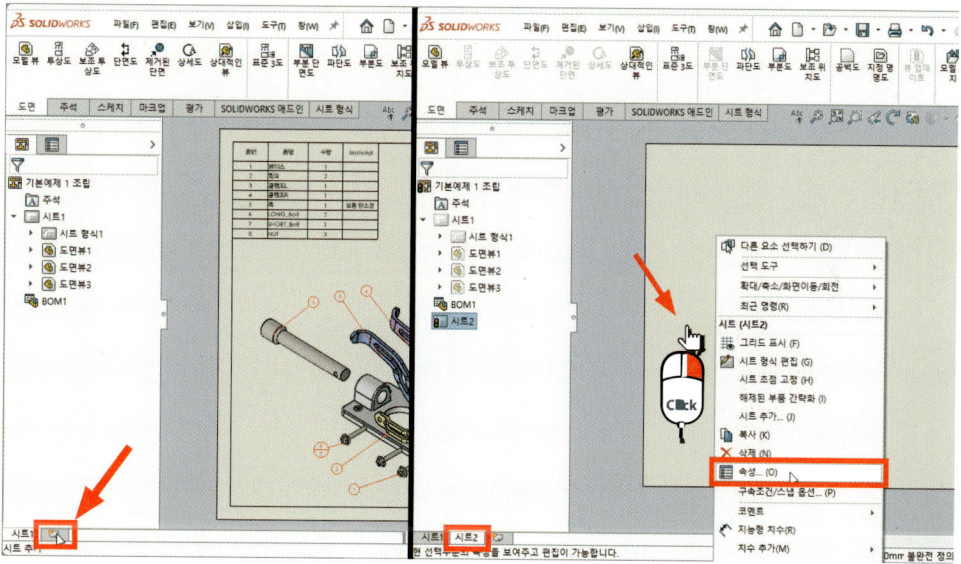

[2] 도면 속성을 실행한 후, 미리 저장해 놓은 도면 시트를 선택합니다. 이때, **표준 규격 표시를 해제**해야 저장된 시트가 정상적으로 표시됩니다.

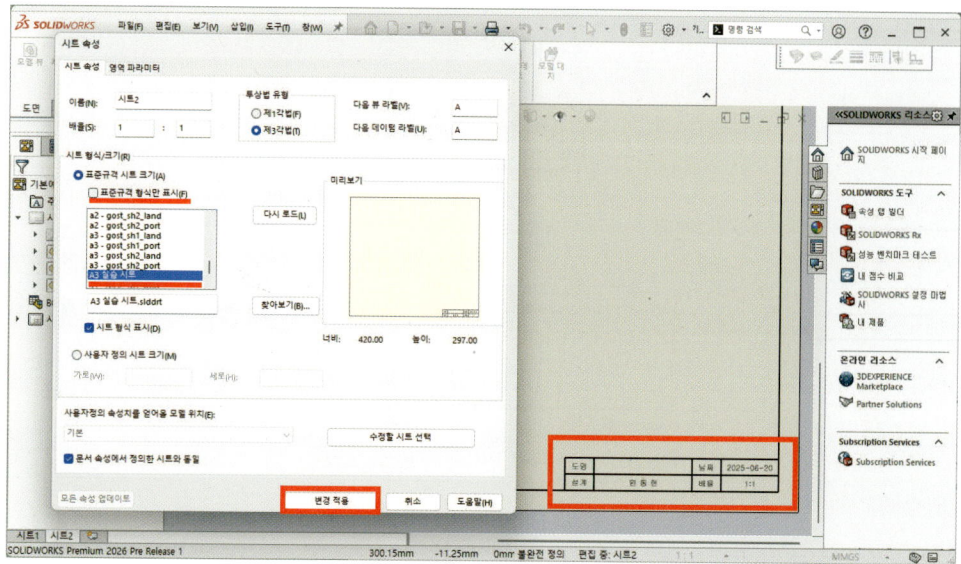

3️⃣ 이렇게 새로 추가된 도면 시트를 사용할 때는 새로운 3D 파일 - 외부 3D 파일로 도면뷰를 작성하는 것이 아닌, **첫 번째 시트에 사용한 기존의 3D 파일을 사용해서 미처 표시하지 못한 도면뷰를 추가 작성하는 것이 좋습니다.**

디자인트리를 살펴 보면, **시트별로 도면뷰가 분리되어 정렬**되어 있으며,[1] 어셈블리 도면의 경우 디자인트리에서 **해당 도면뷰의 부품을 우클릭하여 숨김 상태로 변경**할 수 있습니다.[2]

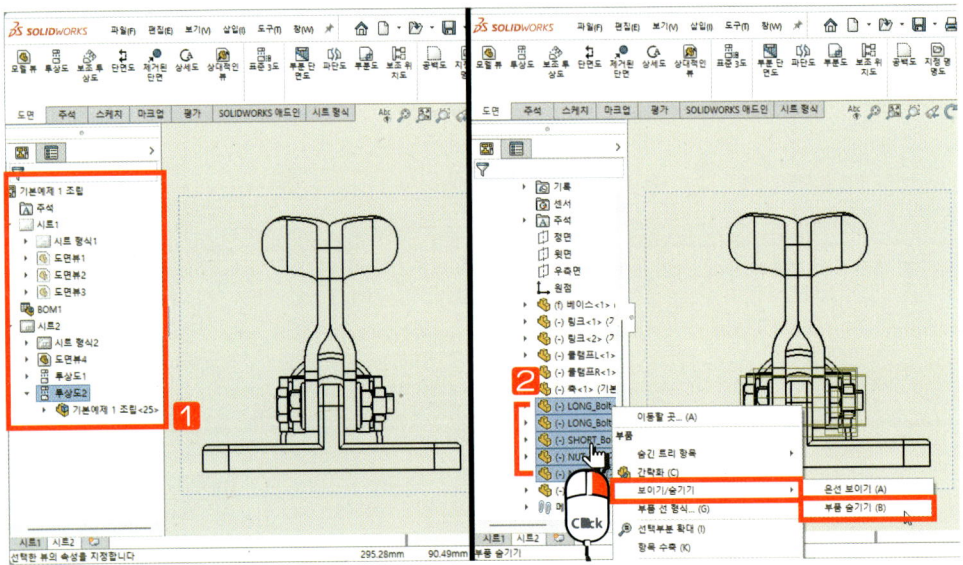

4️⃣ 멀티 시트는 우클릭하여 이름을 바꾸거나, 복제, 삭제할 수 있습니다.

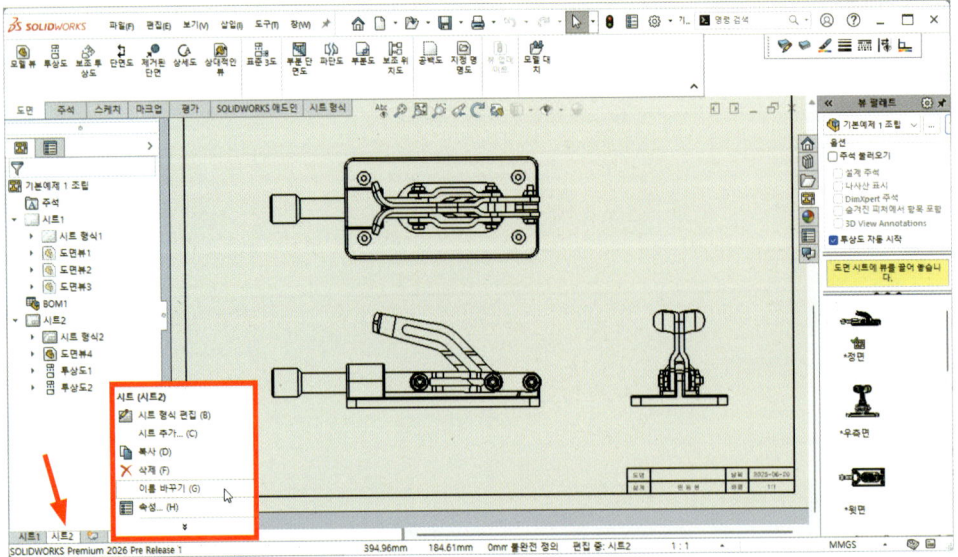

# chapter 07
# 부록

01 플레이! 솔리드웍스 공식 유튜브 채널
02 솔리드웍스 한국 공식 사용자그룹
   [SWUGN KOREA]
03 원동현 강사 교육 의뢰 및 오프라인 교육

# 01 플레이! 솔리드웍스 공식 유튜브 채널

## Play! SOLIDWORKS 공식 유튜브 채널
## (www.youtube.com/PlaySOLIDWORKS)

Play! SOLIDWORKS 유튜브 공식 채널을 통해 독자 여러분들과 더욱 가까워집니다 !

- [ 솔리드웍스 한국 공식 사용자그룹 ]에 게시되는 솔리드웍스 QnA 질문 답변들
- [ 플레이! 솔리드웍스 ] 교재 시리즈의 애프터 강의 시리즈
- 솔리드웍스 글로벌 인증시험 강의 가이드 및 모의고사 풀이과정
- 난이도별 솔리드웍스 교육 동영상 강의 시리즈 [기본, 중급]
- 기타 다양한 미공개 솔리드웍스 교육 영상

Play! SOLIDWORKS 유튜브 공식 채널을 통해서 솔리드웍스와 관련된 다양한 동영상 컨텐츠 및 격주로 진행되는 솔리드웍스 온라인 세미나를 모두 만나실 수 있습니다. **채널 구독을 클릭하시면 업데이트되는 동영상 강의를 가장 먼저 받아보실 수 있습니다.**

스마트폰과 태블릿PC 로 어디서든 자유롭게 솔리드웍스 강의를 시청하세요. 독자 여러분의 솔리드웍스 학습을 도와드리겠습니다.

# 02 솔리드웍스 한국 공식 사용자그룹 SWUGN KOREA

## 솔리드웍스 한국 공식 사용자그룹 SWUGN KOREA
( Play! SOLIDWORKS 네이버 카페　cafe.naver.com/playsw )

원동현 저자가 직접 운영하는 솔리드웍스 사용자 커뮤니티인 Play! SOLIDWORKS 네이버 카페는 2010년 7월 20일에 처음 시작되었습니다.

 솔리드웍스를 더욱 즐겁게 배우고 전문적으로 사용하자는 취지로 지금은 2만6천여 명 이상의 회원 유치와 더불어, **2015년 5월 16일 부로 한국의 솔리드웍스 사용자를 대표하는 다쏘시스템 솔리드웍스 공식 사용자그룹 커뮤니티로 인증**받아 정기적인 온/오프라인 모임을 통해 엔지니어와 디자이너, 학생과 직장인을 연결하며 더욱 효과적인 인적/ 지적 네트워크를 구축해 나가고 있습니다.

 특히 솔리드웍스를더욱 쉽고 즐겁게 배우고 실무에 적용할 수 있도록 카페 내 온라인 강의실을 운영하여 자가학습을 도와드리고 있으며, 전국의 오프라인 재직자 교육, 카페 내 질의 응답 게시판을 통해 작업 중 발생하는 문제에 대해 실무자들을 위한 전문적인 도움과 조언을 드리고 있습니다.

 또한 솔리드웍스 인증시험과 정기적인 오프라인 세미나, 각종 설계와 디자인 분야 전시회, 세미나 등의 참여로 실무자들 간 인적 네트워크를 형성하고 있으며, 전국의 지역 소모임과 자격증 소모임, 해외 유저들의 모임, 대학생 모임 등 다양한 소그룹 활동을 적극 지원하여 회원들이 직접 참여하는 사용자 모임이 되도록 만들어 나가고 있습니다.

 앞으로도 솔리드웍스 프로그램을 통한 설계/ 제조/디자인 분야의 무한 발전과 더욱 효과적이고 즐겁게 솔리드웍스를 사용할 수 있도록 활성화된 사용자모임으로 만들겠습니다.

## 03 원동현 저자 직강 솔리드웍스 교육 컨텐츠 제작 의뢰 및 온/ 오프라인 교육 신청 안내

원동현 저자 직강 솔리드웍스 교육 컨텐츠 제작 의뢰 및
온/ 오프라인 교육 신청 안내

안녕하세요 Play! SOLIDWORKS 시리즈의 원동현 강사입니다. **오프라인 대면교육/ 비대면 온라인 원격 교육**을 통해 전문적인 솔리드웍스 교육을 진행합니다. 또한, 동영상 강의 컨텐츠 제작도 함께 진행하고 있으니, 온라인 교육컨텐츠 제작을 희망하시는 분들은 컨텐츠 제작 관련 문의를 주시기 바랍니다.

솔리드웍스 및 3D 프린팅 관련 학생들의 교육을 희망하시는 전국의 고등학교/ 대학교 선생님과 교수님들, 그리고 재직자 교육을 진행하는 직업훈련학교 및 교육센터 담당자님들은 아래 연락처로 교육 문의를 주시기 바랍니다.

[ 교육 의뢰 절차 ]

**1** 학과의 계획에 따른 솔리드웍스 교육 의뢰서 이메일 접수
  [ DNTRLSP24@NAVER.COM ]
**2** 일정 및 커리큘럼, 진행 비용 등 교육 견적서 회신 ( 2~3일 소요 )
**3** 학사일정에 따라 학기 중/ 방학 특강 등으로 일정 및 과정 조정

[ 교육 컨텐츠 안내 ]

- 솔리드웍스의 단계별 교육과정 ( 초급/ 중급/ 고급 )
- 원격 교육 ( 줌ZOOM ) 을 이용한 비대면 교육과정
- 솔리드웍스 글로벌 인증시험 과정
- 1:1 맞춤 대면/ 비대면 교육 과정
- 3D 프린팅과 연계한 모델링 과정
- 판금/ 곡면/ 용접구조물/ 렌더링 및 모션 등 특화 단과반 과정 운영
- 솔리드웍스 동영상강의 컨텐츠 제작 및 납품 작업 진행

학생들의 작품 및 교육 후기, 교육의뢰서 양식은 http://blog.naver.com/dntrlsp24 네이버 블로그 로 방문하시면 안내받으실 수 있습니다.

기타 교육 관련 문의는 이메일 < DNTRLSP24@NAVER.COM > 으로 보내주시면 안내받으실 수 있습니다.